定州历史文化丛书

雪浪石

谢 飞　夏文峰　编著

文物出版社

图书在版编目（CIP）数据

雪浪石 / 谢飞，夏文峰著. —北京：文物出版社，2018.11

ISBN 978-7-5010-5689-7

Ⅰ.①雪… Ⅱ.①谢… ②夏… Ⅲ.①考古学—中国—文集

Ⅳ.①K870.4–53

中国版本图书馆CIP数据核字（2018）第213130号

雪 浪 石

编　　著：	谢　飞　夏文峰
封面题字：	张守中
责任编辑：	李　莉
责任印制：	苏　林
封面设计：	杨婧飞

出版发行：	文物出版社
社　　址：	北京市东直门内北小街2号楼
邮　　编：	100007
网　　址：	http://www.wenwu.com
邮　　箱：	web@wenwu.com
经　　销：	新华书店
印　　刷：	河北鹏润印刷有限公司
开　　本：	787mm × 1092mm　1/16
印　　张：	16
版　　次：	2018年11月第1版
印　　次：	2018年11月第1次印刷
书　　号：	ISBN 978-7-5010-5689-7
定　　价：	98.00元

目　录

前　言

河北定州，历史悠久，文化深厚。商周系王朝方国，战国至汉代为中山国都城，南北朝为民族融合复地，"唐以易定为巨镇制河北贼，宋以中山为北府备辽"。在现存灿若星河的文物古迹中，雪浪石以名石、名人、名诗、名园相映衬，成为定州历史文化之奇葩，文化遗产之瑰宝。

一　雪浪石

雪浪石，又称东坡雪浪石、前雪浪石。雪浪石是苏轼之作品，被赋予深厚的文化内涵，堪称中华第一名石。苏轼知定州期间，亲自发现，亲自命名，亲自歌咏，亲自营造，使之成为自宋代以来中国赏石文化之盛事。北宋元祐八年，苏轼权知定州，时年五十八岁。他于当年十月到定州任，月末在州衙后圃得黑石白脉奇石，命名为雪浪石，置于书房前，号雪浪斋。苏轼还亲自到曲阳，定做汉白玉雪浪石盆，将雪浪石置于盆中，激水其上，观赏雪浪翻滚之纹理变化和雄姿。苏轼命好友、同僚滕希靖赋《雪浪石》诗，苏轼次韵。绍圣元年四月辛酉日，苏轼作《雪浪斋铭》，并将其铭刻于芙蓉盆口沿上。

今天，雪浪石仍被放置在定州中国人民武装警察八六四零部队医院内的雪浪亭中。这里是北宋初年中国北方第一个公园，即众春园的故址，现存格局系大清帝国乾隆皇帝钦定。

雪浪石形体浑圆，无棱角，经河流冲滚磨蚀，应来自附近的河床。雪浪石母岩的学名称为混合岩化片麻岩，物质来自地核深处，历经高温高压等变质作用，致使组成岩石的物质发生分异。雪浪石的成分以黑色的基性物质为主，白色的酸性物质成脉状分布，形成自然奇妙纹理，状若流水潺潺，雪浪翻滚，巧夺天工。这种岩石形成于数十亿年的太古代，异常古老，石质坚硬，构成了太行山的基本骨架，和泰山石同为一品。

在中国，有雪浪石之称的景观石共计五块。其中定州两块，即清乾隆帝所题前雪浪石和后雪浪石。据乾隆帝考证，定州的前雪浪石为真品，后雪浪石为赝品。定州之外，还有三块雪浪石，其中，镇江金山寺有两块，被当做金山寺镇寺之宝，一块叫大雪浪石，一块叫小雪浪石。石上都有题记。在南京瞻园也有一块雪浪石，有东坡居士题刻。据考，这三块雪浪石或因形状不似，或因石质有别，题刻不当，都与东坡雪浪石差之千里，只不过是因苏轼名扬天下，雪浪石名气贯中，为后世附会而已。

二　苏轼爱石

苏轼既是大文豪，也是赏石名家。他酷爱奇石，从幼童直至离世，其一生都在寻石、品石、赏石和咏石。苏轼的赏石，有其鲜活诱人的故事，无不显示其旷世卓绝的赏石奇才。只有他才能补充完善石痴米芾所提出的皱、瘦、漏、透赏石标准。苏轼画龙点睛，在其后添加一丑字，奇丑为美。郑板桥在《板桥题画兰竹》中说："东坡曰，石文而丑，一丑字则石之千态万状，皆从此出，彼元章但知好之为好，而不知陋劣之中有至妙也，东坡胸次，其造化之炉冶乎，燮画此石，丑石也，丑而雄，丑而秀。"苏轼一生爱石，咏石，藏石。他的作品，自宋以来流传下来的石谱中多有著录，在中国赏石文化的发展过程中，苏轼极具创造性，地位无可动摇。

苏轼十二岁时，与表兄弟们在宅院中玩耍，挖到了一块奇石。该石形似鱼状，晶莹光泽，绿色条纹精美，叩之铿然。父亲苏洵也很喜爱，做成砚台，曰天石砚，刻铭赠与苏轼。作为文人必备用品，这块宝砚伴随苏轼三十八载，经历了进士及第，签书凤翔府判官，除判登闻古院，权开封府推官，倅杭州，知密州、徐州、湖州，得罪贬谪黄州等风风雨雨，助他成为旷世英才。宋元丰七年，苏轼将此宝物赠给其子苏迟、苏过，时年四十九岁。

宋元丰五年，苏轼首创的以怪石供佛印影响极大，载入了赏石文化之史册。那时，苏轼谪居黄州，怪石来自赤壁附近，《怪石供》作于东坡雪堂。苏轼在江边采得红黄白色美石二百九十八枚，大者兼寸，小者如枣、栗等。苏轼将怪石放入古铜盆，注水灿然。恰巧庐山佛印禅师派人看望苏轼，遂送以为供。苏轼有文记之："自今以往，山僧野人，欲供禅师，而力不能辨衣服饮食卧具者，皆得以净水注石为供，盖自苏子瞻始。"

宋元丰八年，苏轼权知登州。他自常州启程，在赴登州舟中作《醉道士石诗》。苏轼到达登州，登临蓬莱阁，在海滩寻捡奇石。他说："文登蓬莱阁下，石壁千丈，为海浪所战，时有碎裂，淘洒岁久，皆圆熟可爱，土人谓此弹子涡也。取数百枚以养石菖蒲，且作诗遗垂慈堂老人。"在诗中，勃发出"我持此石归，袖中有东海"、"置之盆盎中，日与山海对"的名句。

苏轼自己非常珍爱的奇石之一为仇池石,赴定守年前得自扬州,苏轼赞其"但见玉峰横太白,便从鸟道绝峨眉",既有雄伟壮观之感,又有玲珑剔透之形。苏轼围绕仇池石,也营造了一场诗文荟萃。仅从其诗中便可了解到,苏轼视其为"希代之宝"。王晋卿以诗借观,意在于夺。轼欲以石易画,晋卿难之。钱穆父欲兼取二物,蒋颖叔欲焚画碎石。这些诗文游戏,使得仇池石光芒四射。

苏轼贬离定州南下,过湖口,见湖口人李正臣所存异石九峰,玲珑宛转,想以百金买得,与自己心爱的仇池石为伴,遂命名为"壶中九华"。无耐在南贬途中,只好作壶中九华诗纪之。八年之后,即建中靖国元年,苏轼渡海北归,复过湖口,异石无存,甚为惋惜,和诗前韵自解。不久,苏轼与世长辞。次年,黄庭坚来湖口,见李正臣和苏轼诗。壶中九华没有见到,苏轼已离开人间。黄庭坚"感叹不足,因次前韵",以诗铭记。

苏轼自幼年至逝世五十余年中,与石结缘,以石会友,以诗文石,仅雪浪石而言,历朝历代,帝王将相,才子佳人,歌咏雪浪石者不下五十篇章。

三　石之兴衰

唐宋之际,中国赏石文化步入集大成时期,成为中华传统民族文化的精粹。无石不雅是士大夫和文人雅士奢望淡泊明志、宁静致远意境的最大崇尚。苏轼作为文学巨匠,赏石大师,定州太守,新到任上,营造这一赏石文化盛事理所当然。

苏轼立石作诗不久,便在社会上广泛流传,他还与好友联系,索要和诗,一时,围绕雪浪石的诗作纷纷扬扬,保存至今的诗文有其胞弟苏辙的《和子瞻雪浪斋》、诗友张耒的《和定州端明雪浪斋》、秦观的《雪浪石》、晁补之的《次韵苏门下寄题雪浪石》、道潜的《次韵苏端明定武雪浪斋》和李之仪的《次韵东坡所和滕希靖雪浪石诗、古律各一》等诗作。

此后,雪浪石伴随着苏轼的贬谪和朝代演替、文化兴衰,时而文人汇聚,诗文沸扬,璀璨发光,时而清冷萧瑟,被人忘却,没入蒿莱。

绍圣元年,苏轼涉党争走上了一贬再贬,直至海外的谪居生活。而中山后政因东坡迁谪,雪浪之名亦废而不问。直至七年后的元符三年(1100年),苏轼奉召北归,定州州守张芸叟才葺治雪浪斋,重安盆石,欲作诗寄苏轼时,却获其与世长辞的噩耗。张芸叟《苏子瞻哀辞》云:"我守中山,乃公旧国。雪浪高斋,于焉食宿。俯察履綦,仰看梁木。思贤阅古,皆经贬逐。玉井芙蓉,一切牵复。词曰:'石与人俱贬,人亡石尚存。却怜坚重质,不减浪花痕。满酌中山酒，重添丈八盆。公兮不归北，万里一招魂。"逝世二三十年后，元祐党人纷纷翻案，苏轼也得以昭雪。雪浪石仍以芙蓉盆盛之，立于定州文庙前，还被录入杜绾《云林石谱》。

金元时期，有关雪浪石的记载较少。但知雪浪石与芙蓉盆仍立于中山府学讲堂前，与雪浪石图刻碑并唐王维画竹碑一并存放。元末明初，雪浪石、盆倒塌被掩埋。明万历八年，真定县令郭衢阶至定州，于土中发现雪浪石盆。万历十五年，知州唐祥兴又挖出雪浪石，雪浪石、盆得以重见天日。

明清以来，围绕雪浪石的文化氛围逐渐增强，诗文歌咏热潮频频出现。这时的特点是，定州官民把雪浪石与对苏轼的祭祀、怀念融为一体，韩苏祠、苏祠和雪浪斋、雪浪石移入众春园，供人思念、观瞻。如此，才体现出集名石、名人、名诗、名园为一体的雪浪石文化现象。

众春园位于今定州市区的东北隅，始建于宋初太宗时期，是历经千年的古典园林，为州守李昭亮创建。北宋仁宗皇祐年间，知州韩琦"复完而兴之"，"总而名之曰众春园"。众春园是中国北方最早的公园，是控扼契丹的边陲重镇军、政、民期盼"太平盛世"，"与民同乐"的载体，也是吸引历代帝王将相，才子佳人歌咏定州，歌咏苏轼，歌咏雪浪石的文化园地。万历十六年，唐祥兴对众春园进行了重建，设以台池，莳以花木，蔚葱掩映，复现了名园胜迹。明代，雪浪石还没有迁入众春园，从明万历四十四年定州学正，有"万历间岭南第一才子"之称的韩上桂所作《仰苏亭赋（并序）》一文可知，雪浪石还在文庙。

清代是雪浪石最为辉煌的时期，康熙四十一年，州守韩逢庥大兴土木，对众春园进行了全面修缮，新建雪浪斋，并移雪浪石、盆置斋前。同年，圣祖仁皇帝西巡，驻跸众春园。自此，众春园成为皇家行宫。乾隆三十一年，高宗纯皇帝命将临城发现的雪浪石移入定州众春园，做芙蓉盆，立于东坡雪浪石之后，御题为前雪浪石和后雪浪石。光绪十四年，前雪浪石的雪浪亭已倾倒塌落，定州大儒、富豪，曾历十余年，费金巨万，完成畿辅丛书之刻的王灏，燕集贤达于定州，捐银重修了雪浪亭。

1952年，党和政府对雪浪亭进行修缮，前、后雪浪石得到保护。是年，毛泽东主席考察定州，自火车站驱车直奔众春园，他详察了雪浪石，并给随同和地方官员解读了雪浪石盆唇部的雪浪石铭。1967年，众春园旧址改建为部队医院，雪浪石、雪浪亭安然静卧于院内。

四　乾隆情怀

乾隆皇帝不仅是大清帝国之帝，还是诗人、石癖，很有文化气息的文人。颐和园的名石"青芝岫"就是他的杰作。青芝岫色泽青润，形似灵芝，产于房山。此石为米芾后裔，明代米万钟最早发现，他如获至宝，倾尽家财也没有运回宅第，因此被称为"败家石"。乾隆帝西陵祭祖，找到此石，运达青漪园乐寿堂院内，命名为青芝岫，咏诗作乐。由于青芝岫石体巨大，运输极度困难，还需破门而入，耗资难以计数。孝端皇太后知道后，十分不快，觉得此石既败米家，又破我门，原名不祥。

乾隆帝赏石故事很多，其中对雪浪石的研究、考证、保护、歌咏、摹画、题刻为最，开启了歌咏雪浪石又一赏石文化盛事。据《直隶定州志》载：乾隆丙寅（十一年），高宗纯皇帝巡幸五台，十月驻跸定州众春园。用苏轼原韵御题雪浪石诗二章，定州览古一章。命张若霭图画雪浪石，再叠前韵一章。乾隆庚午（十五年），皇帝南巡，九月驻跸定州众春园。叠苏轼原韵咏雪浪石诗二章，和苏刻石盆诗韵一章。次日起銮，作晓发定州一律。九月回銮驻跸，和苏盆、石诗次原韵，又题雪浪石五叠前韵，再咏雪浪石一律。乾隆辛巳（二十六年），皇帝巡五台回銮驻跸众春园。叠苏刻石盆诗韵，题雪浪石六叠前韵，又咏韩苏诗一章。乾隆丙午（三十一年），皇帝诏移置后雪浪石于雪浪斋，并御制《雪浪石记》志其始末。乾隆辛丑（四十六年），皇帝巡幸五台，回銮驻跸众春园，御制雪浪石再叠前韵一章，题雪浪石七叠前韵一章，咏雪浪石七律一首。乾隆丙午（五十一年）三月，皇帝由五台回銮驻跸众春园，御制雪浪石八叠前韵一章，咏韩苏甲乙一章，四叠苏刻盆石诗韵一章，复题众春园雪浪斋一首。清乾隆壬子（五十七年），西巡过中山，摩挲二石，吟诗并作雪浪石真伪考辨文《雪浪石后记》。上述诗文均勒石嵌壁，存于御碑亭内。

乾隆皇帝在位六十年，自十一至五十七年的四十七年中，亲眼鉴赏雪浪石六次，作诗十多首。其中有八叠雪浪石诗，四叠雪浪石铭，二记雪浪石。乾隆的作品，在定州大都留有御题刻石，极其珍贵。乾隆皇帝还三次携宫廷画师摹画雪浪石，成画四幅，其一由宫廷大师张若霭画的《雪浪石图》存于承德离宫博物馆，另外三幅存故宫博物院，画面多有乾隆皇帝、画师或名臣的题跋。

对雪浪石的研究、考证和保护唯乾隆皇帝莫属。乾隆三十一年，赵州牧李文耀在临城获一湖石，"掘土剔苔，沃之以水，而石之上宛露雪浪二篆题"。此石有"雪浪"题记，当为石名，应称雪浪石。定州有雪浪石，临城又出现了雪浪石，着实令人困惑。李文耀报告直隶总督方观成，方总督奏请移置苑囿以供，高宗皇帝认为不当，命"东坡之石宜置之东坡之雪浪斋"。因此，他将东坡雪浪石题铭曰"前雪浪石"，将临城者题铭"后雪浪石"。两者都被盛以芙蓉盆，前后放置。重要的是，现今前、后雪浪石的保存格局，是由乾隆皇帝钦定的。经他考证，临城者"盖自康熙初年有临城令宋广业者，自定州移此石于彼，建亭凿池，诗酒其间，而有中山一片石之句"。他认为：东坡之石宜以东坡之诗为准，东坡之诗称其原为炮石，而临城者有一片石之称，故当以定州者为真。若依石之"石间奔流"的纹饰判断，则临城者为真，从而得出模棱两可的认识。乾隆五十七年，高宗皇帝八叠雪浪石诗后，对雪浪石的真伪再次考辨，确认"无字者为真，有字者为赝也"，最终得出了正确的结论。

五　文化品牌

2014年，我参加定州中山文化研讨会。我认为对定州深厚的历史文化而言，雪浪石是独一无二的，文化价值是很高的，《东坡赏石艺术苑》建设是有众春园为依托的，苏东坡及其家族的名气是惊人的，赏石文化是蓬勃向上的，是能够形成文化产业的。我强调，如果要寻找定州历史文化名片的话，苏东坡与雪浪石的发掘、研究、展示才是最响亮的一个文化品牌，才能形成影响全国的文化产业，才能在全国唱响定州。

今年，我又参加了定州中山文化暨旅游文化产业发展研讨会。会上我建议，定州应培育打造以东坡名人、名诗、名石、名园历史文化为核心的旅游点，打造东坡文化旅游园区，发掘培育民俗文化视点，形成以东坡文化、赏石文化、酒（东坡松醪酒）文化、缂丝文化、秧歌文化等为主体的文化产业园区。提升以定州塔、贡院、文庙、大道观、清真寺、晏阳初故居等古建筑群的文化景观及环境水平。提高古城街区改造品味，确立定州博物馆的精品意识和理念。提高扩大现有农业休闲观光旅游景点影响力。打造以东坡文化为品牌，赏石文化为引领，以历史文化街区、文物建筑、馆藏文物、博物馆和农业观光旅游为辅的定州文化生态旅游产业。

东坡文化不仅是定州，也是河北的文化名片。苏轼自称赵郡苏轼，苏辙也将平生之作称《栾城集》。因为，"苏自栾城，西宅于眉"。眉山苏氏系大唐宰相栾城苏味道之后，栾城系三苏发祥地。苏氏与河北渊源深厚，苏洵曾为文安县主簿，苏轼任定州知州，苏轼长子苏迈曾任雄州推官、河间令，三子苏过权中山通判。苏辙之子苏迟曾任职广信军。苏过、苏迟都死在任上。定州应以挖掘研究东坡文化为基础，深入收集、整理、研究苏氏家族与河北及其所作出的贡献。

此文曾以《定州雪浪淘千古》之名刊于《河北日报》2015年10月30日09版，现略作修改，权代前言。

谢　飞

第一章　雪浪石

　　雪浪石，自北宋元祐八年（1093年）发现并命名，流传九百二十多年，历经七个朝代的风风雨雨，为至今保存完好的华夏名石。雪浪石系苏轼一生赏石之杰作，也是中国赏石史上一颗罕见而璀璨的明珠。北宋元祐八年，五十八岁的苏轼于下半年除知定州，他的官衔全称为"端明殿学士兼翰林侍读学士、左朝奉郎、定州路安抚使兼马步军都总管、知定州军州及管内勤农事、轻车都尉、赐紫金鱼袋"。

　　苏轼出知定州是迫不得已的，是惩罚性的，是被一贬再贬的开端，也是苏轼宦海经营的最后一站。元祐更化中，旧党执政，与新党结怨越来越深。皆因政见的不同，苏轼受到新党和旧党政敌的双重夹击，首当其冲地处身于政治斗争的漩涡之中。苏轼为回避争斗，避免祸端，屡屡申请出知外州郡。元祐七年，苏轼从扬州任入朝后，马上再乞郡，第二次请求越州任职，未被朝廷准许。当定州命下达时，苏轼第三次要求改知越州，还是未被批准。此时，爱妻王闰之不幸离世，主持元祐更化的太皇太后高氏卒，已亲政的哲宗开始初露锋芒，新旧党内政敌跃跃欲试，政治灾难即将降临，大有山雨欲来风满楼之势。被逼无奈，苏轼只得怀着丧妻之痛，恐慌之情奔赴北国边陲。

　　苏轼于元祐八年十月二十三日到定州任所。十月末，他在州衙菜园里发现一怪石，其体形浑圆，黑石中富含白脉，如雪浪翻滚，名之曰雪浪石。苏轼将雪浪石移置于书房前，并将书房题名为雪浪斋。苏轼的好朋友、定州通判滕希靖赋《雪浪石》诗三首（诗已失），苏轼次其韵。之后，苏轼亲自到曲阳，定做汉白玉雪浪石盆，将雪浪石立在芙蓉盆中，激水其上，观赏水波粼粼，雪浪翻滚之美态。绍圣元年（1094年）四月辛酉日，苏轼又作《雪浪斋铭》，并将其铭刻于芙蓉盆口沿之上。雪浪石、雪浪石诗、雪浪斋铭很快在文坛中宣扬传播，使雪浪石名噪天下，文人墨客争相赋诗，艺林画师纷纷摹刻，成为宋朝赏石文化之盛事。

一　雪浪石

雪浪石是指由苏轼发现并命名之怪石真品，后人又称之为东坡雪浪石或前雪浪石，后者系乾隆皇帝亲笔御题。雪浪石体形浑圆，无棱角，表面光滑，经过河流适度搬运磨蚀而成，自然属性极为强烈，真乃造物天成。其石质为混合岩化片麻岩，因历经较强烈的变质作用，致使组成岩石的物质成分发生分异，形成以黑色为主，黑白相间的纹理结构。从雪浪石本身可见，黑色的基性物质占大宗，白色的酸性物质呈脉状分布，常作波纹状，形若荡起的白色水花，或似翻滚的雪浪。有时，白色的纹理还生成各种奇特造型，隐约可见有海兽在雪浪中出没（图一、图二）。

雪浪石保存完好，被放置于用汉白玉做成的石盆中。石高77厘米，下宽77厘米，厚38厘米，上宽58厘米，厚26厘米。雪浪石正面左上角镌刻"前雪浪石"四字，系乾隆皇帝亲笔御题。石盆汉白玉质，高68厘米，口径130厘米。石盆腹部饰莲花瓣纹两周，花瓣大小近等，因此常被文人骚客誉为芙蓉盆或玉井芙蓉。石盆下面为六角形石座，周边阴刻水波纹。在石盆口沿，镌刻有苏轼雪浪斋铭，即雪浪石盆铭（图三、图四、图五）。

苏轼得雪浪石后，将其安放在定州文庙后部书房之前，书房遂被称为雪浪斋。闲暇之余，苏轼常集幕僚及友人于雪浪斋前，围坐雪浪石周围谈天说地，诗酒其间。幽静之时，

图一　雪浪石

图二　雪浪石和雪浪亭

他不时凝神伫立或坐卧雪浪石前，激水其上，"把酒坐看珠跳盆"，欣赏雪浪纹理变换的奇妙美资。政治恐惧，世态炎凉，前景昏暗，寂寞孤独，怀念妻子，思念家乡的悲愤之情盘旋胸中，此情此景，欲诉无望，欲说无能，真的处于"离堆四面绕江水，坐无蜀士与谁论"的境地。无奈，也只有"故国山水聊心存"了。

苏轼一生中所遭受最残酷的政治迫害降临了。绍圣元年四月十一日，皇命下，苏轼落端明殿学士、翰林侍读学士两职，依前左朝奉郎知英州，要苏轼从大宋最北边陲赶往最南海疆，苏轼被贬谪流放就要开始了。四月十三日，苏轼再被降一品级，以左承议郎责知英州。半个多月后的闰四月三日，除命下达定州，苏轼按规矩进谢上表，谒诸庙，略作整理，于本月上旬离别定州，赶赴英州。

自定州开始，苏轼走上了一贬再贬，直至海外的谪居生活。留存定州的雪浪石，伴随着苏轼的贬谪，朝代的演替，文化的兴衰，变成时而文人贵胄汇聚，诗文沸扬，璀璨发光；时而清冷萧瑟，被人遗忘，甚至没入蒿莱。于是构成了一部有关雪浪石的兴衰史。

元符三年（1100 年），哲宗卒，徽宗立。离别定州七年之久，六十五岁的苏轼得以奉召北还。苏轼归还途中，不时出现其被重新起用而沸沸扬扬的传说。在苏轼遭受政治迫害的七年中，雪浪石也孤苦伶仃，无人问津。定州州守和文官达人，因怕受苏轼的影响遭受打击，均不敢对雪浪石再舞文弄墨，因此，雪浪石也就荒废了。

元符三年，苏轼密友张芸叟始知定州。张芸叟得到苏轼北还消息后，马上着手葺治雪

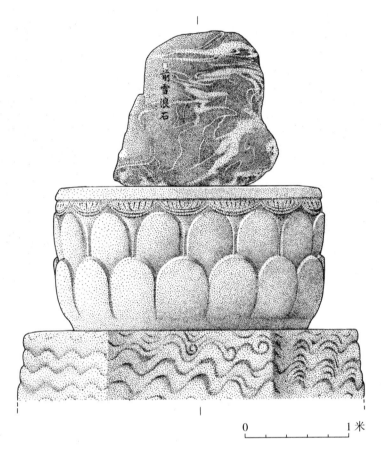

0   1 米

图三　雪浪石、盆正视图

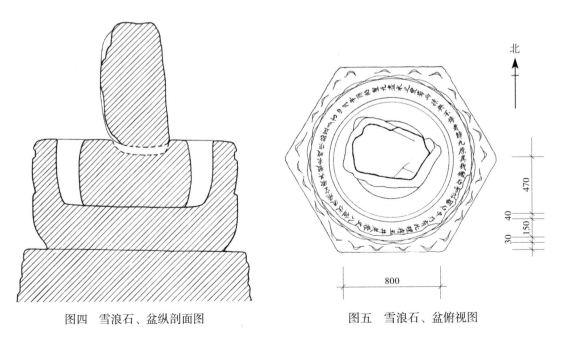

图四　雪浪石、盆纵剖面图　　　　　图五　雪浪石、盆俯视图

图六 曲阳济渎岩苏轼浮休二字

浪斋，重新安置雪浪石盆。建中靖国元年（1101 年）七月，张芸叟正打算作诗寄苏轼时，却收到苏轼与世长辞的噩耗，苦楚之中，张芸叟作《苏子瞻哀辞》，情亲意切地对苏轼和雪浪石作出评价，在他的心目中，苏轼即雪浪石，雪浪石即苏轼，浑然为一体。

苏轼离世二三十年后，元祐党人纷纷翻案，苏轼也得以昭雪。雪浪石仍以芙蓉盆盛之，立于定州文庙前。

金代与南宋南北对峙，时定州隶属金朝掌控。有关雪浪石的记载，在南宋文人中仅存寥寥数则。南宋的潘自牧《记纂渊海》卷二十一有相关记载。

潘自牧所记述的水豆岩在曲阳县，时归定州管辖。水豆岩又称水窦岩或济渎岩，自然山水景观优美，为县域之名胜。在济渎岩山石之上，有金代所建漱玉亭，目前其柱洞可见。元代岩岸建有浮休寺，遗址尚存，岩石壁间留存有宋至明、清时期的题刻。济渎岩是清代曲阳八景之一，是历代文人雅客经常游玩光顾之地。金章宗曾光顾并留下诗咏，清乾隆皇帝也留有诗作。济渎岩的自然山水被赋予的文化内涵，皆由苏轼而起。苏轼守定州期间，多次到曲阳视察，曾经光临济渎岩，并作"浮休"二大字，刻于岩上，后人多仰慕而来。经考证，"浮休"二字确为苏轼墨迹（图六）。据潘自牧的文记，知雪浪石此时仍然在定州文庙，并立于芙蓉盆中，保存状况尚好。

南宋淳祐八年（1248 年），郝经过定州，赋《题芙蓉盆》诗。在诗序中，郝经既记述了道士李师在中山衙署后堂废墟寻得苏轼的"雪堂图书"，还记录了他于是年九月五日亲眼目睹了雪浪石的风采及碑刻，并赋诗颂咏。这时，雪浪石和芙蓉盆完好，还在文庙原址。

元代相关雪浪石的记载仅见一则，来自《河朔访古记》。在访古记中，乃贤对此作了非常详细的记述。雪浪石承以丈八芙蓉盆内，盆口镌苏轼《雪浪石铭》，立于中山府学讲堂前。在其西庑下有一石碑，镌刻雪浪石"图石之形，并刻其铭于右学中"。"又有唐王维画竹碑二通，一黑一白，世谓'阴阳竹'也。"从这一记载可知，雪浪石不仅完好保存于文庙，还以雪浪石为中心营造了一个文化氛围，竖起王维阴阳竹刻石和雪浪石图刻碑。

明代关于雪浪石的记载在定州志及相关资料中列有几则。明万历八年（1580年），真定知县郭衢阶至定州，忽然在土中发现盆棱，挖掘出来为雪浪石盆。万历十五年（1587年），州守唐祥兴又找到雪浪石，高兴之余告知郭衢阶，并记事与斋壁。明万历四十四年（1616年）六月，定州州博士韩上桂留有《仰苏亭赋（并序）》之作。从韩上桂文中可知，当年六月，太府周心濂自恒山循行至定州，和少府曹某造访雪浪亭，吟啸移时，命州博士韩上桂为之赋。当时，雪浪亭名气很大，是供后人观瞻之所。当年苏轼守定州时，"得石纹如雪浪，盆以蓄之，植槐其侧，在学舍东北偏。"他们是"挟烟霞之高趣，访雪浪之孤亭"的。由此可知，雪浪石、盆已经重新立于文庙东北部，并建起仰苏亭，即雪浪亭。文中，第一次提到苏轼植槐其侧，这就是人们通常所称谓的东坡龙凤双槐。

清康熙四十一年（1702年），定州守韩逢庥为迎接康熙皇帝驻跸，大兴土木，对众春园进行了全面修缮，还其旧貌。"旧有堂皇以对四民，轩槛以觞宾客，亭馆以适游憩，廊舍以课咏读，庖厨以处厮养。引泉为沼，叠土为阶，乌头赤角，银榜漆书，以表名园"。这次修缮，还新建了一些重要景观，新建韩苏祠合祀韩苏；新建雪浪斋，并移雪浪石、盆置斋前；构从舍八楹，以司典守；视堂殿尺寸加式廊；植花木，畜禽鱼，方塘曲榭，幽秀爽垲。最终，把众春园改造成皇家行宫。当年，清康熙皇帝西巡就驻跸于众春园。

自苏轼将雪浪石、芙蓉盆摆置在定州文庙雪浪斋前，历经宋、金、元、明四个朝代，一直没有迁移原址的记载。自清康熙四十一年始，才被搬迁于众春园，即皇家行宫之内，还新建了雪浪斋（后雪浪斋）。至此，雪浪斋、雪浪石定位于众春园。雪浪斋和雪浪石的迁入，不仅仅是为古朴典雅的众春园或皇家行宫增添了景致，更重要的是将定州的韩园（韩琦众春园）、苏石（苏轼雪浪石）合璧，大大提高了文化的内涵和品位。韩园苏石成为皇帝、官吏和文人墨客题咏颂扬的主题。其中，乾隆皇帝堪称咏痴，曾八叠苏轼雪浪石诗，四叠苏轼雪浪石铭和许多咏韩苏诗句。

定州众春园始建于北宋初年，由州守李昭亮创建。皇祐三年（1051年），韩琦在废弃的苑囿基址上"复完而兴之"，"总而名之曰众春园"，韩琦撰写的《众春园记》详细记载了众春园的复建过程。之后，众春园历经沧桑，而清康熙年间韩逢庥的大修使其再现了当年的风貌。民国时期，众春园苑囿残迹尚存，现在几乎都被当代建筑所占据，只有雪浪石、后雪浪石和雪浪亭还放置原位，被圈禁在定州中国人民武装警察 8640 部队医院的小天井内。幸运的是，当年乾隆皇帝钦定的前、后雪浪石基本格局尚存。

二　后雪浪石

后雪浪石由清乾隆帝考证并命名，实属一块自然剔透的太湖石，其造型奇特，美观大方，为石之上品。该石为石灰岩质，呈灰白色，形体硕大，正面略呈不规则箭镞形，上尖下溜，中下部最宽阔，石高 310 厘米，宽 162 厘米，厚 71 厘米。该石整体呈厚板状，乾隆皇帝有"中山一片石"之称。石体孔洞非常发育，婉转自然而四通八达，系由流水鬼斧神差雕琢而成。除题铭外，该石正面不见任何人工刻凿痕迹，石正面右上题"雪浪"二篆字，不知何人所为，左下镌刻"后雪浪石"四字，系乾隆御笔。后雪浪石也被安放于石盆之中，石盆汉白玉质，质地较差，色泽黑灰，石盆直径 190 厘米，盆底被土掩埋，不知其高。石盆腹部饰有芙蓉两层，芙蓉瓣下大上小，石盆口沿没有刻铭。后雪浪石与前雪浪石前后排列，并有假山环绕，前雪浪石在雪浪亭内，后雪浪石在雪浪亭外（图七、图八、图九）。

后雪浪石发现于乾隆三十一年（1766 年），赵州守李文耀在临城县掘得一太湖石，"掘土剔苔，沃之以水，而石之上宛露雪浪二篆题"。此石有"雪浪"题记，当为石名，石名应为雪浪石。定州有雪浪石，临城又出现了雪浪石，实为蹊跷之事。李文耀将此事报请直隶总督方观成，方观成深知乾隆皇帝非常喜爱并关注定州雪浪石，需慎重处理，便奏请朝廷，建议移置苑囿以供。乾隆皇帝没有采纳总督意见，认为"东坡之石宜置之东坡之雪浪斋"。为此，乾隆皇帝经研究考证，认定临城发现的雪浪石"盖自康熙初年有临城令宋广业者，自定州移此石于彼，建亭凿池，诗酒其间，而有中山一片石之句"。于是，他命州官将该石运至定州众春园。乾隆皇帝还将定州原雪浪石题铭为前雪浪石，将来自临城者题铭为后雪浪石，两者都被盛以芙蓉盆内，前后放置。资料显示，现存的前、后雪浪石的陈设格局，是乾隆皇帝亲自设定的，至今未曾变动过，的确难能可贵。

三　金山寺大雪浪石

镇江金山寺始建于东晋，兴盛至今。北宋时期，苏轼多次登寺游览，礼佛会友。元丰七年，苏轼离别黄州途中，过金山寺，以玉带施佛印，佛印报以衲裙。时佛印为金山寺主持，苏轼曾赠予玉带，成为金山寺镇寺之宝。苏轼与金山寺渊源颇深，离世前数月自南海北归途中，还邀表弟程德孺和钱济明等在金山寺相会。雪浪石虽然系苏轼定州所为，因金

雪浪石

图七　后雪浪石

图八　后雪浪石镌刻雪浪二篆字

图九　前、后雪浪石前后排列

山寺与苏轼交情深厚，后来在寺内出现雪浪石于此不无关系。

金山寺内，现存有雪浪石两块，一称大雪浪石，另一称小雪浪石，也被视为金山寺镇寺之宝。

大雪浪石呈不规则形，立式，高远大于宽、厚。石正面中部凸起，一侧面和背面沿岩石裂隙劈裂，裂面平坦，不甚光滑，有倾斜阶梯状疤，边缘棱角分明。该石质地灰黑色，纹脉杂色，细而不显，无明显水波纹路。该石背面平坦，形状呈梯形，上略窄，下略宽，其上镌刻着该石流传之经过。石顶面平坦，向前倾斜，两侧面上宽下窄，中部凸出，下部向后锐角收缩，因不能站立而斜插于树根基座之上。石两侧面均有刻铭，一侧为苏轼雪浪石诗，另一侧系郭尚先题跋。郭氏跋文为："雪皑皑，浪浟浟，异哉石中有此理，东坡之文正如此，李子学苏文何绮，使石休言石亦喜。郭尚先铭"，郭尚先，字元闻、兰石，福建莆田人，嘉庆十四年进士，官大理寺卿（图一〇、图一一、图一二）。

大雪浪石背面的文字尚清楚，因无拓片，仅凭照片还难以完整辨识。文字大意是："东坡雪浪石数经变迁，清口沦落金陵刘氏园中……五（吾）舅于小川先生……米癫……由丁口公介绍重值……归，欣……赋诗……香风趣……庚寅……先生六十有六岁……之际，嘱继室周曙春……家人将此石移赠金山口口寺……观摩……口先生口世之心，期与石兄同寿……谓……东坡久亡也，口口此事。口明记"。

据王金乐先生《雪浪石考》一文介绍，"此石于1915年为民国名士丁公（冯国璋秘书）在南京发现，介绍给收藏家于小川，于以二百四十块银洋购来，建"雪浪斋"，自号"雪浪斋主"，吟咏唱和，并集《雪浪石题咏》。解放后，于小川遗嘱将此石献赠金山寺，今此石置金山寺，为"镇山四宝"之一。于小川曾撰文曰："石白脉黑质，高约三尺，上刻东坡诗字及名人题跋，嘉庆中入闽，光绪末年，闽人口观察携至南京，将以馈赠两江总督端方，适端去任，石乃弃之荒园，乱世为刘氏所得，刘旋逝，石出售，由丁公介绍归小川。"从以上可见，大雪浪石背面题记与王金乐先生介绍之流传大致相符。

关于大雪浪石，《中国赏石大典》有如下记述："大雪浪石呈灰黑色，外观很似一块绿石，自然状态下脉络不太明显，石为立式，石之背面，侧面多有题词。"

大雪浪石题记、于小川文章及《中国赏石大典》都认为，大雪浪石就是苏轼所为的雪浪石。其实不然，大雪浪石只不过是雪浪石的赝品之一，其完全没有苏轼雪浪石的内涵和个性。定州的雪浪石流传清晰，苏轼发现之后便摆放在文庙雪浪斋前，历经宋、金、元、明时期均有文献记载，直到清康熙四十一年才由州守韩逢庥将其迁移至行宫众春园，并新

图一○ 大雪浪石背面观

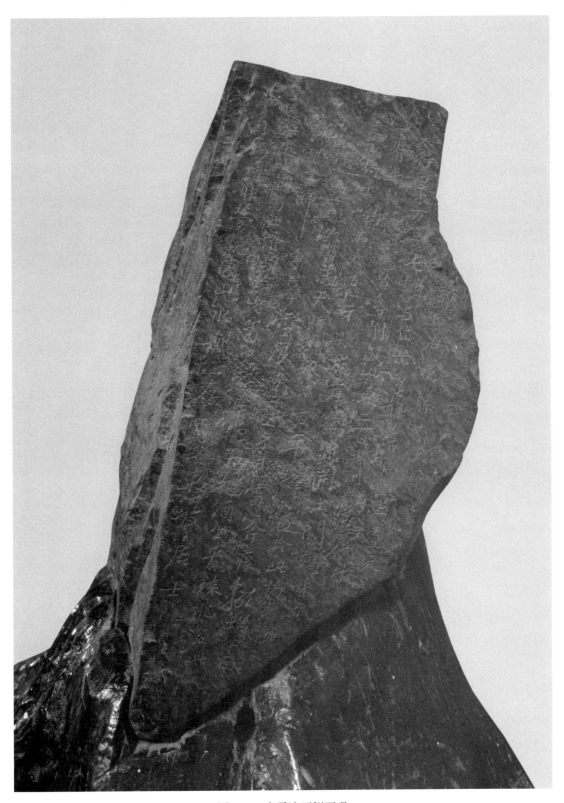

图一一　大雪浪石侧面观

图一二 大雪浪石侧面观

建雪浪斋。乾隆三十一年，又将临城所得后雪浪石立于雪浪石后边，至今位置格局未变，前、后雪浪石、盆犹存。金山寺的大雪浪石只是清嘉庆年间开始流传，也许还会更早些，即便如此，其来龙去脉还是不清晰的，很难与在定州任职时苏轼所立真实雪浪石搭上关系。如若是清嘉庆年间将石运离定州，嘉庆皇帝也不可能允许，因为他明白其父乾隆皇帝创造了清代歌咏雪浪石的赏石文化盛事，嘉庆皇帝于嘉庆十六年驻跸定州众春园，于闰三月十七日作《雪浪石赞》，亲书于《雪浪石图》上方空隙处，并命勒置乾隆御制碑侧。

　　大雪浪石的形体和纹饰与东坡雪浪石大相径庭，乾隆皇帝在考证前、后雪浪石孰真孰假时提出，当以苏轼雪浪石诗为准绳，这恰如其分。苏轼诗意雪浪石前身为炮石，系守城池的武器，雪浪石本身浑圆无棱角，当不悖诗意。大雪浪石呈不规则状，很多地方棱角分明，不可做炮石。雪浪石的纹饰生动自然，白脉如流水潺潺或雪浪翻滚。王金乐先生说："大雪浪石石质虽黑，但不纯，夹有黄斑，有白纹，但不清晰，白纹与黑底相接处模糊，且白纹不相连贯，直线多曲线少，不似水波涟漪，与定州市现存雪浪石相比，远不如定州雪浪石更接近苏轼《雪浪石诗》所记特征。"仅从上述两点分析，真品赝品不难辨别，定州雪浪石为苏轼原石，而金山寺大雪浪石系赝品，系文人雅士为崇尚苏轼，喜爱《雪浪石》诗，钟情雪浪石，又未曾目睹雪浪石的附会之作。

　　也有一些学者认为，东坡雪浪石早已遗失，如今难以目睹其风采。张传伦是研究颇深的奇石收藏大家，在《漫话中国历代奇石收藏》一文中，他对苏轼及雪浪石给出极高的评价，但也留下很大的遗憾。他说："东坡先生的遗爱，尚存于世的大约只有竹石图、书法和石砚。现藏于镇江金山寺内的东坡'雪浪石'，据考为赝品，且不是第一代赝品，今人已无眼福一睹'雪浪石'的庐山真面目，人们只好从苏东坡为此石写就的诗句、铭文、评言中去欣赏'雪浪石'的风韵朗姿。"张先生一方面说对了，另一方面说错了，其实雪浪石真品完好保存于定州众春园遗址内。

四　金山寺小雪浪石

　　金山寺保存的小雪浪石系图纹石，整体呈厚板状，石灰岩质，色泽微红，不具黑石白脉的特性。该石正面略呈不规则方形，表面布有众多沟洫状凹槽，呈树枝状向不同方向展布，沟洫有粗有细，密密麻麻，互相联结。这些沟洫多为自然形成，甚为美观，可惜的是，较粗的主沟洫似经人为加工，成为瑕疵。该石背面平坦，刻有描述此石纹理特征的铭文。该石也被镶嵌于木质方座之上，与大雪浪石相同，为赝品（图一三）。

图一三 小雪浪石

五 瞻园雪浪石

南京瞻园始建于明嘉靖年间，为中山王徐达府第的西花园。清改为布政使衙署，乾隆皇帝下江南时曾驻跸于此，并赐匾"瞻园"，为江南著名园林，以太湖石驰名遐迩。太平天国时期，瞻园为东王府，民国为江苏省长公署，解放后得以向民众开放，太平天国历史博物馆也位于苑囿之中。在瞻园的庭院之中，也放置着一块奇石，名曰雪浪石。此石系一块体态憨大，貌似卵圆，非经河流搬运磨蚀，而由天然水流冲刷雕琢而成的太湖石。该石石灰岩质，色泽灰白，表面凹凸不平，沟壑、孔洞发育，体态美观大方。石正面呈三角形布局刻"雪浪石"三大字，左下角刻有"东坡居士书"款，铭刻字迹漶漫不清。经查询，此石不知来自何方，何人所为，也不知当年乾隆皇帝到瞻园是否见到此石。从瞻园雪浪石的石质、大小、纹饰等方面特征分析，其与东坡雪浪石相差甚远，也为好事者附会之作（图一四、图一五）。

图一四　瞻园雪浪石

图一五　瞻园雪浪石题刻拓片

第二章　雪浪石诗文

自苏轼发现雪浪石后，围绕雪浪石的诗文唱和也就此拉开帷幕。宋代为雪浪石诗文第一盛世。以苏轼兄弟、苏轼好友及苏门学士为主力，所作诗文 10 余首，皆为友情唱和之作，多和苏轼之韵，追求营造文化气氛，以抒情言志为基调，具有明显的宋代文人风格和情趣，为有力之开端。

宋已降，关于雪浪石的记载不绝于书，一直延续至今。各代帝王、权贵、学者、诗人等吟诗颂石者举不胜举，美诗名句被争相传诵，雪浪石还被录入有影响的学术著作或典籍中。其中，尤以清代乾隆皇帝与雪浪石的渊源最为深厚。乾隆皇帝对雪浪石分外崇尚、偏爱。乾隆身为皇子之时，就曾对雪浪石有所关注。其登基以后，曾六过定州，驻跸众春园，对雪浪石、雪浪斋及雪浪石盆铭等咏颂诗文 20 余首，并先后命张若霭、董邦达、张若澄（张若霭之弟）、钱维城绘制了四幅《雪浪石图》，前后长达几十年之久，实属罕见。由此可见苏轼雪浪石在乾隆皇帝心目中的地位很高。乾隆皇帝从仰慕雪浪石开始，进而以考证其真赝为主旨，随之抒发心绪，绘图以记之，众大臣相继附和，使雪浪石诗文达到第二个盛世，在赏石文化史上具有举足轻重的地位。

清代学者翁方纲对雪浪石的研究、考证亦为重要。翁方纲自幼崇敬苏轼，并将自己的书房命名"苏斋"，为研究苏轼一大家。本文收录其所作诗文 9 篇，尤其是对雪浪盆铭拓片的考证与研究，使我们见到了雪浪盆铭的真正面貌，从而得知现存盆铭为后人重刻，为雪浪盆铭的真赝提供了强有力的证据，功不可没。

本章以时间为序，收录宋代诗文 15 首，元代诗文 2 首，明代诗文 8 首，清代诗文 54 首（其中乾隆皇帝 27 首，翁方纲 9 首），近现代诗文 14 首。其中尤以宋代为重，以清代为多。这些诗文或文辞高雅，或文辞朴素，或辞藻华丽，或辞藻平白，或吟咏，或赞颂，或记述，或明志，或考证，或辨伪，不一而足，诗文书画，样样皆有，可谓赏石文化中浓墨重彩之一页。

宋·苏轼《次韵滕大夫三首·雪浪石 [1]》（《苏轼诗集》）

太行西来万马屯，势与岱岳争雄尊。

飞狐上党天下脊 [2]，半掩落日先黄昏。

削成山东二百郡 [3]，气压代北三家村 [4]。

千峰右卷蠚牙帐 [5]，崩崖凿断开土门 [6]。

朅来城下作飞石 [7]，一炮惊落天骄 [8] 魂。

承平百年烽燧冷 [9]，此物僵卧枯榆根 [10]。

画师争摹雪浪势，天工不见雷斧痕 [11]。

离堆 [12] 四面绕江水，坐无蜀士谁与论 [13]。

老翁儿戏作飞雨 [14]，把酒坐看珠跳盆。

此身自幻孰非梦，故国山水聊心存 [15]。

注释：

1. 该诗作于元祐八年（1093 年）冬定州任上。次韵：旧时古体诗词写作的一种方式。古人"和韵"的一种格式，又叫"步韵"，它要求作者用所和的诗的原韵原字，其先后次序也与被和的诗相同，是和诗中限制最严格的一种，就是依次用原韵、原字按原次序相和。滕大夫：即滕希靖，字希靖，名兴公，时为定州通判。

2. 飞狐上党天下脊：飞狐、上党均属太行山脉，地势极高，故曰天下脊。飞狐：即飞狐陉，也称飞狐口，太行八陉之一。位于今河北省涞源县北和蔚县之南。上党：位于山西省东南部，是古时对长治的雅称。因其地势险要，自古以来为兵家必争之地，素有"得上党可望得中原"之说。

3. 山东：指太行山以东。今河北一带。山东二百郡，指太行以东冀州地域。

4. 代北：古地区名，即战国时赵雁门郡地。泛指汉、晋代郡和唐以后代州北部或以北地区。三家村：偏僻的小山村，乡间人居寥落的地方。极言人烟稀少。语出陆游《村饮示邻曲》："偶失万户侯，遂老三家村。"

5. 卷，同捲。牙帐：将帅所居的营帐。前建牙旗，故名。比喻千峰如牙帐之蠚立。

6. 土门：即井陉口，又名土门口，太行八陉之一。

7. 朅（qiè）来：往来。飞石：古时战守之具。置石于大木之上，发机以击敌。

8. 天骄：汉代人称北方匈奴单于为天之骄子，后来称某些北方强盛的民族或其君主。

9. 承平：太平。烽燧：烽燧也称烽火台、烽台、烟墩、烟火台。如有敌情，白天燃烟，夜晚放火，是古代传递军事信息最快最有效的方法。

10. 此物：指雪浪石。僵卧：指物体横躺着。

11. 天工：天然形成的工巧。与"人工"相对。雷斧：传说中雷神用以发霹雳的工具。其形如斧，故称。

12. 离堆：即都江堰，位于四川省成都市都江堰市灌口镇，战国时期秦国蜀郡太守李冰及其子率众修建。

13. 坐：同座。

14. 老翁：指苏轼。

15. 故国：故乡，家乡。聊：依赖，寄托。

宋·苏轼《次韵滕大夫三首·雪浪石》（《苏轼诗集》）

我顷三章乞越州[1]，欲寻万壑看交流[2]。

且凭造物开山骨[3]，已见天吴[4]出浪头。（石中有似海兽形状。）

履道[5]凿池虽可致，玉川[6]卷地若为收。

洛阳泉石今谁主？莫学痴人李与牛[7]。

注释：

1. 顷：时间短，跟"久"相对。三章：指苏轼《乞外郡劄子》、《辞两职并乞郡劄子》、《乞越州劄子》共三章。越州：古地名，今浙江绍兴。

2. 万壑：壑，山谷。形容山峦绵延起伏，高低重叠。交流：谓江河之水汇合而流。

3. 造物：创造万物，也指创造万物的神力。山骨：山中岩石。

4. 天吴：中国古代水神，外形似兽。《山海经》："朝阳之谷，神曰天吴，是为水伯。其为兽也，八首人面，八手八尾，皆青黄。"

5. 履（lǚ）道：即履道里。洛阳里巷名。唐白居易所居处。

6. 玉川：即卢仝（约795—835年），唐代诗人，汉族，范阳（治今河北涿州）人。自号玉川子。家境贫困，仅破屋数间。但他刻苦读书，家中图书满架。卷地：即卷地皮。把地皮都卷走了。比喻官吏的残酷搜刮。卢仝《萧宅二三子赠答诗（客谢井）》："扬州恶百姓，疑我卷地皮。"

7. 痴：痴迷，极度迷恋。李与牛：指唐李德裕和牛僧孺。唐代著名的"牛李党争"的领袖。李德裕（787～850年），字文饶，唐代赵郡赞皇（今河北赞皇县）人。著名政治家，诗人。晚唐名相。李德裕有平泉庄，在洛阳之南，周回十里，多奇花异石，人题诗曰："陇右诸侯供瑞石，日南太守送名花。"牛僧孺（779～847年），字思黯，安定鹑觚（今甘肃灵台）人。晚唐宰相。集五卷，今存诗四首。牛僧孺嗜好太湖石，大小不一，其数四等，以甲乙丙丁品之，每品有上中下，各刻于石阴，曰牛氏石。《唐书·牛僧孺传》：治第洛之归仁里，多致嘉石美木。

宋·苏轼《雪浪斋铭（并引）[1]》（《苏轼文集》）

予于中山后圃[2]得黑石，白脉，如蜀孙位[3]、孙知微[4]所画石间奔流，尽水之变。又得白石曲阳，为大盆以盛之，激水其上，名其室曰雪浪斋云。

尽水之变蜀两孙[5]，与不传者归九原[6]。

异哉驳[7]石雪浪翻，石中乃有此理[8]存。

玉井芙蓉[9]丈八盆，伏流飞空漱其根[10]。

东坡作铭岂多言，四月辛酉绍圣元。

注释：

1. 该铭文作于绍圣元年（1094年）四月二十日，系苏轼为其所收藏的雪浪石所作铭文，刻于雪浪石盆口沿。

2. 圃（pǔ）：种植菜蔬、花草、瓜果的园子。

3. 孙位：晚唐画家，号会稽山人，生卒年不详。擅画人物、鬼神、松石、墨竹、龙水，所作皆笔精墨妙，雄壮奔放，情高格逸。尤以画水著名，与张南本善画火并称于世。苏轼对孙位评价甚高："予昔游成都，唐人遗迹遍于老、佛之居。先蜀之老有能评之者曰：画格有四，曰能、妙、神、逸。盖能不及妙，妙不及神，神不及逸。称神者二人，曰范琼、赵公佑；而称逸者一人，孙位而已。范、赵之工方圆不以规矩，雄杰伟丽，见者皆知爱之。而孙氏纵横放肆，出于法度之外，循法者不逮其精，有纵心不逾矩之妙。"

4. 孙知微：字太古，眉州彭山（今四川眉山市彭山县）人，一作眉阳人，寓居青城白侯坝之赵村。生卒年月不详。北宋著名画家。《宣和画谱》则著录其作品三十七件。米芾评其画云："平淡而生动，虽清拔，笔皆不圖，学者莫及。"

5. 尽水之变：形容画水之技艺高超。苏轼《书蒲永升画后》："古今画水，多作平远细皱，其善者不过能为波头起伏，使人至以手扪之，谓有窪隆，以为至妙矣。然其品格，特与印板水纸争工拙于毫厘间耳。唐广明中，处士孙位始出新意，画奔湍巨浪，与山石曲折，随物赋形，尽水之变，号称神逸。其后蜀人黄筌、孙知微皆得其笔法。始知微欲于大慈寺寿宁院壁作湖滩水石四堵，营度经岁，终不肯下笔。一日，苍黄入寺，索笔墨甚急，奋袂如风，须臾而成，作输泻跳蹙之势，汹汹欲崩屋也。知微既死，笔法中绝五十余年。"

6.九原：九泉，黄泉。

7.驳：斑驳。颜色不纯，夹杂着别的颜色。

8.理：玉石内部的纹路。

9.玉井芙蓉：即玉井莲。古代传说中华山峰顶玉井所产之莲，这里指雪浪石盆。

10.伏流：潜藏在地下的水流，地下河流。漱（shù）：冲刷，冲荡。

宋·苏辙《和子瞻雪浪斋》（《栾城集·栾城后集卷一》）

谪居[1]杜老尝东屯[2]，波涛绕屋知龙尊。

门前石岸立精铁，潮汐洗尽莓苔[3]昏。

野人相望夹水住[4]，扁舟[5]时过江西村。

窗中缟练舒眼界[6]，枕上雷霆惊耳门。

不堪水怪妄欺客，欲借楚些[7]时招魂。

人生出处固难料，流萍[8]著水初无根。

旌旗旋逐金鼓[9]发，蓑笠[10]尚带风雨痕。

高斋[11]雪浪卷苍石，北叟[12]未见疑戏论。

激泉飞水行亦冻，穷边腊雪如翻盆[13]。

一杯径醉万事足，江城[14]气味犹应存。

注释：

1.谪居：谓古代官吏被贬官降职到边远外地居住。

2.杜老尝东屯：指唐代大诗人杜甫曾经谪居夔州（今重庆奉节县）东屯（今重庆市奉节县白帝城东北角，因公孙述曾在此屯田，故称东屯。

3.莓苔：青苔。

4.野人相望夹水住：语出《诗经·大雅·公刘》："爰众爰有，夹其皇涧。"指豳国百姓在皇涧两岸的台地上夹水聚居。野人：庶人，平民。泛指村野之人，农夫。

5. 扁（piān）舟：小船。《史记·货殖列传》："范蠡既雪会稽之耻，乃喟然而叹曰：'计然之策七，越用其五而得意。既已施於国，吾欲用之家。'乃乘扁舟浮于江湖。"苏轼《前赤壁赋》："驾一叶之扁舟，举匏尊以相属。"这里指苏轼兄弟当年乘小舟过三峡进京赶考之事。

6. 缟（gǎo）练：白绢。这里指江水。眼界：目力所及的范围。引申指见识的广度。语出唐王维《青龙寺昙壁上人兄院集》诗："眼界今无染，心空安可迷。"

7. 楚些：典出《昭明文选》卷三十三《骚下·招魂》，沿用楚国民间流行的招魂词的形式而写成，句尾皆有"些"字。后因以"楚些"指招魂歌，亦泛指楚地的乐调或《楚辞》。

8. 流萍：漂荡的浮萍。常比喻漂泊无定的人生。

9. 金鼓：指四金和六鼓。四金指錞、镯、铙、铎。六鼓指雷鼓、灵鼓、路鼓、鼖鼓、鼛鼓、晋鼓。金鼓用以节声乐，和军旅，正田役。语出《周礼·地官·鼓人》。亦泛指金属制乐器和鼓。

10. 蓑笠（suō lì）：蓑衣与笠帽。指用草或麻编织成的斗篷以及帽子，一般是樵夫及渔民用来遮风挡雨之物。

11. 高斋：高雅的书斋。常用作对他人屋舍的敬称。这里指雪浪斋。

12. 北叟：北方的老人。

13. 穷边：荒僻的边远地区。宋苏舜钦《己卯冬大寒有感》诗："穷边苦寒地，兵气相缠结。"腊雪：冬至后立春前下的雪。翻盆：犹倾盆。形容雨雪极大。唐杜甫《白帝》："白帝城中云出门，白帝城下雨翻盆。"

14. 江城：指苏轼于密州知州任上所作《江城子·密州出猎》，表达了苏轼强国抗敌的政治主张，抒写了渴望报效朝廷的壮志豪情。

宋·张耒《和定州端明雪浪斋》[1]（《张右史文集·卷十五》）

中山士马如云屯[2]，号令惟觉将军[3]尊。

熊旗犀甲[4]罗左右，金钲鸣鼓喧朝昏[5]。

少年畎[6]亩老为将，谁能复记躬耕[7]村。

东坡先生事业异，道岐不得安修[8]门。

眼前富贵念不起，惟有山林劳梦魂[9]。

榛¹⁰ 中奇石安至此，坐蒙湔洗¹¹ 见本根。

奔流骤浪势万里，至画乃扫笔墨痕。

黄牛三峡¹² 固细事，赤壁¹³ 长江何足论。

能令万古蛟蜃¹⁴ 怪，么么¹⁵ 入此玻璃盆。

扁舟独往则不可，平生致君言具存。

注释：

1. 张耒（lěi）（1054～1114年），字文潜，号柯山，人称宛丘先生、张右史，楚州（今江苏省淮安市）淮阴人。苏门四学士之一。端明：指苏轼。苏轼时任端明殿学士，故称。

2. 云屯：如云之聚集。形容盛多。

3. 将军：指苏轼。苏轼时任定州安抚使马步军都总管，故称。

4. 熊旗：以熊虎为徽识的旗。《周礼·考工记·辀人》："熊旗六斿，以象伐也。"犀甲：犀牛皮制的铠甲。犀皮不常有，或用牛皮，亦称犀甲。借指军队。

5. 金钲（zhēng）：古乐器。鸣鼓：即鼓。朝昏（cháo hūn）：早晚。南朝宋谢灵运《入彭蠡湖口》："千念集日夜，万感盈朝昏。"

6. 畎（quǎn）亩：亦作"甽亩"。田地；田野。为农耕的代名词。

7. 躬耕：亲身从事农业生产。《三国志·蜀志·诸葛亮传》："臣本布衣，躬耕于南阳。"

8. 岐：通"崎"。崎岖。安修：语出《荀子·儒效》："志安公，行安修，知通统类，如是则可谓大儒矣。"

9. 梦魂：古人以为人的灵魂在睡梦中会离开肉体，故称"梦魂"。

10. 榛（zhēn）：丛生的树木。

11. 湔（jiān）洗：洗濯，洗涤。

12. 黄牛三峡：即长江三峡：瞿塘峡、巫峡、西陵峡。一说，以西陵峡、明月峡、黄牛峡为黄牛三峡。

13. 赤壁：赤壁之战的古战场，位于今湖北省赤壁市西北部。"赤壁"二字位于赤壁矶头临江悬岩，南距市区38公里。《湖北通志》载："赤壁山临江矶头有'赤壁'二字，乃周瑜所书。"苏轼曾作《念奴娇·赤壁怀古》。

14. 蛟蜃（jiāo shèn）：蛟与蜃。亦泛指水族。

15. 么么（me me）：拟声词。

雪浪石

宋·秦观[1]《雪浪石》（《淮海集·后集卷二》）

汉庭卿士如云屯[2]，结绶弹冠朝至尊[3]。

登高履危[4]足在外，神色不变惟伯昏[5]。

金华[6]掉头不肯住，乞身欲老江南村。

天恩许兼两学士[7]，将兵百万守北门[8]。

居士[9]强名曰天元，寤寐[10]山水劳心魂。

高斋引泉注奇石，迅若飞浪来云根[11]。

朔南[12]修好八十载，兵法虽妙何足论。

夜阑番汉[13]人马静，想见雉堞低金盆[14]。

报罢五更人吏散，坐调一气白元[15]存。

注释：

1. 秦观（1049～1100年），北宋词人，字少游，一字太虚，号淮海居士，别号邗沟居士，学者称淮海先生。汉族，扬州高邮（今江苏扬州）人。为"苏门四学士"之一。

2. 汉庭：指汉朝。卿士：中国古官名。指卿、大夫。后用以泛指官吏。

3. 结绶弹冠（jié shòu tán guān）：同"弹冠结绶"，指朋友之间互相援引出仕。《汉书·萧育传》："（育）少与陈咸、朱博为友，著闻当世。往者有王阳、贡公，故长安语曰：'萧朱结绶，王贡弹冠'，言其相荐达也。"结绶：佩系印绶。谓出仕为官。弹冠：比喻相友善者援引出仕。至尊：皇帝的代称。

4. 登高履（lǚ）危：比喻诚惶诚恐。《淮南子·原道训》："登高临下，无失所秉，履危行险，无忘玄伏，能存之此，其德不亏。"

5. 伯昏（bó hūn）：复姓。春秋有伯昏瞀人。

6. 金华：即金华殿，古殿名。借指内庭。亦省称"金华"。

7. 两学士：指苏轼。苏轼以"端明殿学士兼翰林侍读学士"两学士衔出知定州，故称。

8. 北门：指定州。时定州北与辽国接界，故为北宋的北门。

9. 居士：文人雅士的自称。苏轼自称东坡居士。

10. 寤寐（wù mèi）：醒与睡。常用以指日夜。《诗·周南·关雎》："窈窕淑女，寤寐求之。"

11. 云根：深山云起之处。晋张协《杂诗》之十："云根临八极，雨足洒四溟。"唐杜甫《题忠州龙兴寺所居院壁》："忠州三峡内，井邑聚云根。"仇兆鳌注："张协诗'云根临八极'注：五岳之云触石出者，云之根也。"

12. 朔南：北方和南方。《尚书·禹贡》："东渐于海西，被于流沙，朔南暨声教，讫于四海。"

13. 夜阑（lán）：夜残；夜将尽时。宋苏轼《临江仙·夜归临皋》："夜阑风静縠纹平。小舟从此逝，江海寄馀生。"番汉：外族与汉族。这里指辽国契丹族与汉族。

14. 雉堞（zhì dié）：古代城墙的重要组成部分。指古代城墙上掩护守城人用的矮墙，也泛指城墙。古代城墙的内侧叫宇墙或是女墙，而外侧则叫垛墙或雉堞。金盆：指盛明的圆月。

15. 白元：丹经术语。指肺神。《黄庭内景经》："喘息呼吸体不快，急存白元和六气。"

宋·晁补之《次韵苏门下寄题雪浪石》[1]（《鸡肋集·卷十三》）

居庸灭烽惟留屯[2]，时平[3]更觉将军尊。

铃斋看雪拥衲坐[4]，急鼓又报边城昏。

百壶[5]高宴梨栗圃，千里未尽桑麻[6]村。

天怜公老无以乐，一星飞坠从天门。

得无遗屦毂城化[7]，恐是吃草金华[8]魂。

不然荆棘霜露底，兀然[9]奇怪来无根。

女娲捣链[10]所遗弃，奔溃尚有河汉痕[11]。

岂其[12]谋国坐不用，聊以永日[13]宁复论。

跳梁不忧牧并塞[14]，绥纳[15]可使鱼游盆。

公归廊庙[16]谁得挽，此石万古当长存。

注释：

1. 晁补之（1053～1110年），北宋著名文学家。字无咎，号归来子，汉族，济州巨野（今山东巨野县）人，为"苏门四学士"之一。曾任吏部员外郎、礼部郎中。工书画，能诗词，善属文。苏门下：指苏辙。因苏辙时任门下侍郎，故称。

2. 居庸：指居庸关，是京北长城沿线上的著名古关城，全国重点文物保护单位。

3. 时平：时世承平。南朝梁简文帝《南郊颂》序："尘清世晏，仓兕无用其武功；运谧时平，鹓鹭咸修其文德。"

4. 铃斋：古代州郡长官办事的地方。

5. 百壶：泛言酒多。《诗·大雅·韩奕》："显父饯之，清酒百壶。"高宴：亦作"高
   讌"。盛大的宴会。

6. 桑麻：泛指农作物或农事。晋陶渊明《归园田居》诗之二："相见无杂言，但道桑
   麻长。"

7. 得无：副词，表示反问或推测，意为莫不是、该不会、怎能不。遗履：指遗弃之履。
   穀（gǔ）城：即穀城山，在山东东平县东三十二里。

8. 金华：指金华牧羊儿仙人黄初平。黄初平（约328～约386年），后世称为黄大仙，
   著名道教神仙，出生于浙江省金华兰溪黄湓村，一说出生于浙江省金华义乌赤岸。
   原是当地的一名放羊的牧童，在金华山中修炼得道升仙。宋代敕封为"养素净正真
   人"。

9. 兀然：突然，忽然。

10. 女娲捣链：指女娲炼石补天。

11. 潀（cóng）：古同"潨"。亦作"漴"。急流。河汉：指银河。

12. 岂其：何必，难道。

13. 永日：多日，长久。

14. 跳梁：同"跳踉"，指乱蹦乱跳。典出《庄子·逍遥游》："子独不见狸狌乎，
    卑身而伏，以候敖者，东西跳梁，不辟高下。"牧：古代州的长官。并（bìng）塞：
    靠近边塞。

15. 绥纳（suí nà）：安抚接纳。

16. 廊庙：典故名，典出《孙子·九地篇》："是故政举之日，夷关折符，无通其使，
    厉于廊庙之上，以诛其事。"指殿下屋和太庙，后指代朝廷。

宋·参寥子¹《次韵苏端明定武雪浪斋》（《参寥子诗集·卷第八》）

孔明²气宇白玉温，忠义勇决逾玉尊³。

葛巾羽扇⁴传号令，塞垣彻警无尘昏⁵。

良辰往往挟将佐⁶，射雕走马循烟村⁷。

归来饮酒坐堂上，宾从如云填戟门⁸。

一朝郡圃得奇石，雪浪触眼惊神魂。

旁求苍珉琢巨斛[9]，偃然[10]卧土知无根。

三牛曳归置阶圯[11]，锴[12]磨不许留纤痕。

兴来作诗寄台阁[13]，雄词妙笔争考。

将军今谪穷海外，会见义娥窥覆盆[14]。

殷勤寄与朔方客，佳致勿毁宜长存。

注释：

1. 参寥子，即道潜（1043～1106 年），北宋诗僧。本姓何，字参寥，赐号妙总大师。
   于潜（今浙江临安）浮村人。自幼出家。号参寥子。与苏轼、秦观为诗友。元祐中，
   住杭州智果禅院。因写诗语涉讥刺，被勒令还俗。后得昭雪，复削发为僧。

2. 孔明：即诸葛亮（181 年—234 年），字孔明，号卧龙（也作伏龙），汉族，徐州
   琅琊阳都（今山东临沂市沂南县）人，三国时期蜀汉丞相，杰出的政治家、军事家、
   散文家、书法家、发明家。

3. 勇决：勇敢而果断。

4. 葛巾羽扇：指诸葛亮。

5. 塞垣：本指汉代为抵御鲜卑所设的边塞。这里指北方边境地带。

6. 将佐：将领及佐吏。《晋书·刘琨传》：“每见将佐，发言慷慨。”《资治通鉴·晋
   愍帝建兴二年》：“文武将佐，务安百姓，上思报国，下以宁家。”

7. 徇：古同“巡”，巡行，巡视。烟村：亦作“烟邨”。指烟雾缭绕的村落。

8. 宾从：宾客和随从。戟门：立戟为门。古代帝王外出，在止宿处插戟为门。引申指
   显贵之家或显赫的官署。古代亦指军营中的军门。

9. 旁求：四处征求；广泛搜求。珉（mín）：指像玉的石头，一种美玉。东汉许慎《说
   文》：“珉，石之美者。”

10、偃然：倒卧状。

11. 曳（yè）：拉，牵引。圯（yí）：桥。

12. 锴（kǎi）：铁的别称，亦指“好铁”。

13. 台阁：汉时指尚书台。后亦泛指中央政府机构。

14. 覆盆：谓阳光照不到覆盆之下。后因以喻社会黑暗或无处申诉的沉冤。

雪浪石

宋·李之仪[1]《次韵东坡所和滕希靖雪浪石诗古律各一》（《姑溪居士前集·卷三》、《姑溪居士前集·卷四》）

风波末路方奔屯，屹然不动谁如尊。

岂知胸中皎十日[2]，顾盼不接无重昏[3]。

东观海市俯弱水[4]，南登赤壁[5]凌江村。

斯文未丧天岂远，出没狐鼠[6]徒千门。

纶巾羽扇[7]晚自得，已闻漠北[8]几亡魂。

由来好趣入造化[9]，地灵特出云涛[10]根。

生平到处苦再历，隐隐似有屐齿[11]痕。

玻璃[12]镜里万象发，金粟[13]堂中千偈论。

会须[14]白玉漱寒水，更借落月倾金盆[15]。

咄嗟菱溪成底物[16]，混沌空夸窍凿存[17]。

注释：

1. 李之仪，即李端叔（1038～1117年），北宋词人。字端叔，自号姑溪居士、姑溪老农。汉族，沧州无棣（庆云县）人。元祐末从苏轼于定州幕府，以门生从辟，掌机宜文字，朝夕倡酬。其名句"我住长江头，君住长江尾。日日思君不见君，共饮长江水"传唱千古。

2. 皎（jiǎo）：洁白，明亮。十日：语出《山海经·大荒南经》，古代神话传说天本有十日，尧命后羿射落九日。

3. 顾盼：向左右或周围看来看去。重昏（zhòng hūn）：谓思绪非常昏乱。

4. 海市：即海市蜃楼。这里指"登州海市"。

5. 赤壁：指黄州赤鼻矶，今湖北黄冈东坡赤壁。

6. 狐鼠：城狐社鼠。喻小人，坏人。

7. 纶巾羽扇：拿着羽毛扇子，戴着青丝绶的头巾。形容态度从容。一般指诸葛亮。苏轼《念奴娇·赤壁怀古》："羽扇纶巾，谈笑间，樯橹灰飞烟灭。"

8. 漠北：指中国北方沙漠、戈壁以北的广大地区。历史上是匈奴、突厥等北方游牧民族的势力范围。

9. 造化：创造演化，指自然界自身发展繁衍的功能。

10. 云涛：翻滚如波涛的云。唐孟浩然《宿天台桐柏观》："日夕望三山，云涛空浩浩。"

苏轼《武昌西山》："归来解剑亭前路，苍崖半入云涛堆。"

11. 屐齿（jī chǐ）：屐底的齿。屐：木头鞋，泛指鞋。唐以前是旅游用的鞋，在宋代以后基本上就是专门的雨鞋了。雨雪时，当套鞋使用，以防打湿鞋袜。

12. 玻璃：佛家七宝之一。蓄纳了佛家净土的光明与智慧，是供佛修行的圣物。

13. 金粟：即金粟如来，过去佛之名，指维摩居士之前身。即维摩诘大士。维摩，意为净名。偈（jì）：佛教术语，译曰颂，即佛经中的唱词。简作"偈"。

14. 会须：适逢需要。

15. 金盆：指盛明的圆月。杜甫《赠蜀僧闾丘师兄》："夜阑接软语，落月如金盆。"范成大《与王夷仲检讨祀社》："墙西云正黑，跕跕堕金盆。"

16. 咄嗟（duō jiē）：叹息。菱溪：指菱溪石。宋庆历六年（1046年），欧阳修知滁州时，听说此石，多次前去观看，视为珍玩，用三条牛驾车把菱溪石运到丰乐亭，供游人岁时嬉游，还特地作了《菱溪石记》文和《菱溪大石》诗以显其胜。底物：何物。

17. 混沌（hùn dùn）：古代传说中央之帝混沌，又称浑沌，生无七窍，日凿一窍，七日凿成而死。窍凿：洞穴。

其律曰：

平生所愿识荆州[1]，别乘还容接胜流[2]。

异日奔腾惊海面，新诗清绝似槎头[3]。

常嗟盛事千年隔，谁谓余光一旦收。

便觉诗源得三昧[4]，目中无复有全牛[5]。

注释：

1. 荆州：指荆州韩朝宗。语出李白《与韩荆州文》："生不用封万户侯，但愿一识韩荆州。"唐开元二十二年，韩朝宗任荆州长史兼襄州刺史。

2. 胜流：名流。

3. 槎（chá）头：指槎头鳊（biān），即鳊鱼。缩头，弓背，色青，味鲜美，以产汉水者最著名。人常用槎拦截，禁止擅自捕杀，故亦称"槎头缩颈鳊"。亦省称"槎头"。

4. 三昧：奥妙；诀窍。

5. 目中无复有全牛：即成语"目无全牛"，意思是眼中没有完整的牛，只有牛的筋骨结构。形容技艺已经到达非常纯熟的地步。

宋·张舜民《苏子瞻哀辞》[1]（《画墁集·卷二》）

　　我守中山，乃公旧国。雪浪高斋，于焉食宿。俯察履綦[2]，仰看梁木。思贤阅古[3]，皆经贬逐。玉井芙蓉，一切牵复[4]。词曰：

　　　　石与人俱贬，人亡石尚存。

　　　　却怜坚重[5]质，不减浪花痕。

　　　　满酌中山酒[6]，重添丈八盆。

　　　　公兮不归北，万里一招魂。

注释：

1. 张芸叟：即张舜民（约 1034～1100 年），字芸叟，自号浮休居士，又号矴斋，邠州（今陕西彬县）人。元祐初期，任监察御史。宋徽宗时，任吏部侍郎，以龙图阁待制知同州。与苏轼友善。

2. 履綦（lǚ qí）：足迹，踪影。《汉书·外戚传下·孝成班婕妤》："俯视兮丹墀，思君兮履綦。"颜师古注："言视殿上之地，则思履綦之迹也。"这里指苏轼足迹。

3. 思贤阅古：指定州后圃二堂名，即"思贤堂"和"阅古堂"。宋张邦基《墨庄漫录》卷八："'思贤'、'阅古'，皆中山后圃堂名也。"

4. 牵复：复原。

5. 坚重：坚定而从容。汉扬雄《羽猎赋》："曲队坚重，各按行伍。"

6. 满酌中山酒：苏轼《雪浪石》有"老翁儿戏作飞雨，把酒坐看珠跳盆"句。中山酒指苏轼在定州所酿"中山松醪"酒。

宋·胡仔[1]《苕溪渔隐丛话后集·卷十二》

　　苕溪渔隐曰："东坡于中山后圃得黑石白脉，如蜀孙知微所画，石间奔流，尽水之变，名之曰雪浪石，有诗云：'画师争摹雪浪势，天工不见雷斧痕。'又以湖口李正臣[2]所蓄石，九峰玲珑，宛转若窗棂[3]然，名之曰壶中九华[4]，后归自岭南，欲买此石与仇池为偶，已为好事者[5]取去，赋诗有'尤物已随清梦断'之句，盖用刘梦得[6]《九华山歌》云：'九华山，自是造化一尤物，焉能藉甚乎人间。'"

注释：

1. 胡仔（1110～1170 年），字元任，绩溪（今安徽）人。为官不显，遂隐居浙江湖州之苕溪，"日以渔钓自适"，自号苕溪渔隐。著有《苕溪渔隐丛话》传世。

2. 李正臣：字端彦，湖口（今江西湖口县）人。北宋画家。宦官，官至文思院使。写
　　花竹禽鸟，颇有生意，翔集群啄，各尽其态。作业棘疏梅，有水边篱落之趣。

3. 窗棂：雕有花纹的窗格。

4. 壶中九华：石名。壶中暗用壶公之事。壶公为传说中的仙人，所指各异。九华：即
　　九华山。在今安徽省青阳县。旧称九子山。因有九峰如莲花，故改为今名。

5. 好事者：指郭祥正，字功父（甫），字号醉吟居士，当涂人。幼年以诗出名，出仕
　　不显。与苏轼友好。

6. 刘梦得：刘禹锡（772 ~ 842 年），字梦得。唐朝文学家、哲学家，有"诗豪"之称。

宋·杜绾[1]《云林石谱·雪浪石》

　　中山府土中出石，色灰黑，燥而无声，混然成质，其纹多白脉笼络，如披麻旋绕委曲之势。东坡顷帅山中，置一石于燕处，目之为雪浪石。

注释：

1. 杜绾，生卒年不详，字季扬，号云林居士。北宋山阴（今浙江绍兴）人，著有《云林石谱》。《云林石谱》是我国古代载石最完整、内容最丰富的一部石谱，全书约14000 余字，涉及名石共 116 种，是中国第一部论石专著，体现了宋代文人赏石观之精髓。

南宋·潘自牧《记纂渊海·卷二十一》[1]

　　水豆岩在曲阳西北，上有漱玉亭，并苏轼书"浮休"二大字。雪浪石在郡文庙前，状如雪浪，凿石盆为芙蓉形以盛之。

注释：

1.《记纂渊海》成书于宋嘉定二年（1209 年）。据《浙江通志》记载，潘自牧，金华人。
　　庆元元年（1195 年）进士。

南宋·郝经[1]《题芙蓉盆》（《陵川集·卷十五》）

　　戊申[2] 秋，道士李师于中山治所后堂故基，得东坡先生雪堂图书，青玉润莹，隶法[3] 锷截[4]，四面各五分，方停[5] 无纽，盖先生帅定武时所遗也。九月五日，观于芙蓉

雪浪石

盆雪浪碑下，因书一绝，以寓感云。

辞却金銮[6]到雪堂[7]，
中朝无复汉文章[8]。
不须更论青苗[9]户，
丈八盆[10]边醉一场。

注释：

1. 该诗作于南宋淳祐八年（1248年）。郝经（1223～1275年），元初名儒。字伯常，祖籍泽州陵川（今山西陵川），生于许州临颍城皋镇（今河南许昌）。幼遭金末兵乱。金亡后迁居河北，家贫好学，被守帅张柔、贾辅延为宾客，教育诸子，得读两家藏书。作为政治家，郝经反对"华夷之辨"，推崇四海一家，主张天下一统；作为思想家，郝经推崇理学，希望在蒙古人汉化过程中，以儒家思想来影响他们，使国家逐步走向大治；作为学者文人，通字画，著述颇丰。

2. 戊申：指南宋淳祐八年（1248）。

3. 隶法：隶书的笔法。

4. 锷截：刀割。

5. 方停：方正。

6. 金銮：帝王车马的装饰物。金属铸成鸾鸟形，口中含铃，因指代帝王车驾。这里代指帝王。

7. 雪堂：苏轼在黄州，寓居临皋亭，就东坡筑雪堂。故址在今湖北省黄冈市东。

8. 中朝：朝廷；朝中。无复：指不再有，没有。汉文章：汉代以文章（汉赋）而闻名。这里代指最好的文章。

9. 青苗：指青苗法。亦称"常平新法"，是中国宋朝王安石变法的措施之一。苏轼曾因反对青苗法而获罪。

10. 丈八盆：指盛放雪浪石的芙蓉盆。

元·刘因[1]《雪浪石》（《静修集·卷十四》）

邵家水陆说影象[2]，一物自可涵无垠。
沧浪仙人歌感应[3]，石中固有此理存。
老坡胸中如此几[4]，魂磊[5]须得银河喷。

嘲嵩唾华天不嗔[6]，武夷赫怒张吾军[7]。

偶从北海得生气，竹石也爱风姿新。

我来正当秋雨霁[8]，一杯冥漠玄都门[9]。

小珰好事如先臣[10]，坐令[11]平地石生根。

渠家儿戏解忘国，作诗一笑君应闻。

注释：

1. 刘因（1249～1293年），字梦吉，号静修，雄州容城人，元代著名理学家、诗人。至元十九年（1282），应召入朝，为承德郎、右赞善大夫，不久以母病辞官。

2. 水陆：水陆道场的简称。佛教法会的一种。僧尼设坛诵经，礼佛拜忏，遍施饮食，以超度水陆一切亡灵，普济六道四生，故称。影象：画像；遗像。

3. 沧浪仙人歌感应：《孟子·离娄上》："有孺子歌曰：'沧浪之水清兮，可以濯我缨；沧浪之水浊兮，可以濯我足。'"后遂以"沧浪"指此歌。

4. 老坡：指苏轼。因号东坡居士，故称。几：小或矮的桌子。

5. 魂磊（kuǐ lěi）：垒积不平的石块。因以喻郁结在胸中的不平之气。

6. 嵩：嵩山。华：华山。嗔：怒，生气。

7. 武夷：指武夷山。赫怒：盛怒。张吾军：谓壮大自己的声势。《左传·桓公六年》："我张吾三军，而被吾甲兵，以武临之，彼则惧而协以谋我，故难间也。"唐韩愈《醉赠张秘书》："诗成使之写，亦足张吾军。"

8. 霁（jì）：雨雪停止，天放晴。

9. 冥漠：空无所有。

10. 小珰（dāng）：年轻的内监。先臣：古代臣于君前称自己已死的祖先、父亲为"先臣"。

11. 坐令：犹言致使；空使。唐韩愈《赠唐衢》："胡不上书自荐达，坐令四海如虞唐？"

元·乃贤[1]《河朔访古记》

　　中山府学讲堂前，有雪浪石，承以丈八芙蓉石盆。盆口镌苏文忠公《雪浪石铭》，其石纹作波涛痕，复有若卧牛立凤之状者。昔苏公守定日，甚爱此石，构小室置之，榜曰"雪浪斋"云。西庑下一碑，图石之形，并刻其铭于右学中。又有唐王维画竹碑二通，一黑一白，世谓"阴阳竹"也。

注释：

1. 乃贤（1309～？），字易之，号河朔外史，合鲁（葛逻禄）部人。其家族先居南阳（今属河南），后迁居四明（治今浙江宁波）。乃贤淡泊名利，退居四明山水之间，与名士诗文唱酬。著述有《金台集》、《河朔访古记》。

明·吴宽《制雪浪石研》[1]（《家藏集·卷十八》）

鼍矶[2]千丈接蓬莱，割取鳌簪带海苔。

巧匠旁观须利器，书家常用岂粗材。

轻磨玉髓难随墨，净洗金星不染埃。

岂是苏公[3]斋里物，只供清玩势崔嵬[4]。

注释：

1. 吴宽（1435～1504年），字原博，号匏庵、玉亭主，长州（今江苏苏州）人。明代名臣、诗人、散文家、书法家，世称匏庵先生。
2. 鼍矶（tuó jī）：鼍矶岛，地处蓬莱海中。
3. 苏公：指苏轼。
4. 清玩：清雅的玩品。多指书画、金石、古器、盆景等可供赏玩的东西。崔嵬（cuī wéi）：高耸貌；高大貌。

明·邵宝《雪浪石菖蒲》[1]（《容春堂续集·卷二》）

在嘉树亭前石，自四川来，与坡翁名斋者类。今种蒲其上，立石盆中，如屏之状，故又名屏蒲。

坡翁爱兹石，铭在莲花盆。

吾以种菖蒲，珍重如前闻。

注释：

1. 邵宝（1460～1527年），明代著名藏书家、学者。字国贤，号泉斋，别号二泉，江苏无锡人。

明·陆深[1]《大驾北还录》

八日乙巳晴，发北郭，遇锦衣指挥赵君佐，袁君天章云：已有旨，今日少驻柏乡，上欲养人马足力有此。盖自汤阴起驾,两日行五百余里矣。已抵赵州桥寓次,过石桥,观驴迹,恐亦是石工所为,或石上偶有此痕尔。入城,午过柏林寺,观透灵碑者亦无甚异。盖元贞乙未,棘人王诩撰寺记云:"复观画,水愈奇。"一老僧云:"是宣德间定州何生所作。"今何氏尚有能画者,其言颇可信。定州有东坡雪浪石,铭具论画水之法,生岂有得于是耶?申抵乐城,寓孙生西郭园居,韭畦、黍稷、城堞、井闾颇有野趣,宿。

注释:

1. 陆深(1477～1544年),明代文学家、书法家。初名荣,字子渊,号俨山,南直隶松江府(今上海)人。

明·董其昌 [1]《容台集·题冯桢卿画石》

米元章拜石,以石文易薛绍彭甘露庄,已,复向绍彭求观,不许。作诗曰:"惟有玉蟾蜍,向予频泪滴。" [2] 苏玉局 [3] 以百二十千购雪浪石,又自为图,刻于常山。今冯黄门桢卿以画石写胸中砺齿 [4] 之意,与苏米而三,非韵士不当与一观也。

注释:

1. 董其昌(1555～1636年),字玄宰,号思白、香光居士,松江华亭(今上海闵行区马桥)人,明代书画家。

2. 米元章,即米芾,其个性怪异,举止颠狂,遇石称"兄",膜拜不已,因而人称"米颠"。薛绍彭,字道祖,号翠微居士,长安(今陕西西安)人,宋代著名书法家。以翰墨名世,与米芾齐名,人称"米薛"。米元章用爱石研山与知友薛绍彭交换宝物,想再一见研山,被薛绍彭拒绝,其深知米芾装痴卖乖不择手段而索取宝贝的伎俩,当然不敢再给他看到。

3. 玉局:指苏轼。苏轼曾任玉局观提举,后人遂以"玉局"称苏轼。

4. 砺(lì)齿:刷牙去垢。表示清高。

明·何乔远 [1]《名山藏·舆地记二·保定府·定州》

东北百三十里曰定州,后魏名。春秋鲜虞,晋中山,汉中山郡。东北一十里有尧城,东三十里有固城,云是禹筑。宋韩琦、苏轼尝知州。琦有阅古堂,绘前代良守将之迹;轼有雪浪石,置学舍。

注释:

1. 何乔远（1558～1631年），字稚孝，或称稚孝，号匪莪，晚号镜山，明晋江（今福建晋江）人，杰出的方志史学家。

明·韩上桂[1]《仰苏亭赋（并序）》（《朵云山房遗稿》）

亭胡以名，后人仰止[2]，宋苏文忠公而作也。公尝守定武，得石文如雪浪，盆以蓄之，植槐其侧，在学舍东北偏。岁丙辰[3]六月，太府[4]周心濂自恒山循行[5]至定，偕少府[6]曹节公造访斯亭，吟啸移时[7]，命州博士韩上桂为之赋。其辞曰：

倚中山以延瞩[8]，引恒岳之巃嵸[9]。当陶唐而肇迹[10]，历周赵[11]以雄封。昴毕迥而互耀[12]，滵瀛合而汹溶[13]。当其休气[14]凝，祥云结，士悲歌，俗壮烈。蕴千年而若兹[15]，假文石[16]而一泻。则有西蜀人才，东坡吟客[17]，锦水[18]扬澜，岷峨[19]对宅。洒词赋于江山，擅风流于品格。际守土之清余，试搜奇而偶获。尔其清光照烁[20]，玄藻纤微[21]。波重翻而复折，湍欲泻以犹迟。拖蓝烟于钓浦[22]，喷皓雪于渔矶[23]。瞿塘[24]悚其奔吼，砥柱[25]震以倾移。是用作铭，书于盆次。天人妙工，山水深致[26]。怪俗手之未精，笑两孙[27]之莫秘。载以琬琰[28]，饰以芙蓉[29]。六鳌[30]并载，神龟率从。环蓬莱于东海，擢莲藕于西峰[31]。拟川观[32]而不厌，抽逸思[33]之无穷。亦有双槐，是经手植。霆火内烧，苔钱[34]外蚀。生意犹含，灵根未熄。枝槎丫以斗奇[35]，叶婆娑[36]而弄色。留蝉响之凄清，候鸾[37]群之止息。与石丈而为朋，讵争荣于九棘[38]。暑去寒回，邈矣悠哉[39]。沧桑靡变，兵燹[40]勿摧。越六百祀[41]而一日，曾何患乎劫灰[42]。信神物之攸护，识斯文之未颓。道扇群英[43]，芬馀[44]后轴。载籍艳称[45]，游人景服[46]。莫不指片石[47]为泰山，望寒条而若木[48]。徒[49]以迹秘，藻芹[50]境迷。首蓿冠蕤[51]，慕以中疑。车徒窥而遽复[52]，云胡阒寂[53]，倏觌高旆[54]。既勤熊轼，亦集屏星[55]。循闾阎而敷泽[56]，经川部以考成[57]。挟烟霞之高趣，访雪浪之孤亭。以遨以游，载色载笑。芹沼旁遵[58]，芸阶引眺[59]。解上牧[60]之尊严，霏玄谈之要妙[61]。扪碑起兴，抚树萦怀[62]。激泉浩荡，憩[63]荫徘徊。通臭味[64]于往古，悬轨度[65]于将来。惟德音之不泯[66]，岂物理之能该[67]。彼平泉[68]之与，金谷[69]不知，几淹没乎蒿莱[70]。暝色[71]渐催，前驺[72]缓唱。丛翠犹率，黛痕[73]如怅。叹胜览[74]之不常，惬灵心之所尚[75]。于是景，都人士景附云从[76]，相与赞扬盛雅，想像高踪[77]，雕珉纪咏[78]，以绍眉山之遗风焉。

注释：

1. 该文作于明万历四十四年（1616年）六月。韩上桂（1572～1644年），字芬男，一字孟郁，号月峰，别署浮天游子，广东番禺古霸乡人。明代戏曲作家。性豪放，怡情诗酒，好填南词，辄于酒间放歌，有"万历间岭南第一才子"之称。万历四十四年（1616年），以亲老家贫，出任定州学正。著有《朵云山房遗稿》。

2. 仰止：仰慕；向往。语出《诗·小雅·车舝》："高山仰止，景行行止。"

3. 丙辰：指明万历四十四年（1616年）。

4. 太府：官名。《周礼·天官》有大府，掌府藏会计。秦汉并其职于司农少府。南朝梁置太府卿，专管皇室的库储出纳。北齐曰太府寺。北周有太府中大夫，掌贡赋货贿。唐曾改太府为外府，掌国家钱谷的保管出纳，旋复旧。宋以太府半属国家行政，半属宫廷事务。辽、金、元改宋以前的太府寺为太府监。明废。参阅《通典·职官八》、《续通典·职官八》。

5. 循行：巡视；巡行。循，通"巡"。

6. 少府：官名。唐以少府为县尉的习称。县令有明府之称，尉为令的佐官，故有此称。后世沿称。

7. 吟啸：高声吟唱；吟咏。

8. 延瞩：引颈瞩目。

9. 龙嵷（lóng zōng）：亦作"巃嵸"。山势高峻貌。

10. 陶唐：古帝名。即唐尧。

11. 周赵：指西周和北宋。

12. 昴毕（mǎo bì）：昴宿与毕宿的并称。同属白虎七宿。皆为二十八星宿之一。古人以昴毕为冀州的分野。

13. 滱瀛：滱，指滱水，古河名。在今河北省。上游即今河北定县以上唐河，自定县以下，《汉书·地理志》、《水经注》载故道东南流经今安国县南，折东北经高阳县西，又北流经安州镇西，东北流与易水合，此下易水亦通称滱水。唐代即有唐河之称。宋以后滱水之名渐废，下游时有变迁。瀛，指海。汹溶：水势翻腾上涌。

14. 休气：祥瑞之气。汉班固《白虎通·封禅》："阴阳和，万物序，休气充塞。"

15. 若兹：如此。

16. 文石：有纹理的石头。《山海经·北山经》："又东北二百里，曰马成之山，其上多文石，其阴多金玉。"

17. 吟（yín）客：诗人。

18. 锦水：即锦江，这里指岷江的支流。

19. 岷峨：特指峨眉山。以其在岷山之南，故称。

20. 尔其：连词。表承接。辞赋中常用作更端之词。清光：清美的风采。照烁：犹爚铄。形容老人目光炯炯、精神健旺。

21. 玄藻：美妙的文词。纤（xiān）微：亦作"纤微"。细微。

22. 浦（pǔ）：水边或河流入海的地区。

23. 皓雪：白雪。渔矶（jī）：可供垂钓的水边岩石。

24. 瞿塘：瞿塘峡。

25. 砥柱：亦作"砥砫"。山名。又称底柱山、三门山。在今河南省三门峡市，当黄河中流。以山在激流中矗立如柱，故名。今因整治河道，山已炸毁。北魏郦道元《水经注·河水四》："砥柱，山名也，昔禹治洪水，山陵当水者凿之，故破山以通河，河水分流，包山而过，山见水中若柱然，故曰砥柱也。"

26. 深致：深远的意趣。

27. 两孙：指蜀地画家孙位、孙知微。

28. 琬琰（wǎn yǎn）：泛指美玉。

29. 芙蓉：指莲花、荷花。

30. 六鳌：神话中负载五仙山的六只大龟。典出《列子·汤问》。

31. 擢（zhuó）：拔。西峰：指华山西峰。峰顶翠云宫前有巨石状如莲花，故又名莲花峰、芙蓉峰。

32. 川观：观赏川流。

33. 逸思：超逸的思想。

34. 苔钱：苔点形圆如钱，故曰"苔钱"。

35. 槎（chá）丫：亦作"槎牙"、"槎枒"，树木枝权歧出貌。鬭：同"斗"。

36. 婆娑（pó suō）：盘旋舞动的样子。

37. 鸾：青鸾，又名鸾鸟、青鸟，鸡趣。古代传说中凤凰一类的神鸟。

38. 石丈：奇石的代称。宋叶梦得《石林燕语》卷十："米芾诙谐好奇……知无为军，初入州廨，见立石颇奇，喜曰：此足以当我拜。遂命左右取袍笏拜之，每呼曰'石丈'。"讵（jù）：不。争荣：争夺荣誉。九棘：古代群臣外朝之位，树九棘为标识，以区分等级职位。后因以九棘为九卿的代称。

39. 邈（miǎo）：遥远，久远。

40. 兵燹（xiǎn）：指因战乱而遭受焚烧破坏的灾祸。

41. 越：超过。祀：年。

42. 曾：古同"曾"。劫灰：亦作"刦灰"，亦作"刼灰"。本谓劫火的余灰。喻灾难后的遗迹。

43. 扇：显扬，传播。群英：谓众贤能之士。

44. 芬：比喻盛德或美名。馀：同"余"。饱足。

45. 载籍：书籍，古籍。艳称：羡慕并赞美，称羡。

46. 景服：佩服，敬慕。

47. 片石：孤石，一块石头。

48. 寒条：秋冬树木的枝条。若木：古代神话中的树名。一说为扶桑。

49. 徒：从事学习的人。

50. 藻芹：即芹藻。比喻贡士或才学之士。

51. 首蓿：马的代称。冠盖（gài）：即"冠盖"，古代官吏的帽子和车盖，借指官吏。

52. 车徒：车马和仆从。遄：遂，就。

53. 云胡：为何，为什么。阒寂（qù jì）：亦作"閴寂"。断绝，寂灭。

54. 倏（shū）：极快地，忽然。觏（gòu）：遇见，看见。旌：古代用羽毛装饰的旗子，泛指旗帜。

55. 熊轼：伏熊形的车前横木。因以指代有熊轼的车。古时为显宦所乘。借指太守。屏星：车前用以蔽尘的车挡。亦指车辆。

56. 闾阎（lú yán）：原指古代里巷内外的门。借指民间、平民。敷泽：布施恩泽。

57. 经川：流动不息的河川。考成：落成，建成。

58. 芹：水芹。沼：池子。遵：沿着。

59. 芸阶：即云阶，亦作"云墀"。高阶。亦指仙境。引眺：引领眺望。

60. 上牧：即"上牧监"。官署名。实为牧场。唐置，掌养马。

61. 霏：弥漫，笼罩。玄谈：指汉魏以来以老庄之道和《周易》为依据而辨析名理的谈论。要妙：精深微妙。

62. 萦（yíng）怀：牵挂在心。

63. 憩（qì）：休息。

64. 臭味：比喻志趣。汉蔡邕《玄文先生李休碑》："凡其亲昭朋徒，臭味相与，大会而葬之。"

65. 轨度：规范法度。

66. 德音：犹德言，指合乎仁德的言语、教令。泯（mǐn）：古同"泯"。消灭，丧失。

67. 物理：景物与情理。该：包容，包括。

68. 平泉：即"平泉庄"。

69. 金谷：指西晋大官僚石崇在洛阳所筑的金谷园。

70. 蒿莱：野草，杂草。

71. 暝色：暮色，夜色。

72. 前驺（zōu）：指古代官吏出行时在前边开路的侍役。

73. 黛痕：画黛的痕迹。亦指青黑色。

74. 胜览：畅快的观赏。

75. 惬：满足，畅快。灵心：大自然的意志。尚：尊崇，注重。

76. 都人士：指居于京师有士行的人。

77. 高踪：高尚的行迹。

78. 雕珉（mín）：雕琢珉玉。珉，似玉的美石。东汉许慎《说文》："珉，石之美者。"

明·祁彪佳[1]《远山堂曲品剧品·雪浪探奇南一折　金粟子》

　　坡仙知定武军时，得雪浪石，为之制铭咏诗，又以名其斋。金粟采之作南曲一折，盖常调也。

注释：

1. 祁彪佳（1602—1645年），明代政治家、戏曲理论家、藏书家。字虎子，一字幼文，又字宏吉，号世培，别号远山堂主人。山阴（今属浙江绍兴）梅墅村人。

明末·镏绩《四库全书·霏雪录》[1]

　　十三日微阴，午晴，过清风店，抵定州，谒韩忠献、苏文忠二公祠。祠为众春园旧址。叔党尝通判中山，今配享苏祠。……雪浪石在州学，作亭覆之。《墨庄漫录》云："东坡帅中山，得石，黑质白章，如孙知微所画，石间奔流，尽水之变，作白石大盆盛之，激水其上，名其室曰雪浪斋，有铭"云云。予审视，盆四面刻纹作芙蕖。

唇上周遭，即公手书铭，惜不及摹揭。旁一碑刻石图，下方"雪浪斋"三大字亦公书。

然石实无他奇，徒以见赏坡公，侈美千载，物亦有天幸焉。

注释：

1. 《霏雪录》系钦定四库全书，子部十，杂家类三，杂说之属。作者为明末镏绩，字孟熙，山阴人。该书分上下两卷，主要记录先世传闻、梦幻诙谐之事和对旧诗词进行辩核疑义等，内容较为庞杂，其论述、心得颇有依据，对后学具有一定影响。

清·刘体仁《七颂堂识小录》[1]

苏东坡草书《醉翁亭记》，鄢陵[2]有刻本[3]，吾家司寇[4]所摹也。人疑其赝。又有知其为锺生所临者，墨迹在刘相公家。然余过定州看雪浪石壁，间嵌残碑乃草书中山松醪赋，语笔与此同。按坡公尝钞书，一书每为一体，则忽作颠张醉素[5]，何可遽谓必无。其字画轻重不一，重则棱角森然，又颜法[6]也。

注释：

1. 刘体仁（1624~1684年），字公戱，号蒲庵，明末颍川卫（今安徽阜阳阜南县）人。清顺治十二年（1655年）进士，官吏部主事。工诗文，善山水，萧疏旷远，寄兴天真。
2. 鄢陵：今河南鄢陵县。
3. 刻本：亦称刊本、椠本、镌本。指雕版印刷而成的书本。
4. 司寇：即司寇，姓氏。一般指司寇姓。
5. 颠张醉素：指唐代书法家张旭和怀素。
6. 颜法：指唐代书法家颜真卿的书写技法。

清·秦生镜[1]《题雪浪石》（《定州志》）

同此庄馗[2]地，当年太守闲。

云根分北岳，雪浪著中山。

槐干龙拏爪[3]，芙蓉水照颜。

东坡亦爱石，人说米家顽[4]。

注释：

1. 秦生镜，字水心，顺治、康熙年间人，山东邹县西庄社秦家庄（今山东省邹城市

太平镇秦河村）人。康熙二十一年（1682年）官直隶定州知州。康熙二十三年（1684
年），秦生镜奉旨修复定州城池，南门西至西南角楼由忠顺营承修，余由州官承修，
共修城垛 1500 余丈，修葺城楼三座，补建北城楼一座。著有《冰玉堂集》。

2. 庄馗（zhuāng kuí）：四通八达的道路。馗，同"逵"。

3. 槐干：指东坡双槐。龙挐（ná）：龙腾起捉物貌。

4. 米家颠：指北宋画家米芾。米芾（1051-1107年），又米黻，字元章，号襄阳漫士、
   海岳外史、鹿门居士。北宋书法家、画家、书画理论家。祖籍太原。被服效唐人，
   多蓄奇石。宋四家之一。曾任校书郎、书画博士、礼部员外郎。因个性怪异，举止
   颠狂，遇石称"兄"，膜拜不已，因而人称"米颠"。《宋史》列传第二百二文苑
   五："无为州治有巨石，状奇丑，芾见大喜曰：'此足以当吾拜！'具衣冠拜之，
   呼之为兄。又不能与世俯仰，故从仕数困。"

清·秦济[1]《题雪浪石》（《定州志》）

奇石搜来北岳根，黝然[2]照水片云屯。

冰壶浮动[3]生珠影，素练纡回[4]带浪痕。

诗句常新花吐笔，芙蓉不谢玉为盆。

两孙已去苏公杳[5]，独对寒斋谁共论。（奉敕恭和御笔雪浪石用苏东坡原韵）

注释：

1. 秦济（1652-1735年），字公楫，号忍庵，秦生镜长子，人称止园先生。性至孝，
   少随父宦游苏州、定州，即以诗文名，吴伟业、蒋超等曾与之唱和。后谢世居家，
   筑止园，益功于诗，著有《止园集》六卷附词一卷。

2. 黝（yǒu）然：幽静。

3. 冰壶：盛冰的玉壶。常用以比喻品德清白廉洁。浮动：飘浮移动；流动。

4. 素练：白色绢帛。常用以喻云、水、瀑布等。

5. 杳（yǎo）：消失，不见踪影。

清·厉鹗[1]《题东坡先生雪浪石盆铭拓本即用雪浪石诗韵》（《樊榭山房续集·卷一》）

中山奇石犹云屯，苏公笔阵书林尊[2]。

回环属读有奇趣[3]，如月照壁难霾昏[4]。

当年炮材久摧落，雨淋日炙眠沙村。

偶然寓意在乡土，便如雪浪争夔门[5]。

九华明窗未能买[6]，一辈眉绿偕销魂[7]。

人间贪者尽幻妄，要须禅喜穷荄根[8]。

不见宣和筑艮岳，峰峦万态金填痕[9]。

汴围日急取作炮，世事变化安可论。（靖康围城时取艮岳诸石为炮，见《三朝北盟会编》）

摩挲已似铜狄[10]话，拄杖谁窥玉女盆[11]。

如公伟人不可见，只有文字千年存。

注释：

1. 厉鹗（1692～1752年），字太鸿，又字雄飞，号樊榭、南湖花隐等，钱塘（今浙江杭州）人，清代著名诗人、学者，浙西词派中坚人物。康熙五十九年（1720年）举人，乾隆初举鸿博。性耽闻静，爱山水，尤工诗，擅南宋诸家之胜。著有《宋诗纪事》、《樊榭山房集》等。

2. 笔阵：比喻写作文章。谓诗文谋篇布局擘画如军阵。一说比喻书法。谓作书运笔如行阵。书林：文人学者之群。

3. 属读：连读。奇趣：奇妙的情趣。

4. 霾（mái）昏：昏暗。

5. 夔门（kuí mén）：又名瞿塘峡、瞿塘关，瞿塘峡之西门。三峡西端入口处，两岸断崖壁立，高数百丈，宽不及百米，形同门户，故名。

6. 九华明窗未能买：指苏轼未能买到湖口李正臣的"壶中九华"石。

7. 一辈眉绿：指苏轼所藏仇池石。

8. 禅喜：指佛教修行使心情安乐轻快。荄（gāi）根：草根。

9. 艮岳（gèn yuè）：宋代的著名宫苑。位于汴京（今河南开封）。宋徽宗政和七年（1117年）兴工，宣和四年（1122年）竣工，初名万岁山，后改名艮岳、寿岳，或连称寿山艮岳，亦号华阳宫。宋徽宗赵佶亲自写有《御制艮岳记》。1127年金人攻陷汴京后被拆毁。艮岳尽藏天下奇石，南宋周密《癸辛杂识》记载："前世叠石为山未见显著者，至宣和艮岳，始兴大役。连舻辇致，不遗余力，其大峰特秀者，不特封候，或赐金带，且各图为谱。"

10. 铜狄：铜铸之人。即"铜人"，亦称"金人"。古多铸以置于宫庙间，或铭文其上。

这里指苏轼雪浪石。

11. 挂杖：指仙人所用的手杖。这里特指九节杖。玉女盆：华山中峰有玉女祠，祠前有石臼，称为玉女洗头盆。亦省作"玉女盆"。这里指盛放雪浪石之芙蓉盆。

清·厉鹗《苏文忠公雪浪石盆铭拓本，向见于马君嶰谷¹斋中，曾和公雪浪石诗韵。今年春，曲阳孙明府以一通远寄，复用前韵赋一篇》（《樊榭山房续集·卷四》）

奇章聚石甲乙屯²，嗜好未若荥阳³尊。

苏公岂与二子类，往往手别苔花⁴昏。

定州雪浪亦何有，官斋岑寂⁵如山村。

黑质白脉献瑰状，仿佛国士登公门⁶。

天风吹公落南海，谁持此石为招魂。

浮休居士（张舜民）继公后，力搜故物颓垣根。

玉井芙蓉尽牵复，铭字争看屋漏痕⁷。（事见《墨庄漫录》）

我居东南梦西北，喜得墨本堪重论。

机泉⁸飘洒今已矣，想见白帝朝翻盆⁹。

故人惠我意不浅，一纸奚啻¹⁰千金存。

注释：

1. 马君嶰谷：马曰琯（1687~1755年），字秋玉，号嶰谷，安徽祁门人，后迁江苏扬州。清代著名盐商、藏书家，为清代前期扬州徽商的代表人物之一，与弟马曰璐同以诗名，人称"扬州二马"。乾隆初举鸿博，不就，好结客，所居园小玲珑山馆藏书甚富，四库全书馆设立，私人献书七百余种，为全国之冠。

2. 奇章聚石甲乙屯：牛僧孺（779~847年），字思黯，安定鹑觚（今甘肃灵台）人。晚唐宰相。集五卷，今存诗四首。因其为"隋仆射奇章公弘之后裔"，故有"奇章"一说。

3. 荥阳：指郑覃（？—842年），封荥阳公，唐朝大臣。唐文宗年间任宰相，被视为牛李党争中李党的领袖之一。官至太子太师，后以病辞官。

4. 苔花：即石苔花。

5. 官斋：官舍。岑寂：寂寞，孤独冷清。

6. 国士：一国中才能最优秀的人物。公门：古称国君之外门为"公门"。

7. 颓垣：坍塌的墙。牵复：复原。屋漏痕：书法术语。比喻用笔如破屋壁间之雨水漏痕，其形凝重自然，故名。

8. 机泉：桔槔汲出之水。桔槔亦作"桔皋"。井上汲水的工具。在井旁架上设一杠杆，一端系汲器，一端悬、绑石块等重物，用不大的力量即可将灌满水的汲器提起。

9. 白帝：即白帝城。位于夔州（今重庆市奉节县）东5里瞿塘峡口的长江北岸白帝山上，是观"夔门天下雄"的最佳地点。翻盆：即倾盆。形容雨极大。诗句谓想见当年雪浪石注水之盛。

10. 奚啻（xī chì）：亦作"奚翅"。何止；岂但。

清·汪由敦[1]《御制雪浪石用苏轼韵》（《松泉集·卷十二》）

定州城西烟云屯，崚嶒[2]耸处石丈尊。

坡翁出守北来日，坐惜僵卧霾尘昏。

一条雪浪走巫峡，如象如马摇羌村[3]。

故乡山水忽到眼，吟情远寄剑阁门[4]。

势争泰华压代北[5]，诗家千载惊心魂。

名园移置自何代（石今在韩魏公众春园中），老树交荫蟠深根。

幅巾坐啸记阅古[6]（魏公帅定武为阅古堂自记中有幅巾坐啸恬然终日吾之为乐岂有既哉），缭垣[7]谁拂苔藓痕。

翠华西巡六飞驻[8]，摩挲往迹与细论。

重拈强韵四三叠（御制凡叠和四首），涛翻墨海雨泄盆。

爱人重物物亦重，应令此石万古名长存。

注释：

1. 汪由敦（1692～1758年），初名汪良金，字师苕，号谨堂，又号松泉居士。安徽休宁人。雍正二年（1724年）进士，改庶吉士。乾隆间，累官至吏部尚书。老诚敏慎，在职勤劳。著有《松泉集》。

2. 崚嶒（líng céng）：高耸突兀。南朝梁沈约《钟山诗应西阳王教》："郁律构丹巘，崚嶒起青嶂，势随九疑高，气与三山壮。"

3. 如象如马：指滟滪堆，俗称燕窝石，古代又名犹豫石。位于白帝城下瞿塘峡口。郦道元《水经注》记载："白帝城西有孤石，冬出水二十余丈，夏即没，秋时方出。谚云：滟滪大如象，瞿唐不可上，滟滪大如马，瞿唐不可下。盖舟人以此为水候也。"

羌村：泛指四川。羌族主要分布于四川省。

4. 剑阁门：即剑门关。位于四川省广元市剑阁县城北。唐李白《蜀道难》："剑阁峥
   嵘而崔嵬，一夫当关，万夫莫开。"

5. 泰华：泰山与华山的并称。

6. 幅巾：又称巾帻，或称帕头。是指用整幅帛巾束首。一种表示儒雅的装束。

7. 缭垣（liáo yuán）：围墙。汉张衡《西京赋》："缭垣緜联，四百余里。"

8. 翠华：天子仪仗中以翠羽为饰的旗帜或车盖，为御车或帝王的代称。皇帝出巡，以
   翠羽为旗上葆，故称翠华或翠葆。以此代指皇帝车驾。

清·方观承[1]《定州众春园观雪浪石诗并序》

石失百年矣，今得自临城土中，乃复胜迹之旧，走笔示州牧沈廷皋志之。

闲题雪浪一卷石，近依云根大茂山[2]。

玉局多年悲土壤，春园旧路失烟鬟[3]。

重教子向摩崖洗，真喜珠同合浦还[4]。

健兴尚留袍笏[5]在，诗成相对当跻攀[6]。

注释：

1. 方观承（1698～1768 年），字遐谷，号问亭，一号宜田，安徽桐城人（今桐城城
   区凤仪里人）。官直隶总督，为有清一代名臣，著名的乾隆"五督臣"之一。

2. 大茂山：古北岳恒山，华夏五岳之一。位于河北曲阳县西北。

3. 春园：即众春园，定州八景之一。

4. 真喜珠同合浦还：即合浦珠还，比喻东西失而复得或人去而复回。合浦：汉代郡名，
   在今广西合浦县东北。

5. 袍笏（páo hù）：朝服和手板。上古自天子以至大夫、士人，朝会时皆穿朝服执笏。
   后世唯品官朝见君王时才服用。泛指官服。借指有品级的文官。

6. 跻攀（jī pān）：亦作"跻扳"。犹攀登。唐杜甫《白水县崔少府十九翁高斋三十韵》：
   "清晨陪跻攀，傲睨俯峭壁。"

乾隆《雪浪石》（《御制乐善堂全集定本·卷十八》）

石在定州文庙宋苏文忠知定州时所留雪浪斋中，物高广二尺余，苍质白理，承以

石盆，有亭覆之。

　　雪自天上降，浪从海面生。

　　何时相荟萃[1]，却与石为名。

　　雪浪本非石，石以斋名称。

　　如今斋不见，此石犹峥嵘[2]。

　　定州庙貌[3]敞，左城对右平[4]。

　　巍然踞[5]其间，万古凝坚[6]精。

　　不共桑海[7]变，棱棱瘦骨撑[8]。

　　谁言承有盆，谩说[9]覆有亭。

　　须知雪浪斋，亦以木石成。

　　尤物贵特立[10]，此理不须惊。

　　欲唤眉山老[11]，新诗还共赓[12]。

注释：

1. 荟萃：本指草木丛生的样子，后喻优秀的人物或精美的东西会集、聚集。这里指雪与浪相聚集。

2. 峥嵘：高峻貌。

3. 庙貌：庙宇及神像。

4. 左城（qī）对右平：《文选·班固〈西都赋〉》："左城右平，重轩三阶，闺房周通，门闼洞开。"该句谓定州庙有皇家气派。

5. 巍然：高大貌；高大雄伟貌。踞（jù）：蹲坐。《太平御览》："钟山龙盘，石头虎踞。此帝王之宅。"

6. 凝坚：凝固。

7. 桑海："桑田沧海"的略语。

8. 棱棱瘦骨：瘦得连骨头都露出来，形容十分消瘦。

9. 谩（màn）说：犹休说。唐王昌龄《九日登高》："谩说陶潜篱下醉，何曾得见此风流？"宋周邦彦《宴清都》："宾鸿谩说传书，算过尽、千俦万侣。"

10. 尤物：珍奇之物。《晋书·江统传》："高世之主，不尚尤物。"特立：独立；挺立。

11. 眉山老：指苏轼。

12. 赓：酬答，应和。

乾隆《雪浪石用苏东坡韵》[1]（《御制诗集》）

杜老白帝傲东屯[2]，苏翁稍幸斯州尊。

从来诗人半穷困，未必天道迷昭昏[3]。

孤踪漂泊岂有定，官居尚忆悬水村[4]。（坡诗云：官居独在悬水村）

我从便道寻古迹，策马定武循城门。

衙斋左侧醉仙在[5]，无须玉局重招魂。

立来应已阅桑海，移时想复动云根。

峰峣似助吟咏势，苔斑犹渍摩挲[6]痕。

当时滕倅[7]投义气，（东坡是诗乃和滕大夫韵，滕名兴公为定武倅）掀髯把酒相评论。

何人好事惜废堕[8]，覆之以亭承以盆。

郤忆晴窗哦日课[9]，（向在书斋曾咏此题，今刻《乐善堂全集》中）雪浪早入予思存[10]。

注释：

1. 该诗作于乾隆丙寅（1746）年孟冬上浣（十月上旬）。

2. 杜老白帝傲东屯：指唐代大诗人杜甫曾经谪居夔州（今重庆市奉节县）东屯（今重庆市奉节县白帝城东北角，因公孙述曾在此屯田，故称东屯。

3. 昭：明白。昏：糊涂。

4. 官居：官吏的住宅。悬水村：今徐州吕梁洪倪园村。《水经注》卷25载："泗水之上有石梁焉，故曰吕梁也……悬涛濬，实为泗险，孔子所谓鱼鳖不能游。又云，悬水三十仞，流沫九十里。"《庄子·达生篇》："孔子观于吕梁，悬水三十仞。"悬水村当以此得名。苏轼《答吕梁仲屯田》："乱山合沓围彭门，官居独在悬水村。"

5. 衙斋：衙门里供职官燕居之处。醉仙：指苏轼。苏轼好酒且易醉。

6. 摩挲：抚摸，抚弄。

7. 滕倅（cuì）：即滕希靖，字希靖，名兴公，时为定州通判，即定武倅，故曰"滕倅"。

8. 废堕：废弃不举。

9. 郤（xì）：假借为"隙"。空隙；裂缝。这里指门缝。晴窗：亦作"晴牎"。明亮的窗户。唐杜牧《闺情》："暗砌匀檀粉，晴窗画夹衣。"宋陆游《临安春雨初霁》："矮纸斜行闲作草，晴窗细乳戏分茶。"哦（é）：有节奏地诵读诗文。日课：每日的功课。

10. 思存：《诗·郑风·出其东门》："出其东门，有女如云。虽则如云，匪我思存。"

郑玄笺："此如云者，皆非我思所存也。"《文选·沉约〈和谢宣城〉》："神交疲梦寐，路远隔思存。"吕向注："思虑所存也。"

乾隆《叠前韵》[1]（《御制诗集》）

周庐卫士千牛屯[2]，云依星拱黄屋尊[3]。

郡城南望据胜势[4]，节候东壁方中昏[5]。

纳稼[6]逢年慰予志，崇墉比栉[7]看村村。

省方馀暇讨舆志[8]，众春园首寻松门[9]。（韩琦众春园亦在定州城内，康熙四十一年，州牧韩逢庥移雪浪石置园内，前建御书亭，后有韩琦苏轼祠并轼书雪浪斋碑）

韩苏卓荦宋伟器[10]，葆[11]祠相望慰精魂。

百花池畔（在园内）笠亭[12]下，亭亭桀竖[13]如生根。

异代何幸遭睿赏[14]，宸章焕注屋漏痕[15]。

海上三山[16]却可拟，淮中一品[17]安足论。

坡翁笔力健扛鼎[18]，坐令光生丈八盆[19]。（盆上刻铭系坡老手迹）

从来正人[20]显后世，抚玩[21]之余鉴戒存。

注释：

1. 该诗作于乾隆丙寅（1746年）年孟冬上浣（十月上旬）。

2. 周庐：古代皇宫周围所设警卫庐舍。千牛：即"千牛卫"。始于唐代，正式名称为"左右千牛卫"。在唐代，"左右千牛卫"是大唐南衙"十六卫"中的两"卫"，不领府兵，专责"掌执御刀宿卫侍从"，是皇帝内围贴身卫兵。晚唐以后，随着"府兵制"的瓦解、"南衙十六卫"的衰败，"左右千牛卫"也逐渐变得徒有虚名，变成了虚衔的一部分。五代、宋、辽、金，皆是如此。

3. 星拱：谓如众星环绕北斗。黄屋：帝王所居宫室。

4. 郡城：郡治所在地。胜势：象棋术语。对局中，局势大体已定，于胜利在望之一方，称为"胜势"。

5. 节侯（jié hòu）：季令和气候。东壁：星宿名。即壁宿。因在天门之东，故称。

6. 纳稼：收获粮食。

7. 崇墉比栉：语出《诗·周颂·良耜》："其崇如墉，其比如栉"。崇墉：高墙；高城。比栉：像梳篦的齿一样紧密相连。形容接连而来或密密排列。

8. 省方：巡视四方。舆（yú）：疆域。

9. 松门：谓以松为门；前植松树的屋门。

10. 韩苏：指韩琦和苏轼。韩琦（1008～1075年），字稚圭，自号赣叟，汉族，相州安阳（今属河南）人。北宋政治家、名将，天圣进士。庆历八年（1048年）四月，韩琦知定州。定州久为武将镇守，士兵骄横，军纪松弛，韩琦到任后首先大力整顿军队，采取恩威并行办法，对那些品行恶劣的士兵毫不留情地诛杀，而对以死攻战的则予以重赏。后来他又研究唐朝名将李靖兵法，仿作方圆锐三阵法，命令将士日月操练，结果定州军"精劲冠河朔"。卓荦（zhuó luò）：超绝出众。伟器：大器。谓堪任大事的人才。

11. 葆（bǎo）：通"宝"。珍贵。

12. 笠亭：顶如斗笠的圆亭。

13. 亭亭：高耸貌。桀（jié）竖：矗立。

14. 异代：前代，前世。睿（ruì）赏：圣明的鉴赏。

15. 宸章：皇帝所作的诗文。

16. 海上三山：指我国古代神话传说中神仙所居的三座山，有蓬莱、方丈、瀛洲。《史记·秦始皇本纪》："齐人徐福等上书，言海中有三神山，名曰蓬莱、方丈、瀛洲。"

17. 淮中一品：这里指张若霭。因张若霭为安徽桐城人，属淮中地区，又其为大学士，官居一品，故称。张若霭（1713～1746年），字晴岚，室名藕香书屋，安徽桐城人。官至礼部尚书，袭伯爵。以书、画供奉内廷。善画山水、花鸟。乾隆十一年（1746年）随帝西巡，因病回京，不久卒，谥文僖。

18. 笔力：字、画、文章在笔法上表现的气势和力量。扛鼎（gāng dǐng）：举鼎。比喻作品（多指文学作品）在社会上的影响广大，意义深远。

19. 坐令：犹言致使；空使。

20. 正人：正直的人；正派的人。

21. 抚玩：抚弄赏玩。鉴戒：亦作"鉴诫"。引为教训，使人警惕的事情。

乾隆《命张若霭图雪浪石三叠前韵》¹（《御制诗集》）

造物精气²视所屯，石中巨擘³雪浪尊。

巍然曾见宋冠带⁴，介而不受世朝昏⁵。

沃之以水跳珠[6]沫，翠影仿佛浣花村。

曾闻此语半疑信，惜哉未访荒园门。

写真无虑道士醉，醉里越得传神魂。

词臣颇善米家画[7]，渲染爰命探天根[8]。

壁张欲出云烟气，烛照曾无笔墨痕。

两孙绝技亦已擅，兴来拟唤髯翁论（石盆上刻坡铭云：尽水之变蜀两孙，与不传者归九原。注云：蜀孙位孙知微善画活水）。

此翁诗句岂易和，如继阳春以叩盆[9]。

前言未足更叠韵[10]，仇池[11]事例今聊存（一题而数叠元韵，惟坡擅此长，尤以仇池石诗为最云）。

注释：

1. 该诗作于乾隆丙寅（1746年）年孟冬上浣（十月上旬）。张若霭所绘《雪浪石图》为第一幅图。乾隆给予该图"若霭昔图石，谓已传其神"、"壁张欲出云烟气，烛照曾无笔墨痕"的很高评价，并三次题诗及论证。此图共有印文15方，而乾隆之印就达10方之多，特别其中"三希堂精鉴玺"、"乾隆鉴堂"、"石渠定鉴"等印，说明乾隆十分珍爱此画。

2. 精气：一种精灵细微的气。

3. 巨擘（bò）：比喻杰出、优秀的意思；在某一方面居于首位。

4. 巍（wēi）然：高大貌；高大雄伟貌。冠带：本指制服，借指官吏。

5. 介：耿直。朝（cháo）昏：借指日子，生活。

6. 跳珠：喻指溅起来的水珠或雨点。

7. 词臣：旧指文学侍从之臣，如翰林之类。这里指张若霭。米家画：指宋代书画家米芾的画。

8. 渲染：中国画的一种画法，用水墨或淡的色彩涂抹画面，有不同寻常的艺术效果。爰（yuán）：改易，更换。天根：自然之禀赋、根性。

9. 阳春：古歌曲名。一种比较高雅难学的曲子。后用以泛指高雅的曲调。亦用以泛指高雅的诗歌和其他文学艺术。叩盆：即击缶，亦作"击瓿"。古人以缶为乐器，用以打拍子。

10. 叠韵：指赋诗重用前韵。

11. 仇池：指"仇池石"。

清·张若霭《和乾隆雪浪石诗韵一首》[1]（《雪浪石图》）

一勺之水于兹[2]屯，一拳之石于焉[3]尊。

石之佳者岂斗色，皎洁欲谢尘埃昏。

遥知得此等和璧[4]，梅花不忆淮南村[5]。

立斋勒铭[6]殊好事，当时醉客[7]填园门。

痴人李牛[8]公勿取，益令后世销吟魂[9]。

几曾坡嗜并米癖[10]，仇池[11]难割苍崖根。

相如家山在眉绿[11]，较此或富波涛痕。

自从洒翰成古调[12]，遂令二石相同论。

荒林下马土没迹，汲泉爱看珠跳盆。

物因人寿理则然，正如鲁殿灵光存[13]。

注释：

1. 该诗作于乾隆丙寅（1746年）年孟冬上浣（十月上旬）。张若霭作该诗书于其所绘《雪浪石图》左下角。

2. 于兹：在此。

3. 一拳：一个拳头。多用以指体积小而形如拳头的物件。

4. 和璧：和氏璧，比喻极珍贵的东西。

5. 梅花不忆淮南村：苏轼《十一月二十六日松风亭下梅花盛开》："春风岭上淮南村，昔年梅花曾断魂。"

6. 立斋勒铭：指苏轼命名雪浪斋并作《雪浪斋铭（并引）》，将铭文刻于盆沿上。

7. 醉客：指好饮酒的人。这里指苏轼及其幕僚皆好酒，常以诗酒为乐。

8. 痴人李牛：李牛：指晚唐名相李德裕和牛僧孺。唐代著名的"牛李党争"的领袖。

9. 吟魂：诗人的灵魂。五代齐己《经贾岛旧居》："若有吟魂在，应随夜魄回。"宋蒋捷《探芳信·菊》："料应陶令吟魂在，凝此秋香妙。"

10. 几曾：何曾，那曾。南唐李煜《破阵子》："凤阁龙楼连霄汉，玉树琼枝作烟萝。几曾识干戈？"坡嗜：指苏轼嗜石。米癖：指米芾，因其个性怪异，举止颠狂，遇石称"兄"，膜拜不已，人称"米颠"。

11. 相如：即司马相如（约公元前179年~前118年），字长卿，汉族，蜀郡成都人，西汉辞赋家，中国文化史文学史上杰出的代表。有明显的道家思想与神仙色彩。

工辞赋，代表作品《子虚赋》。后人称之为赋圣和"辞宗"。其与卓文君的爱情故事广为流传。家山：谓故乡。眉绿：指女性以黛画眉，把眉毛画成青黑色。这里指卓文君。

12. 洒翰：犹洒笔，犹挥毫。用毛笔书写或绘画。古调：比喻高雅脱俗的诗文、言论。常以称颂他人。

13. 鲁殿灵光：汉代鲁恭王建有灵光殿，屡经战乱而岿然独存。比喻仅存的有声望的人或事物。

乾隆《携众春园并雪浪石稿本以归，因命董邦达图之，三叠前韵》[1]（《御制诗集》）

磊磊白石如凯屯[2]，苏诗说项[3]石以尊。

我临定武寻遗迹，寒鸦叫树山黄昏。

丹青[4]思命传神手，塾师徒遇三家村[5]。

规模才得具约略，若为祠宇[6]若为门。

一峰以点长髭[7]眼，三经[8]应貌香光魂。

古屋萧萧阒[9]以寂，疏松落落[10]磐其根。

憩游为想韩苏蹰[11]，苔藓全蚀波浪痕。

由来忘筌[12]乃近道，刻舟求者[13]岂足论。

此物颇幸仇池石，至今安在高丽盆[14]。

剪烛清吟参结习[15]，地炉活火方温存[16]。

注释：

1. 该诗作于乾隆丙寅（1746年）孟冬下浣（十月十六日）。乾隆命董邦达绘《雪浪石图》一幅，并作此诗。该图为继张若霭之后第二幅。董邦达（1699—1769年或1774年），清代书画家。字孚闻、非闻，号东山，浙江富阳人。官礼部尚书。好书、画，篆、隶得古法，山水取法元人，善用枯笔。

2. 磊磊：众多委积貌。凯（kūn）屯：丑牛貌。

3. 说项：唐代杨敬之器重项斯，作《赠项斯》："几度见诗诗总好，及观标格过于诗。平生不解藏人善，到处逢人说项斯。"后世谓为人说好话、替人讲情为"说项"。

4. 丹青：我国古代绘画常用朱红色、青色，故称画为"丹青"。

5. 三家村：偏僻的小山村，乡间人居寥落的地方。极言人烟稀少。

6. 祠宇：祠堂；神庙。

7. 髭（zī）：嘴上边的胡须。

8. 三经：谓天时、地利、人和。

9. 萧萧：冷落凄清的样子。阒（qù）：形容没有声音。

10. 落落：稀疏。

11. 韩苏：指韩琦和苏轼。躅（zhú）：足迹。

12. 忘筌（quán）：忘记了捕鱼的筌。比喻目的达到后就忘记了原来的凭借。

13. 刻舟求者：指刻舟求剑之人。比喻事物已发生变化而仍静止地看待问题的人。典出战国吕不韦《吕氏春秋·察今》。

14. 高丽盆：指由高丽国（朝鲜）进口的铜盆，用以盛石。

15. 剪烛：古代晚上是用烛灯来照明，蜡烛燃烧久了，需要剪掉多余的烛芯来维持明亮的照明。清吟：形容读书时的状态，清吟雅诵。结习（jié xí）：源于佛经，意为烦恼和习气。"结"有系缚的意思，谓众生被烦恼所系缚，不能离开生死的"苦海"。"习"，指习气，也就是烦恼（结）的余习。

16. 地炉：就地挖砌的火炉。活火：有焰的火；烈火。温存：温暖。

乾隆《雪浪石四叠苏东坡韵》[1]（《御制诗集》）

行或使之[2]止或屯，内相外牧[3]何卑尊。

贾谊明时[4]乃可惜，屈原泽畔[5]时原昏。

牛刀不妨一小试[6]，况兹百里联乡村。

前年中山策马过，倾颓百雉[7]未入门。

北门学士[8]命图取，展阅[9]几度清吟魂。

鸠工发帑事版筑[10]，驱除狐鼠芟荆根[11]。

众春花木复旧观，清秋风月移新痕。

时巡嵩洛偶驻跸[12]，一拳坐对堪评论。

盘空硬语走健笔[13]，叫绝起拍莲花盆。

岁月详识笑多事，高风千古[14]存乎存。

注释：

1. 该诗作于乾隆庚午（1750年）年秋季上浣。

2. 行或使之：所作所为好像有人指使似的。比喻做事自觉主动。《孟子·梁惠王》："行，或使之，止，或尼之，行止非人所能也。"行：所作所为。使：命令，指使。

3. 内相：唐、宋翰林学士别称。唐开元二十六年（738年），改翰林供奉为翰林学士，起草任免将相等机密诏令。外牧：谓地方官。

4. 贾谊明时：贾谊（前200～前168年），汉族，洛阳（今河南省洛阳市孟津县平乐镇新庄）人，西汉初年著名的政论家、文学家。明时：指政治清明的时代。

5. 屈原泽畔：《楚辞·渔父》："屈原既放游于江潭行吟泽畔。"后常把谪官失意时所写的作品称为"泽畔吟"。

6. 牛刀：宰牛的刀。后常以喻大材器。

7. 百雉（zhì）：指城墙的长度达三百丈。是春秋时国君的特权。雉，古代计算城墙面积的单位。长三丈高一丈为一雉。

8. 北门学士：这里指张若霭。

9. 展阅：展读，观览。

10. 鸠工（jiū gōng）：聚集工匠。唐黄滔《泉州开元寺佛殿碑记》："乃割俸三千缗，鸠工度木。"帑（tǎng）：古代指收藏钱财的府库或钱财。版筑：指土墙之类的工事或围墙。

11. 狐鼠：喻坏人；小人。芟（shān）：铲除杂草。

12. 时巡：指帝王按时巡狩。"巡狩"即"巡守"，指天子出行，视察邦国州郡。嵩洛（sōng luò）：嵩山和洛水的并称。两者均近东都洛阳。驻跸（zhù bì）：皇帝后妃外出，途中暂停小住。

13. 盘空：绕空；凌空。硬语：刚劲的语言；生硬的词句。健笔：雄健的笔，谓善于为文。亦借指雄健的文章。

14. 高风：高尚的品格。千古：久远的年代。

乾隆《和苏轼刻盆石诗韵》[1]（《御制诗集》）

鹊渚骞谔天帝孙[2]，支机持走归中原[3]。

玉局胡乃公案翻[4]，曰此中山有石存。

置之平几[5]承以盆，作歌七字[6]探天根。

雷门布鼓[7]予缀言，走笔趁韵赓[8]其元。

注释：

1.该诗作于乾隆庚午（1750年）年九秋（秋天）。

2.鹊渚（què zhǔ）：银河。骞（qiān）：高举；飞起。谒（yè）：拜见。天帝孙：指织女。

3.支机：汉传说为天上织女用以支撑织布机的石头。中原：平原，原野。

4.胡乃：即"何乃"，怎能，何能。

5.几：小或矮的桌子。

6.作歌：谓作歌词而咏唱。七字：指七言诗。

7.雷门布鼓：即"布鼓雷门"，比喻在能手面前卖弄本领。布鼓：布蒙的鼓。雷门：古代浙江会稽的城门名。因悬有大鼓,声震如雷，故称。

8.走笔：用笔很快地书写。谓挥毫疾书。赓：酬答，应和。这里指赓韵，即和韵。

乾隆《咏苏轼雪浪石》[1]（《御制诗集》）

白石盆中浮雪浪，髯翁遗迹入评吟。

颇夸南北八州牧[2]，岂惜清华二翰林[3]。

早是奎星[4]独称古，不然山骨讵膻[5]今。

如坡不乏遭沉滞[6]，鉴取[7]人明惕我心。

注释：

1.该诗作于乾隆庚午（1750年）年秋九月。

2.八州牧：苏轼先后做过密州、徐州、湖州、登州、杭州、颍州、扬州、定州等八州太守。意思是说苏轼转职频繁，漂泊不定。牧：古代州的长官。

3.清华：谓门第或职位清高显贵。二翰林：指苏轼以端明殿学士兼翰林侍读学士双学士出知定州。

4.奎星：中国古代天文学中二十八宿之一。后为中国古代神话中主宰文运、文章的神仙。

5.山骨：山中岩石。讵（jù）：岂，难道。用于表示反问。膻（dàn）：坦露。

6.沉滞：指仕宦久不迁升。

7.鉴取：查知了解。

乾隆《再题雪浪石》[1]（《御制诗集》）

炮石[2]才一拳，底是难得货。

玉局能点金，顿使声价[3]大。

设其逢尧舜，应即皋夔[4]佐。

牛刀试一州，放浪寄吟课[5]。

硬语强横盘[6]，佳句出穷饿[7]。

要当如葛天[8]，一唱万人和。

致我每留连，相期[9]赏重过。

注释：

1. 该诗作于乾隆庚午（1750 年）年初冬。

2. 炮石：亦作"礮石"。古代用炮抛射的石头。

3. 声价：名誉身价。

4. 皋夔（gāo kuí）：亦作"皋夔"。皋陶和夔的并称。传说皋陶是虞舜时刑官，夔是虞舜时乐官。后常借指贤臣。

5. 放浪：放纵不受拘束吟课：吟咏诵读

6. 硬语：刚劲的语言；生硬的词句。盘：回旋；盘曲。

7. 佳句出穷饿：出自苏轼诗句："寒饿出秀句，身穷诗乃工。"

8. 葛天：即"葛天氏"，传说中的远古帝名。一说为远古时期的部落名。

9. 相期：期待；相约。

乾隆《众春园》[1]（《御制诗集》）

建置何分李与韩[2]，名园轮奂[3]喜重看（客为修葺之）。

盆中雪浪水之变[4]（盆内刻苏东坡诗云"尽水之变蜀两孙"），斋外霜华气已寒。

毕竟千秋有公论，且教一晌适清欢[5]。

前年图取人何在[6]（丙寅冬经定州，未至此园，命张若霭图之以归），四句金刚如是观[7]。

注释：

1. 该诗作于乾隆庚午（1750 年）年九月。

2. 建置：建造；兴建。李与韩：指定州太守李昭亮和韩琦。定州众春园由宋太宗时定州知州李昭亮始建，宋仁宗时知州韩琦重修。李昭亮，字晦之，历任殿前副都指挥使，同中书门下平章事。

3. 轮奂：形容屋宇高大众多。

4. 盆中雪浪水之变：作者自注：盆内刻苏东坡诗云"尽水之变蜀两孙"。

5. 清欢：清雅恬适之乐。

6. 前年图取人何在：作者自注：丙寅冬经定州，未至此园，命张若霭图之以归。

7. 四句金刚如是观：指《金刚经》四句偈："一切有为法，如梦幻泡影。如露亦如电，应作如是观。"

乾隆《晓发定州作》¹（《御制诗集》）

  翠罕² 名园驻众春，南瞻伊洛待时巡³。

  苏才韩业一青史⁴，明月清风两故人⁵（是州二村名）。

  茅店烟寒⁶秋已老，兰衢⁷露重晓无尘。

  依然前岁中山路，几见盈宁化被民。

注释：

1. 该诗作于乾隆庚午（1750年）年九月。

2. 罕（hǎn）：古汉字，通"罕"。

3. 伊洛：洛阳别名，因境内有伊、洛两水，也称伊洛。

4. 苏才韩业一青史：意指韩琦事业与苏轼文章如清风明月彪炳史册。

5. 明月清风：亦作"清风明月"，比喻超尘脱俗的悠闲生活。作者自注：是州二村名。
  概明月、清风为定州二村名。

6. 茅店：乡村小客舍。烟寒：烟雾清寒。

7. 兰衢：康熙咏《四面云山》："珠状崔嵬里，兰衢入好诗。"

乾隆《题雪浪斋》¹（《御制诗集》）

  韩苏² 迹本不同处，移彼就兹由后人。

  我复题斋曰雪浪，率因抚石企先民。

  当春郊景望无尽，过雨花光³ 觉有神。

  今日偶来明便去，一卷聊⁴ 识去来因。

注释：

1. 该诗作于乾隆辛巳（1761年）年暮春上浣（三月上旬）。

2. 韩苏：指韩琦和苏轼。

3. 花光：花的色彩。苏轼《灵上访道人不遇》："花光红满栏，草色绿无岸。"

4. 聊：姑且，勉强。

乾隆《叠苏轼刻盆石诗韵》[1]（《御制诗集》）

> 形而下者皆子孙，何不归一返厥原。
>
> 以水承石沃水翻，坡翁游戏至理存。
>
> 后人乃谓雪在盆，孰得其肤孰得根。
>
> 我来阅古[2]偶复言，所喜时雨歌元元[3]。

注释：

1. 该诗作于乾隆辛巳（1761年）年暮春上浣（三月上旬）。

2. 阅古：即阅古堂，定州八景之一。

3. 元元：百姓；庶民。

乾隆《雪浪石仍叠苏轼韵》[1]（《御制诗集》）

> 实所胜斯名所屯，暂以屈亦久以尊。
>
> 此翁此石有如是，逢时辨底明与昏。
>
> 重来燕南赵北界，了识明月清风村。
>
> 韩园[2]修葺复旧观（后人移石置园中，有亭覆之），两行垂柳青遮门。
>
> 松轩[3]潇落可信宿，墙外祠妥[4]双贤魂。
>
> 驻罕诸务[5]则且置，便抚亭下青云根。
>
> 岿然[6]古貌故好在，雪浪有号原无痕。
>
> 逮兹盖已六赓韵（丙寅冬，西巡过此，曾再叠东坡韵，继命张若霭、董邦达各绘为图，又两叠韵题之。庚午秋，驻此，复叠其韵，至今凡六叠矣），前席[7]如共髯仙论。
>
> 孰谓中郎[8]不可得，宁非对者石与盆。
>
> 七百余年一瞬耳，奚[9]称前咏碑间存。

注释：

1. 该诗作于乾隆辛巳（1761年）年暮春上浣（三月上旬）。

2. 韩园：指众春园。因为韩琦所重修，故名韩园。

3. 松轩：植有松树的住所。信宿：连宿两夜。

4. 妥：安置。

5. 驻罕（zhù hǎn）：指天子出行，车驾暂驻。罕，旌旗名。《文选·王融＜三月三日曲水诗序＞》："尔乃回舆驻罕，岳镇渊渟。"李善注引《东观汉记》："天子行，有罼罕。"诸务：各种事务。

6. 岿（kuī）然：形容高大独立的样子。

7. 前席：谓欲更接近而移坐向前。大多表示听者对于对方的说话听得入迷之意。

8. 中郎：官名。郎官的一种。即省中之郎，为帝王近侍官。

9. 奚（xī）：文言疑问代词，相当于"胡"、"何"。

乾隆御制《雪浪石记》[1]（《御制文二集》）

丙戌春，直隶督臣方观承获苏东坡雪浪石，并其故以闻，请移置苑囿。予曰：否否！东坡之石宜置之东坡之雪浪斋，而此何有焉？然向过定州，斋与石非不屡形之歌、貌之图，而今又出所谓雪浪者，真伪果孰是哉？则称今所出者，乃所谓真。稽其故，盖自康熙初年，有临城令宋广业[2]者，自定州移此石于彼，建亭凿池，诗酒其间，而有"中山一片石"之句。其后亭圮[3]石仆，鞠为茂草[4]。衔之人或以为马厩皂栈[5]，而系马于此石，马辄咆哮扰躟[6]，不敢遗溲[7]龁草。否则跛蹬[8]病以毙。人异之。今牧赵州李文耀[9]者闻其事，乃亲诣临城，掘土剔苔，沃之以水，而石上宛[10]露"雪浪"二篆题，因以告之方伯[11]。是可信矣。夫可信在是，其不可信即在是。何言之？东坡之石，宜以东坡之诗为准。东坡之诗，一则曰"朅来城下作飞石，一炮惊落天骄魂"；一则曰"异哉炮石雪浪翻"。以诗质之，则向置定州者，虮虱磊磊，有炮石之用焉。若今之片石，高且盈丈，其不可为炮石而，非真益明矣。既考《墨庄漫录》[12]，称东坡帅中山，得黑石白脉，如蜀孙位、孙知微所画"石间奔流"云云。则兹得之临城者，又实似之，而向之定州所置者，实不似焉。夫东坡去今六百余年，风流太守一时遣兴摛词[13]，即瓦砾可为珠玉，而必争是非真伪于此时，是不大可笑哉？且也可移之中山而去，即可移之临城而来，又安知他日之不可复移之中山而去哉？然则向之形之歌、貌之图者，为均误耶？曰：不误也。形之歌、貌之图者，自在东坡之雪浪石，而不在炮石、片石之间也。是不可起东坡，并向承予命图中山雪浪石之张若霭而一问之矣。

注释：

1. 该文作于乾隆丙戌（1766年）。赵州刺史李文耀于临城掘得雪浪石，乾隆闻知后，差官将新得雪浪石移置众春园，名之"后雪浪石"。乾隆御制记文志其始末，命州守勒石。

2. 宋广业：字澄溪，长洲人。江苏苏州吴县人。清代官员。官至按察使司佥事、山东济东道。康熙年间曾任临城知县。曾编撰《罗浮山志会编》。

3. 圮（pǐ）：塌坏，倒塌。

4. 鞠为茂草：谓杂草塞道。形容衰败荒芜的景象。鞠，通"鞫"。亦省作"鞠茂草"、"鞠草"。

5. 马厩（jiù）：马棚。皂栈（zào zhàn）：亦作"皁栈"。马厩。皂，食槽；栈，马脚下防湿的木板。

6. 辄（zhé）：总是，就。扰攘（rǎo ráng）：匆忙疾行。

7. 遗溲（yí sōu）：排泄小便。齕（hé）：用牙齿咬东西。

8. 踜蹬（lèng dēng）：行走失足，踏空受挫。

9. 李文耀：清代官员，福建清流人。乾隆三十一年（1766年），李文耀任赵州刺史，在临城发现"后雪浪石"。

10. 宛：仿佛。

11. 方伯：殷周时代一方诸侯之长。后泛称地方长官。汉以来之刺史，唐之采访使、观察使，明清之布政使均称"方伯"。这里指直隶总督方观承。

12. 《墨庄漫录》：宋张邦基著。十卷，宋代书目未见著录，《四库全书》收于子部杂家类。张邦基：生卒年均不详，生活于南北宋交替时期（约1131年前后），字子贤，高邮（今属江苏）人，其扬州寓所称"墨庄"。著有《墨庄漫录》十卷，

13. 摛（chī）词：亦作"摛辞"。铺陈文辞。

乾隆《命张若澄图雪浪石至诗以志事》[1]（《御制诗集》）

若霭昔图石[2]，谓已传其神。

今复雪浪出[3]，难唤泉下人[4]。

其故见长记，兹弗更赘言。

然不可无图，若澄其继昆[5]。

况匪嘉陵遥[6]，来往数朝昏。

宛然片石峰，水活蜀两孙。

元方与季方[7]，孰假又孰真。

坡翁笑轩渠[8]，总非意所存。

注释：

1. 该诗作于乾隆丙戌（1766 年）。张若澄，字镜壑，一字链雪，自号款花庐主人，安徽桐城人。张若霭弟。能写墨花，工山水，善画梅。乾隆"既命张若澄往绘其状以归，与其兄若霭旧图，并藏之《石渠》"。该图为继张若霭、董邦达之后第三幅。

2. 若霭昔图石：指乾隆曾于乾隆十一年（1746 年）九月命张若霭作《雪浪石图》。

3. 今复雪浪出：指后雪浪石被发现。

4. 难唤泉下人：指张若霭已去世。

5. 若澄其继昆：指乾隆命张若澄作《后雪浪石图》。昆：哥哥，胞兄。这里指张若霭。

6. 嘉陵：借指苏轼故里四川。

7. 元方与季方：意指两人难分高下。后称兄弟皆贤为"难兄难弟"或"元方季方"。这里指前后雪浪石难分高下。

8. 坡翁：指苏轼。轩渠：欢悦貌；笑貌。

乾隆《雪浪石六叠苏东坡诗韵》[1]（《定州志》）

一为炮石如凯屯，一为片石峰峙[2]尊。

而胥[3]冒以雪浪名，岂其名者智令昏。

炮者久占定州境，片者移自临城村。

质之苏曰作飞石，定州者可守城门。

复质之苏曰画水，九原欲招两孙魂(旧雪浪石之在定州者，于苏东坡所云"揭来城下作飞石"、"异哉炮石雪浪翻"之语为近，以其凯屯磊磊有炮石之用。后得之临城者，乃有篆刻"雪浪"二字。考《墨庄漫录》称东坡帅中山，得黑石白脉如蜀中孙位、孙知微所画"石间奔流"云云。则得之临城者，又实似之。然事隔七百年，率难定其孰为真孰为假也，因并置之众春园，详见所制《雪浪石记》)。

片石颇具奔流状，况镌两字（即"雪浪"二字）留云根。

我为解嘲乃并置，不必求剑舟刻痕。

两张（若霭、若澄）一董（邦达）[4]迹并弃，其间是非无定论。

非则俱非是俱是，试看如是石和盆。

谓我颠顶[5]亦听彼，无过偶尔清赏[6]存。

注释:

1. 该诗作于乾隆辛丑（1781年）年仲春下浣（二月下旬）。

2. 峙（zhì）：直立，耸立。

3. 胥（xū）：全，都。幻尘：佛教语。虚幻的尘世。

4. 两张一董：指清代画家张若霭、张若澄和董邦达。乾隆皇帝曾先后命张若霭、董邦达、张若澄等绘《雪浪石图》。

5. 颟顸（mān hān）：糊涂而马虎。

6. 清赏：指幽雅的景致或清雅的玩物（金石、书画等）。

乾隆《再叠东坡刻盆石诗韵》[1]（《御制诗初集》）

　　旧石苏刻识蜀孙[2]，新石雪浪复刻原。

　　此非彼是艰论定，谁能于此成案翻。

　　物当有偶喜共存，奚必糟粕求于盆。

　　徒观坦卧[3]与杰竖，是即月窟即天根[4]。

　　别久寄兴[5]那忘言，惟勤展义惠黎元[6]。

注释:

1. 该诗作于乾隆辛丑（1781年）年仲春下浣（二月下旬）。

2. 蜀孙：指蜀地画家孙位、孙知微。

3. 坦卧：舒身仰卧。

4. 月窟：传说月的归宿处。天根：星名。即氐宿。东方七宿的第三宿，凡四星。

5. 寄兴：寄寓情趣。

6. 展义：宣示德义。黎元：亦作"黎玄"。即黎民。百姓；民众。

乾隆《题雪浪斋》[1]（《定州志》）

　　雪浪斋前两卷石，一卧一立谁主宾（雪浪石，一为炮石，旧在定州，一为片石，自临城移至。真假是非，究难论定。详见本诗并《雪浪石记》）。

　　其间是非率难辨，可知今昔胥幻尘。

　　沃之水无不作浪，称以雪有若同神。

　　祠中耆老应隐笑，笑兹议论何饶唇[2]。

注释：

1.该诗作于乾隆辛丑（1781 年）年仲春下浣（二月下旬）。

2.饶唇：即"饶舌调唇"，指多嘴多舌，搬弄是非。

乾隆《雪浪石七叠苏东坡诗韵》[1]（《御制诗五集》）

> 雪浪又复韵叠屯，耽[2]吟似碣九五尊。

> 寻思或胜好声色，赖此摛藻[3]遣朝昏。

> 五台正定返巡跸[4]，便途驻此中山村。

> 众春园内旧行馆[5]，早知津[6]矣便入门。

> 安阳眉山胥令此[7]，合祠诚妥[8]两贤魂。

> 一得褒奖（谓韩）一遭斥（谓苏），要之立身胥有根。

> 韩园苏石萃[9]一处，二人水乳融无痕。

> 两张岂逊两孙者（《墨庄漫录》称"东坡帅中山，得黑石白脉，如蜀中孙位、孙知微所画石间奔流"云云。今张若霭、若澄兄弟所画磐石、片石二图，瑰奇神似，亦不减二孙也），为图前后精详论。

> 曰磐曰片二即一，况今原两芙蓉盆（二石各有盆承之，片石刻东坡"尽水之变蜀二孙"之铭，而磐石则无。然以予论之，则磐石为近。是雪浪与盆铭何不可伪刻耶）。

> 思量今兴由昔废，弗关成性[10]永存存。

注释：

1.该诗作于乾隆丙午（1786）年季春（三月）。

2.耽（dān）：沉溺，入迷。

3.摛藻（chī zǎo）：铺陈辞藻。意谓施展文才。

4.跸（bì）：指帝王的车驾或行幸之处。

5.行馆：旧时官员出行在外的临时居所。

6.津：渡口。

7.安阳：指韩琦，相州安阳（今河南安阳）人，故称。眉山：指苏轼，眉州眉山（今四川眉山）人，故称。

8.妥：安置。

9.韩园：指韩琦所修众春园。苏石：指苏轼所置雪浪石。萃（cuì）：聚集。

10.成性：天性。

乾隆《题雪浪斋》¹（《御制诗五集》）

众春本是韩之园，雪浪实则苏之石。

置石于园始邑令²，气求恰合宋贤迹³。

辛巳清跸驻行斋⁴，遂以雪浪为斋额⁵。

因之睪然⁶思古人，尚友于斯得莫逆⁷。

注释：

1. 该诗作于乾隆丙午（1786 年）年季春（三月）。

2. 邑令：县令。这里指定州知州韩逢麻。

3. 气求：即"同气相求"。宋贤：指苏东坡。迹：指行迹；事迹；行为。

4. 辛巳：即乾隆二十六年（1761 年）。清跸（bì）：旧时谓帝王出行，清除道路，禁止行人。或借指帝王车辇。行斋：静修的斋室。这里指众春园的雪浪斋。

5. 斋额：斋室门头之匾。

6. 睪（gāo）然：高远貌。睪，通"皋"。

7. 尚友：与古人为友。莫逆：语出《庄子·大宗师》："三人相视而笑，莫逆于心，遂相与为友。"意谓彼此心意相通，无所违逆。后因称情投意合、交谊深厚为"莫逆"。亦指情投意合的朋友。

乾隆《三叠东坡刻盆石诗韵》¹（《御制诗五集》）

不逢白鹤访子孙²，两卷石竟孰是原。

其一刻识一无识（今雪浪石有二，一磐石乃旧在定州者，一片石乃后自临城移至者。而"雪浪"二字，磐石未刻，惟片石有之。事阅七百余年，真假莫辨，因并置众春园中），谁能志乘研详翻³。

并行不悖有古语⁴，我亦因之与两存。

先后二难为写貌（张若霭、若澄兄弟前后扈从，若霭图磐石，若澄图片石，并各有诗），片者杰竖⁵盘卧盆。

沃⁶以水均飞雪点，与欲雨同兴云根。

数叠有例玉局言，把笔竟复三叠元。

注释：

1. 该诗作于乾隆丙午（1786 年）年季春（三月）。

2. 白鹤访子孙：苏轼《自清平镇游楼观五郡大秦延生仙游往返四日得十一诗寄舍弟子

由同作楼观》："青牛久已辞辕轭，白鹤时来访子孙。"

3. 志乘：志书。研详：研究审察。

4. 并行不悖：指同时进行而互相不违背。《礼记·中庸》："万物并育而不相害，道并行而不相悖。"古语：指古代流传下来的格言警句。

5. 杰竖：雄伟地竖立着。

6. 沃：灌溉，浇。

乾隆《定州咏古》[1]（《御制诗集》）

京都五百里而强，昴毕天文次大梁[2]。

见说韩苏曾作郡，却怜辽宋久分疆。

尔时万姓应谁主，中国一家竟二王。

是岂虚为尊大论[3]，守成永勖敬无遑[4]。

注释：

1. 该诗作于乾隆丙午（1786年）年季春（三月）。

2. 昴（mǎo）毕：昴宿与毕宿的并称。同属白虎七宿。古人以昴毕为冀州的分野。大梁：十二星次之一。配十二辰为酉时，配二十八宿为胃、昴、毕三宿。按《尔雅》古以昴宿为标志星。按《汉书·律历志》，日至其初为清明，至其中为谷雨。

3. 大论：正大的议论或理论。

4. 守成：保持前人创下的成就和业绩。勖（xù）：同"勗"。勉励。遑（huáng）：空闲；闲暇。

乾隆《雪浪石八叠苏东坡韵》[1]（《定州志》）

坡翁豪兴如云屯，叠艰用险称独尊。

我今乃频叠至八，讵[2]非见巧令智昏。

昨辞恒山循驿路[3]，翼日[4]遂历中山村。

村行复廿余里，郡城洞开因入门。

贤令祠虽不致谒，嘉其品行肾忠魂。

近曾成咏分甲乙（韩琦、苏轼皆宋名臣，其忠诚乃发于至性。第韩为得君，苏遭贬斥，两人相较，自分轩轾。是以昨咏韩苏甲乙，定其品评，然其所学具有本根，事迹照耀史册。即此地韩园苏石未始非因人以传也），要之均以学为根。

在苏言苏却在石，两石并为留遗痕。

然吾究谓磐[5]者实，以坡之迹定其论。

坡迹七字孙其韵，手书之泐磐石盆[6]（东坡《雪浪斋铭》"尽水之变数两孙，与不传者归九原"，其序自谓"于中山得黑石白脉，如蜀孙位、孙知微所画石间奔流，尽水之变"云云，坡手书铭辞泐磐石盆上）。

实证在兹不烦絮，久乃论定千秋存。

注释：

1. 该诗作于乾隆壬子（1792 年）年孟夏（四月）。

2. 讵（jù）：岂，怎。

3. 驿路：古代专门给马车之类通行的道路，也做驿道。

4. 翼日：明日，次日。翼，通"翌"。

5. 磐：大石，巨石。

6. 泐（lè）：铭刻，用刻刀书写。

乾隆《四叠苏东坡刻盆石诗韵》[1]（《定州志》）

四叠成五如元孙，我今抱以赓[2]其原。

石固有二盆则一，却成三不妨案翻。

瞥眼[3]别之半十载，不殊[4]瞬息目前存。

兄写磐卧弟片竖[5]（雪浪石二，一卧者磐石，一竖者片石。昔年内廷翰林张若霭、张若澄先后扈从，曾命若霭图磐石，继命若澄图片石），而其卧者恒占盆。

竖者乃有苏字在（石片乃丙戌年总督方观承自临城移此，上有"雪浪"二字，磐石则无。年代久远，亦无从辨其真伪也），辗然[6]笑艰寻其根。

欲罢又不能忘言[7]，孰诚悟宗会厥元[8]。

注释：

1. 该诗作于乾隆壬子（1792 年）年孟夏（四月）。

2. 赓：继续，连续。这里有赓韵之意，即和韵。

3. 瞥（piē）眼：犹转眼。极言时间之短。

4. 不殊：没有区别，一样。

5. 兄写磐卧弟片竖：指张若霭画雪浪石，张若澄画后雪浪石。

6. 辗（niǎn）然：笑貌。

7. 忘言：谓心中领会其意，不须用言语来说明。

8. 悟宗：谓明了、会通佛理之宗旨。厥（jué）：石块。

乾隆《题众春园雪浪斋》[1]（《御制诗集》）

　　韩园苏石两相宜，行馆有斋遂额之。

　　来往又看五年隔，徘徊却得一时怡[2]。

　　每宣疆吏询民隐[3]，亦以几闲引静思。

　　韵叠东坡例难置，欲拈笔复意为迟。

注释：

1. 该诗作于乾隆壬子（1792 年）年孟夏（四月）。

2. 怡（yí）：和悦，愉快。

3. 疆吏：守卫边疆的小吏。民隐：民众的痛苦。

乾隆御制《雪浪石后记》[1]（《雪浪石图》）

　　丙寅[2]，始见雪浪石无字者，图且歌之。越二十年，丙戌，再见有字者，亦图且记之，迄未定其真赝也。又越二十六年，壬子，西巡过中山，摩挲两石，作而曰：天下有定者质也，无定者文也，而古人动以金石文字为可据，以为可据而文之，即惧人以为不可据而亦文之。岣嵝之字[3]，延陵之碑[4]，峄山之刻石[5]，尚可辗转传摹[6]，况区区六百余年之两篆哉。若夫是碨礌[7]甂屯者，其质也，有事以为炮石，无事以为盆石，亦以志，幸也。文可造，质不可变，固宜定以无字者为真，有字者为赝也。抑唐以易定为巨镇，制河北贼。宋以中山为北府备辽，幸而炮石不用，文人坐镇，流连歌咏之。若今以瀚海之石为砌基，阗河之玉为包篚[8]，尚何有于此硐然魏然[9]者，岂不以其时哉。既定以识，竝[10]书之两图。此盆既有苏诗，应以为真。臣董诰[11]奉敕敬书。

注释：

1. 该诗作于乾隆壬子（1792 年）年孟夏（四月）。

2. 丙寅：乾隆十一年（1746 年）。

3. 岣嵝（gǒu lǒu）之字：即岣嵝碑（禹王碑、大禹功德碑），原刻于湖南省境内南岳衡山岣嵝峰，故称"岣嵝碑"。相传此碑为颂扬夏禹遗迹，亦被称为"禹碑"、"禹王碑"、"大禹功德碑"。字似缪篆，又似符箓，形如蝌蚪，既不同于甲骨和钟鼎文，也不同于籀文蝌蚪。

4. 延陵之碑：即延陵季子碑。延陵季子即吴王寿梦第四子季札，封于延陵，故名。志载："季子贤，寿梦欲立之，能始终让全其志。一使上国，而遍交其贤士大夫；观乐于鲁，而知列国之盛衰。夫差穷兵黩武，季子救陈，独能全师以退，盖识量过子胥远矣。"孔子题其墓曰："呜乎有吴君子。"后唐殷仲容妄加"延陵"、"之墓"，碑文形成"呜乎有吴延陵君子之墓"10个字，故又名"十字碑"。

5. 峄山之刻石：峄山刻石又称元摹峄山秦篆碑。《史记·秦始皇本纪》："始皇二十八年东行郡县，上邹峄山，与鲁诸儒生议刻石、颂秦德、议封禅，望祭山川之事。"遂有此碑。传为秦相李斯所书，是小篆的代表作。峄山又名"邹峄山"、"邹山"、"东山"，位于山东邹城，是我国古代的九大历史文化名山之一，有齐鲁名山归岱峄的美誉。

6. 传摹：摹拓；传写临摹。

7. 碨礧（wěi lěi）：即"碨磊"，高低不平貌；突起貌。

8. 阗（tián）河之玉：即和阗玉。包篚（bāo fěi）：包匦，筐筐。借指为馈赠之礼品。

9. 硱（jūn）：山石高耸。魂（wěi）：（山石）突兀险峻。

10. 竝：同"并"。

11. 董诰：（1740～1818年），清代官员、书画家。字雅伦，一字西京，号蔗林，一号柘林，浙江富阳（今杭州市富阳区）人。工部尚书董邦达长子，与其父有"大、小董"之称。精书法，善绘画，更通晓军事。

清·德保[1]《恭和御制雪浪石用东坡原韵》（《定州志》）

一卷奇石寒云屯，坡老椽笔词流尊[2]。

恒山移此贡瑰[3]状，雨淋日炙难霾昏。

銮舆[4]偶驻振宸藻，胜寻黄叶江南村[5]。

至今石尚作水势，轩然大波[6]横龙门。

咫尺滟潋眩银海[7]，清泠与濯愁人魂[8]。

当年脱帽[9]小徒倚，高吟声彻秋树根[10]。

要识诗人但寄意，事如春梦[11]原无痕。

赵符燕璧磋散轶[12]，神物变态[13]安可论。

玉局风流不再见，摩挲[14]斯石珍斯盆。

词客[15]有灵应亦笑，石乎何幸今犹存。

注释：

1. 德保（1719～1789 年），字仲容，一字润亭，号定圃，满洲正白旗人。官至礼部尚书。

2. 椽笔（chuán bǐ）：指大手笔，称誉他人文笔出众。词流：词人。

3. 瑰：美玉，美石。

4. 銮舆（luán yú）：即銮驾，天子车驾。借指天子。宸藻（chén zǎo）：指帝王的诗文。

5. 黄叶江南村：一说为江苏常州宜兴黄土村。苏轼《书李世南所画秋景》："扁舟一棹归何处，家在江南黄叶村。"

6. 轩然大波：高高涌起的波涛。轩然：高高涌起的样子。

7. 咫尺：周制八寸为咫，十寸为尺。谓接近或刚满一尺。形容微小，微不足道。滟潋（yàn liàn）：水光耀貌。眩：眼花，看不清楚。银海：道家、医家称人的眼睛。

8. 清泠（qīng líng）：水名。濯（zhuó）：洗。

9. 脱帽：形容豪放，无所检束。

10. 高吟：高声吟诵；高声歌唱。秋树根：秋树下。

11. 春梦：春天的梦。喻易逝的荣华和无常的世事。

12. 赵符燕璧：指燕赵时期的宝物。赵符：指"窃符救赵"的典故。《史记·魏公子列传》：魏安厘王二十年（公元前 257 年），秦国围困赵国都城邯郸，赵国求救于魏国，魏国惧怕秦国，不敢出兵救赵。情急之下，信陵君魏无忌听取侯嬴之计，以国家利益为重，置生死度外，借魏王姬妾如姬之手窃得兵符，夺取了兵权，不仅成功击败秦军、救援了赵国，也巩固了魏国在当时的地位。磋：商量，讨论。散轶：散失。

13. 变态：谓万事万物变化的不同情状。

14. 摩挲（mó suō）：指用手轻轻按着并一下一下地移动或用手抚摸。也作"摩娑"、"摩莎"。

15. 词客：擅长文词的人。

清·德保《丁卯冬月视学山右，途次定武，再叠前韵[1]。是日微雪题雪浪石》（《定州志》）

扶舆精气[2]片石屯，黑质白脉奚辨尊。

风流州牧颇好事，雪浪斋头伴朝昏。

我皇茹古[3]博采访，搜罗遍及古名村。

题诗绘画传不朽，如招贤人辟四门[4]。

是时珥笔叨[5]侍从，愧未写出灵石魂。

今过此地复延伫[6]，重寻古物探仙根。

源流生珠方生玉，仿佛巫峡云涛痕。

恰喜龙公[7]成微雪，天花舞缀[8]堪同论。

眼前幻景足清赏[9]，何烦拄杖玉女盆。

千载此斋与此石[10]，直教千古总长存。

注释：

1. 丁卯：清乾隆十二年（1747年）。冬月：指农历十一月。视学：天子亲往或派有司到国学对学子进行考试。山右：山的西侧。特指山西省。因居太行山之右，故称。途次：途中停留；旅途中住宿的地方。

2. 扶舆（fú yú）：亦作"扶於"、"扶与"。犹扶摇。盘旋升腾貌。精气：一种精灵细微的气。

3. 茹古：形容学识渊博，通晓古今。

4. 辟四门：语本《书·舜典》："询于四岳，辟四门，明四目，达四聪。"孔颖达疏："开四方之门，大为仕路，致众贤也。"后用"辟门"谓广罗贤才。

5. 珥（ěr）笔：古时官吏、谏官入朝，或近臣侍从，把笔插在帽子上，以便随时记录、撰述。叨（tāo）：承受。古汉语中用于对受人恩惠及礼物表示感谢的谦词。

6. 延伫（yán zhù）：停留；逗留。

7. 龙公：龙王。

8. 天花：指雪、雪花。舞缀：指舞乐。

9. 清赏：谓清标可赏。《晋书·王戎传》："濬冲清赏，非卿伦也。"唐王维《赠从弟司库员外絿》："惠连素清赏，夙语尘外事。"

10. 此斋与此石：指雪浪斋和雪浪石。

清《小沧浪室·癸巳[1]》（《钦定热河志·卷四十》）

跨涧为朴室，石洼大于樽[2]。

夏霖[3]气通润，盈盈[4]贮水存。

尘氛[5]会不到，风月所共敦[6]。

明为照胆镜[7]，清是洗头盆[8]。

定州雪浪石，髯翁徒饶言[9]。

注释：

1. 小沧浪室：位于承德避暑山庄内。《大清一统志》记载：山庄西北，溯涧流而上至
山麓，攒峰疏岫如悬圃积玉，精舍三楹，额曰"玉岑室"，右厢曰："贮云檐"，
穿云陟径有亭二，曰："涌玉"，曰："积翠"。依山梁构室曰："小沧浪"。癸巳：
乾隆六十年（1795年）。

2. 樽：中国古代盛酒器。

3. 霖：久下不停的雨。《说文》："霖，雨三日以往也。"

4. 盈盈：清澈；晶莹。

5. 尘氛：犹言灰尘烟雾。

6. 敦：推崇，崇尚。

7. 照胆镜：传说秦始皇有一面宝鉴，能见人肝胆，名为"照胆镜"。东晋葛洪《西京
杂记》卷三载："有方镜，广四尺，高五尺九寸，表里洞明。人宜来照之，影则倒
见，以手扪心而来，即见肠胃五脏，历然无碍。人有疾病在内，掩心而照之，则知
病之所在。女子有邪心，则胆张心动。秦始皇常以照宫人，胆张心动者则杀之。"

8. 洗头盆：华山中峰有玉女祠，祠前有石臼，称为玉女洗头盆。亦省作"玉女盆"。
这里指盛放雪浪石之芙蓉盆。

9. 髯翁：指苏轼。饶言：犹饶舌。唠叨；多嘴。

清·钱大昕[1]《雪浪石》（《潜研堂诗续集》）

瘦润真堪袖里携，一拳价已抵悬黎[2]。

山中大有累累[3]石，不得坡公一品题[4]。

松醪[5]新制滑如油，石丈相邀共劝酬[6]。

若准仇池韩干例，也应换得几骅骝[7]。

注释：

1. 钱大昕（xīn）（1728～1804年），字晓征，辛楣，又号竹汀，晚号潜研老人，汉族，江苏嘉定人（今属上海）。清代史学家，汉学家，"一代儒宗"。

2. 悬黎：美玉名。《战国策·秦策三》："臣闻周有砥厄，宋有结绿，梁有悬黎，楚有和璞，此四宝者，工之所失也，而为天下名器。"

3. 累累：重积貌；众多貌。

4. 品题：品评的话题、内容。

5. 松醪（láo）：指苏轼所作"中山松醪酒"。

6. 劝酬：互相劝酒，敬酒。

7. 骅骝（huá liú）：周穆王"八骏"（赤骥、盗骊、白义、逾轮、山子、渠黄、骅骝、绿耳）之一。常指代骏马。

嘉庆《雪浪石赞》[1]（《雪浪石图》）

　　两间[2]秀灵，蕴成奇石。浪花叠青，雪光漾白。体结贞坚[3]，纹浮润泽。盆刻芙蓉，永年托迹[4]。宋代名臣，事著史策。历几沧桑，存此完璧[5]。瑶阙流辉[6]，明河贯脉[7]。娲皇炼余，下土弃掷[8]。显晦[9]因时，行斋[10]题额。感触生云，式敷甘液[11]。后来置前，高逾寻尺[12]。真幻漫论，稽古[13]有获。嘉庆辛未闰三月中旬御笔。

注释：

1. 清嘉庆十六年（辛未，1811年）三月，嘉庆皇帝巡五台，回銮驻跸众春园。闰三月十七日，作《雪浪石赞》，亲书《雪浪石图》上方空隙处，勒置乾隆御制碑侧。

2. 两间：谓天地之间。指人间。

3. 贞坚：坚硬强劲。

4. 託（tuō）迹：亦作"讬迹"、"托迹"。寄托形迹，寄身。

5. 完璧：完好的玉石。比喻完美的人或事物。

6. 瑶阙：传说中的仙宫。

7. 明河：银河的通称。贯脉：流通的血脉。

8. 下土：指人间。弃掷：抛弃。

9. 显晦：明暗。比喻仕宦与隐逸。

10. 行斋：静修的斋室。题额：题写匾额。

11. 甘液：甜美的汁液。

12. 寻尺：喻微小或微细之物。

13. 稽古：考察古代的事迹，以明辨道理是非，总结知识经验，从而于今有益，为今
    所用。

清·翁方纲[1]《雪浪石盆铭记》（《复初斋文集·卷五》）

  苏书《雪浪石盆铭》五十六字，刻于盆口四周，自上"尽"字内至下"存"字内，从[2]径四尺五寸；自右"原"字内至左"东"字内，横径四尺四寸五分；盆口宽三寸（五寸）四分，合外内计之须用圆石径围五尺二寸（五寸）也。其高未见，不能计，然大约亦须数寸或尺许。若选美石可琢盆者，度其直不轻，是以姑用圆研代之，缩临其字刻焉。此原刻之字已被俗人磨去，拓本今存者至为珍罕矣。虑折叠[3]易损也，故剪开稍依其原石弯环势粘于册，时展翫[4]之，而并绘此图于后。他日傥[5]能依原石尺寸仿而刻之，更当详加叙说，使焦山瘗鹤[6]之作不得专美于前尔。（盆口宽三寸四分亦可，其实不止此，故并附记。）嘉庆元年岁次丙辰孟秋七月二十有二日北平翁方纲记于石墨书楼。

注释：

1. 翁方纲（1733～1818年），清代书法家、文学家、金石学家。字正三，一字忠叙，号覃溪，晚号苏斋。直隶大兴（今属北京）人，官至内阁学士。精通金石、谱录、书画、词章之学。

2. 从（zòng）：古同"纵"，竖，直。

3. 折叠（zhé dié）：把平面之物的一部分折转和另一部分叠在一起。

4. 翫（wán）：同"玩"。

5. 傥（tǎng）：表示假设，相当于"倘若"、"如果"。

6. 焦山瘗（yì）鹤：指江苏镇江焦山江心岛《瘗鹤铭》摩崖刻石。华阳真逸撰，上皇山樵书。其时代和书者众说纷纭，但均无确据。曾崩落长江中。乾隆二十二年移置焦山定慧寺。铭文正字大书左行，前人评价很高。

清·翁方纲《苏文忠雪浪石盆铭拓本》《复初斋诗集·卷十》

  淋漓气作苍云屯，背两簟如古鼎尊。

下复有云四旋抱，淫苔万古洗不昏。

想公辞水作山郡[1]，意在岷[2]下之山村。

世间画水不知水，独尔两孙抉妙门[3]。

机泉飘洒何感触，落月动荡惊心魂。

尽水之变尽物变，待其不动穷其根。

所以澜翻出铭语[4]，凡有石处皆水痕。

又写江峡湍洑[5]势（苏画水一碑），亦难波磔[6]起止论。

光怪眩转[7]黑白脉，莫可分别石与盆。

云起雨作竟惝怳[8]，借问此理何处存。

注释：

1. 山郡：指偏僻的郡县。

2. 岷：岷山，位于四川省。这里借指苏轼故乡。

3. 抉（jué）：挑出，挖出。妙门：佛、道教指领悟精微教理的门径。

4. 澜翻：水势翻腾貌。铭语：铭文。

5. 湍洑（tuān fú）：急流形成的漩涡。

6. 波磔（bō zhé）：指书法右下捺笔。一说左撇曰波，右捺曰磔。后泛指书法的笔画。

7. 光怪：形容错杂斑斓。眩转：旋转不定。

8. 惝怳（chǎng huǎng）：亦作"惝恍"。惆怅，失意，伤感。

《又题》

严子结茆拟东屯[1]，临行取别[2]尽一尊。

留此拓铭兼拓篆，谓我坐对娱晨昏。

以之配米药洲字[3]，可补昔访南海村。

苏斋米斋倘有合，画石尽水定一门。

我从罗浮涉琼海[4]，一水一石公精魂[5]。

两袖归来有何物，小窗疏[6]雨秋树根。

笙钟万壑等箭激[7]，波涛一映[8]谁留痕。

定州画云吴道子[9]，笔势变灭[10]安足论。（明宣德间，定州何生画水，世以为吴道子笔。见陆俨山《北还录》）

惟当借作真水看，勿言雨过珠泄盆。

斋空月憧[11]严子去，了无言说文字存。

注释：

1. 严子：即庄子。避东汉明帝讳，庄改为"严"。结茆（jié máo）：亦作"结茅"，编茅为屋。谓建造简陋的屋舍。

2. 取别：告别。

3. 药洲：位于今广州越秀区教育路。五代南汉乾亨三年（919 年），南汉开国皇帝刘龑在此兴建王府，筑离宫别院，在城西凿湖 500 余丈，地连南宫。湖中沙洲遍植花药，在此炼丹求仙药，故名药洲，药洲中置太湖及三江奇石 9 座，名"九曜石"，后世俗称"九曜园"。现仅存太湖山石 8 座。其一为米题"药洲"石，在池北岸，上有宋代名书法家米芾题刻"药洲"。署"米黻元章题"。其一为仙掌石，在池东石南面，有米芾在石上题刻诗："碧海出蜃阁，青空起夏云，瑰奇□怪石，错落动乾文。"其一为药洲石，在湖中偏西处，形如笋峰，高 2.4 米，上刻翁方钢题"药洲"两字。其一为九曜第一石，在石堤东侧，石形像鳌鱼。有清代书法家翁方纲题刻的篆书"拜石"和隶书"龙窟"等题刻。

4. 罗浮：指广东惠州。琼海：指海南岛。苏轼从广东惠州贬到海南。

5. 精魂：精神魂魄。

6. 窗（chuāng）：同"窗"。疎（shū）：同"疏"。稀疏、稀少。

7. 笙钟万壑等箭激：指山谷之中，山峦重叠，溪流湍急，乱石横卧，水石相激，声如芦笙。形容山壑之中水声激越。

8. 一唉（xuè）：轻轻一吹的声音。唉，微声。

9. 吴道子（约 680 ～ 759 年），唐代画家。画史尊称吴生，誉为"画圣"。阳翟（今河南禹州）人。擅佛道、神鬼、人物、山水、鸟兽、草木、楼阁等，尤精于佛道、人物，长于壁画创作。

10. 笔势：指书画文章的意态和气势。变灭：变化幻灭。

11. 憧（chōng）：摇晃；摇曳。

清·翁方纲《诸公枉过为题壁上雪浪石盆铭赋此为谢》（《复初斋诗集·卷十八》）

雪色之璧万怪屯，天球大贝[1] 彝与尊。

我斋苏斋室苏室，注家不敢谈东昏。

当年作斋名雪浪，一棹[2]卷尽江南村。

玉川先生[3]那缩地，垂慈老人未入门。

不传之妙岂言喻，时时来入公梦魂。

天吴浪头互出没，濛濛息息[4]皆归根。

篆烟[5]一缕非水脉，指端数尽过去痕。

迥环柘作大圆镜，静对要与诸公论。

松风[6]沸沸茶鼎熟，试听聊当珠泄盆。

曲阳飞狐翠墨满，题名更看王处存。

注释：

1. 天球：玉名。孙星衍注引郑玄曰："天球，雍州所贡之玉，色如天者。"又引马融曰："球，玉磬。"大贝：贝之一种。上古以为宝器。

2. 一棹（zhào）：一桨。借指一舟。唐杜牧《送薛种游湖南》："怜君片云意，一棹去潇湘。"

3. 玉川先生：指卢仝（约795-835年），唐代诗人。

4. 濛濛（méng méng）：迷茫貌。息息：呼吸；气息出入。

5. 篆烟：盘香的烟缕。

6. 松风：指茶。

清·翁方纲《苏斋雪浪石盆铭研》《复初斋诗集·卷四十九》

松屏大字松云[1]屯，如对大茂山[2]灵尊。

我得残缣日瞻拜[3]，古墨为我开烟昏。

恰闻盆铭字被毁，伐石夜梦常山村。

书生习气癖铭研，苏斋研本依苏门。

一规[4]圆影写明月，两孙画水来精魂。

诗髓凭将片石叩，笔势悟入苍松根。

秋毫不见缩小迹，天然岂有镵凿[5]痕。

迳摹公像代公说，一卷聊抵万象论。

公之斋名即禅偈[6]，铭字非字盆非盆。

石中无声水亦静，云何石中此理存。

注释：

1. 松云：青松白云。指隐居之境。

2. 大茂山：即古北岳恒山。在曲阳县西北。

3. 瞻拜：参拜；瞻仰礼拜。

4. 一规：一个圆形或圆弧形。

5. 镵凿（chán záo）：刻凿。

6. 禅偈（chán jì）：佛教的偈颂。偈为梵语偈陀音译之略，义译为颂。偈语常用诗句形式，表达佛理、禅机。不论三言、四言或多言，一般都为四句。

清·翁方纲《黄秋盦¹雪浪石盆铭研》《复初斋诗集·卷四十九》

苏门唱叠词锋²屯，独欠黄九³文称尊。（东坡《雪浪斋》诗，秦、晁、张⁴诸人皆属和⁵，独无山谷作）

异哉盆铭翠飞去，似厌寂守莓苔昏。

同岑⁶今复得黄九，钱塘⁷重见仇山村。

雪浪石图访张洽⁸，雪浪盆影摹蓟门⁹。

铭文迢迢送远梦，古香字字吹返魂。

持寄苏斋仍挂壁¹⁰，笑共黄子穷荄根¹¹。

此斋澹然无外物，此铭何自留墨痕。

中山飞翠落何处，苏黄正合今日论。

黄子凌冬¹²访名岳，冷云拄杖玉女盆。

归来为语铭泐¹³处，此闑¹⁴有不亡者存。

注释：

1. 黄秋盦（ān）：即黄易（1744～1802年），字大易，号小松、秋盦，又号秋影庵主、散花滩人。浙江钱塘人，兼擅篆刻，与丁敬并称"丁黄"，为"西泠八家"之一。清代著名金石学家。

2. 唱叠：指相互以诗词酬答。词锋：犀利的文笔或口才。

3. 黄九：即黄庭坚，排行第九，因以称之。北宋诗人、书法家。苏门四学士之一。号山谷道人，人称"黄山谷"。

4. 秦、鼂（cháo）、张：秦指秦观，鼂指晁补之，张指张耒，与黄庭坚合称"苏门四学士"。

5. 属和（zhǔ hé）：指和别人的诗。

6. 同岑（cén）：同在一山。晋郭璞《赠温峤》："人亦有言，松竹有林。及尔臭味，异苔同岑。"

7. 钱塘：今浙江杭州。

8. 张洽：（1718～1799年），字月川（一作名玉川，字在阳），号圆光道士，又号青篛古渔，有印文曰白云渡口渔郎，清朝画家，吴县（今江苏苏州）人，一作浙江人，或作武进（今江苏常州）人。善山水。

9. 蓟（jì）门：即蓟丘。亦作"蓟邱"。古地名。在北京城西德胜门外西北隅。

10. 持寄：持物寄人。挂壁：挂于壁上。比喻搁置不用。

11. 黄子：指黄秋盦。荄（gāi）根：草根。

12. 凌冬：寒冬。

13. 铭泐（míng lè）：铭刻，铭勒。形容永记不忘。

14. 閒（jiān）：同"间"。

清·翁方纲《黄秋盦摹雪浪石盆铭赞》《复初斋文集·卷十三》

雪浪盆铭今毁失，坡公大楷吾谁质？

研池神光雪[1]以帅，庚庚[2]刻画盆口匹。

依然老守中山笔，秋盦笑证宝苏室[3]。

七百二年辰游戍[4]，方纲续铭仲夏日。

注释：

1. 研池：指砚。亦指砚心。凹形的砚。亦指砚端贮水处。雪（zhà）：光耀闪烁的样子。

2. 庚庚：纹理横布貌。

3. 宝苏室：翁方纲印。

4. 游（sù）：《说文解字》：逆流而上曰游洄。游，向也。

清·翁方纲《兰卿[1]缩摹雪浪石盆铭笺歌》（《复初斋诗集·卷七十》）

此铭磨去今几年，苏斋夜夜冲杓躔[2]。

雪浪石

苏斋既摹雪浪砚，李子今仿雪浪笺[3]。

九霞灵音洞府答[4]，苏公闻之为粲然[5]。

尽水之变尽物变，变眩未易穷言诠[6]。

百千灯光无尽藏，四大海本一幨[7]圆。

有如乌云红日帖，我昔得自罗浮[8]边。

持归箨斋谋画橐[9]，罗生愕眙对老钱[10]。

一夕汉阳阅獃子[11]，油酺大叫[12]狂非颠。

喫墨空光掣飞电[13]，绀碧郁作饥蛟涎[14]。

俄焉大星随为石，片影著我窗[15]屏前。

瞅然君谟小阁梦[16]，杭湖缕缕春潮牵。

苍璧无须阘[17]团月，秦筝何必非响泉[18]。

滴乳涓成广长舌[19]，赫蹏熨出兜罗绵[20]。

幅又细书书又画，文字念念尘尘缘。

此笺又来斋壁挂，此铭那必盈口镌[21]。

羃蒙十万越刿杵[22]，芙蓉丈八玉井船。

诗境轩中对床雨[23]，妙吉祥馆一气联。

蒸起茶瓯瓣香篆[24]，墨云皱合溟濛烟[25]。

注释：

1. 兰卿：即李彦章（1794～1836年），字兰卿。福建侯官（今闽侯）人。嘉庆进士。娴诗工书，精鉴藏，擅楹对，为翁方纲门生。

2. 杓（biāo）躔（chán）：《汉书·律历志上》："玉衡杓建，天之纲也；日月初躔，星之纪也。"杓，古代指北斗第五、六、七颗星。亦称"斗柄"。躔，日月星辰在黄道上运行。

3. 李子：即李彦章（兰卿）。雪浪笺（jiān）：有隐形波纹的白色宣纸。

4. 九霞灵音洞府答：翁方纲《石洲诗话》卷五："金相蔡松年跋东坡墨迹所云：'醉笑调歌，灵音相答，皆九霞空洞中语。后复有神游八表者，传诵而来，洗空万古俗气。'数语，彷佛遇之。"

5. 粲（càn）然：笑貌。

6. 变眩（xuàn）：变幻。眩，通"幻"。未易：不易；难于。言诠（quán）：谓以言语解说。《陈书·傅縡传》："言为心使，心受言诠。"唐张说《闻雨》："声真不世识，心醉岂言诠。"

7. 幀（zhèng）：开张画绘也。

8. 罗浮：今广东惠州罗浮山。苏轼曾被贬到惠州。

9. 谋画：筹谋策划。藁（gǎo）：同"稾（稿）"。稿子，草稿。

10. 罗生：即罗聘（1733～1799年），清代画家，"扬州八怪"之一。字遯夫，号两峰，又号衣云、花之寺僧、金牛山人、师莲老人等。祖籍安徽歙县，其先辈迁居扬州。愕眙（è chì）：亦作"愕怡"。惊视。老钱：即钱载（1708～1793年），字坤一，号蘀石，浙江嘉兴人，乾隆十七年进士，官礼部侍郎，工诗，善写生，其设色画卉简澹超脱；所写兰石，天然逸致，神趣横溢。

11. 闵獃（dāi）子：即闵贞（1730-1788年），字正斋，或呼闵騃子，湖北武穴人，扬州八怪之一。善书画篆刻。

12. 呌（jiào）：同"叫"。

13. 嘆（xùn）：喷。空光：阳光。飞电：闪电。

14. 绀碧（gàn bì）：深蓝色，多用来描写大海。蛟涎（jiāo xián）：蛟龙的口液。

15. 片影：一片影子；孤独的身影。

16. 君谟：即蔡襄（1012～1067年），字君谟，汉族。福建莆田人。北宋著名书法家、政治家、茶学家。蔡襄工于书法，诗文清妙，其书法浑厚端庄，淳淡婉美，自成一体，为"宋四家"之一。阁（gé），同"阁"，屋顶层内的房间，如楼阁，阁楼。

17. 鬭（dòu）：同"斗（dòu）"。

18. 秦筝：古秦地（今陕西一带）的一种弦乐器。似瑟，传为秦蒙恬所造，故名。响泉：古琴名。唐李绰《尚书故实》："李汧公取桐孙之精者，杂缀为之，谓之百纳琴，用蜗壳为徽，其间三面尤绝异。通谓之响泉、韵磬，弦一上可十年不断。"苏轼《破琴》诗叙："度数形名本偶然，破琴今有十三絃。此生若遇邢和璞，方信秦筝是响泉。"

19. 广长舌：指佛的舌头。据说佛舌广而长，覆面至发际，故名。后用以喻能言善辩。

20. 赫蹏（hè tí）：亦作"赫蹄"。古代称用以书写的小幅绢帛。后亦以借指纸。兜罗绵：古代一种棉的纺织品。又作兜罗锦。兜罗树上柳絮状棉编织而成。具有佛教含义，出自《大般涅槃经》佛祖涅槃时的情景。

21. 那必：犹何必。盈口：满口。

22. 羃（mì）：古通"幂"，覆盖东西的巾。越刻（shàn）杵：指刻纸，浙江传统名纸。亦称"刻藤"、"溪藤"。

23. 对床雨：即"对床夜雨"或"夜雨对床"，指亲友或兄弟久别重逢，在一起亲切交谈。苏轼苏辙兄弟有"对床夜雨"之约，宋苏辙《逍遥堂会宿》诗序："辙幼从子瞻（辙兄苏轼）读书，未尝一日相舍，既壮，将游宦四方，读韦苏州（韦应物）诗至'安知风雨夜，复此对床眠。'恻然感之，乃相约早退，为闲居之乐。"

24. 茶瓯（ōu）：典型的唐代茶具之一，也有人称之杯、碗。瓣香：佛教语。犹言一瓣香。用点燃的一炷香表达心中的虔诚。多用来表示对老师的崇敬之情。

25. 溟濛（míng méng）：混沌不分貌。

清·翁方纲《兰卿摹雪浪石盆铭为笺石士摹石铫¹为笺赋此记之》（《复初斋诗集·卷七十》）

> 画禅拈起破蒲团²，苏室轩然十笏³宽。
>
> 雪浪溅来新茗熟，水邨图⁴肯旧盟寒。
>
> 万番恣扫溪毛⁵润，二子能浇舌本乾⁶。
>
> 不比衍波笺⁷太滑，石梁正合石盆安。

注释：

1. 石铫（diào）：陶制的小烹器。苏轼《试院煎茶》："且学公家作茗饮，砖炉石铫行相随。"

2. 蒲团：以蒲草编织而成的圆形、扁平的座垫。又称圆座。乃僧人坐禅及跪拜时所用之物。

3. 笏（hù）：古时礼制君臣朝见时臣子拿的用以指画或记事的板子。

4. 水邨（cūn）图：北宋赵大年名画，历来为各家所仿效，赵孟頫等许多大画家都有《水邨图》传世。

5. 恣（zì）：肆意，尽情。溪毛：溪边野菜。

6. 舌本：舌根；舌头。乾：同"干"。

7. 衍波笺（yǎn bō jiān）：诗笺名。《诗话总龟》卷三四引宋王直方《直方诗话》："萧贯少时，尝梦至宫廷中……见群妇人如神仙，视贯，惊问何所从来？贯愕然，亦不知对。贯自陈进士，能为诗。中有一人授贯纸，曰：'此所谓衍波笺，烦赋《宫中晓寒歌》。'贯援笔立成。"

清·阮元[1]《大理雪浪石屏用苏公雪浪石诗韵》（《揅经室集·卷二十六》）

大理石片如方立幅[2]之画，一波翻白突起，似有矾激于其中，波上逆起浪花。浪花外水纹，又成黝绿青白色数层，皆具飞涛走雪之势。昔坡公云，余得黑石白脉，如蜀孙知微所画。石间奔流尽水之变，画鉴之孙知微水石图，一石高数尺，湍流激注，飞涛走雪，今此石颇似之，应亦名之曰雪浪石，置香雪斋中。

太行石画如云屯，人巧不到天公尊。

花石纲残汴河冻，雪浪斋破寒云昏。

苏公久别此石去，尚留铭字埋荒村。

黑水梁州玉斧划[3]，别有大理开国门。

孙知微死八百载，点苍山[4]里招其魂。

画家粉本[5]入石骨，诗人魄力通天根。

飞涛向天学云白，古雪[6]窨地变玉痕。

片片幻出洱海[7]浪，定州一卷非所论。

况此翻澜[8]激矾石，屏立不用苏斋盆。

斋前梅花亦香雪，目击雪子[9]吾道存。

注释：

1. 阮元（1764～1849年），扬州仪征人，字伯元，号云台、雷塘庵主，晚号怡性老人，清代名臣。著作家、刊刻家、思想家，在经史、数学、天算、舆地、编纂、金石、校勘等方面都有着非常高的造诣，被尊为三朝阁老、九省疆臣、一代文宗。
2. 立幅：高而窄的字画。尺寸比中堂小。
3. 黑水：古水名。梁州：古地名。
4. 点苍山：即苍山，云南大理山峰。
5. 粉本：中国古代绘画施粉上样的稿本。元代夏文彦《图绘宝鉴》："古人画稿谓之粉本。"其法有二：一是用针按画稿墨线密刺小孔，把粉扑入纸、绢或壁上，然后依粉点作画。二是在画稿反面涂以白垩、土粉之类，用簪钗按正面墨线描传于纸、绢或壁上，然后依粉痕落墨。后引伸为对一般画稿的称谓。

6.古雪：经久未化的积雪。

7.洱海：位于云南大理郊区，为云南省第二大淡水湖。

8.翻澜：波澜翻卷。

9.雪子：雪花有轻微融化后的状态。

清·向光谦[1]《定州观东坡雪浪石歌》（徐世昌编《晚晴簃诗汇·卷一百五十》（又名《清诗汇》）

楚南少人而多石，此语吾闻诸柳侯[2]。

我亦自是石之一，远寻石友来定州。

定州城北众春园，槐柳夹道绿映门。

抠衣[3]直下石公拜，安知中无苏子魂。

黑白相错石之文，盛以芙蓉丈八盆。

惜哉无人作飞雨，不见中流雪流奔。

我为若歌若起舞，平泉[4]木石在何许。

当时不遇苏长公[5]，也应终古闷[6]尘土。

独恨楚石空嶙峋，平生拂拭竟何人。

注释：

1.向光谦：字梅修，湖南桃源人。道光己酉拔贡，官宣恩知县。有《秦人宅藏稿》。

2.唐柳宗元《永州八记·小石城山记》："其气之灵，不为伟人，而独为是物，故楚之南少人而多石。"

3.抠（kōu）衣：典故名，典出《礼记注疏》卷二《曲礼》："毋践屦，毋踏席。抠衣趋隅，必慎唯诺。"唐孔颖达疏："抠衣趋隅者，抠，提也。衣，裳也。趋，犹向也。隅，犹角也。既不踏席，当两手提裳之前，徐徐向席之下角，从下而升，当己位而就坐也。"意思是提起衣服前襟。古人迎趋时的动作，表示恭敬。

4.平泉：即"平泉庄"。

5.苏长公：指苏轼，为后人对苏轼的敬称。

6.闷（bì）：掩蔽。

清·汪鸣和 [1]《众春园观东坡雪浪石》（《定州续志》）

> 脉质嵌奇欲画难，袖中东海 [2] 亦奇观。
>
> 风涛过眼黄州梦 [3]，雪浪翻空白社 [4] 寒。
>
> 片石无言烽燧冷，双槐阅劫夕阳残。
>
> 云根幻作秋山色，想见当年拄笏 [5] 看。

注释：

1. 汪鸣和：江苏苏州吴县人，监生，咸丰年间任定州知州。同治元年任永平府知府。与王榕吉撰修《直隶定州续志》。

2. 袖中东海：苏轼诗句"我携此石归，袖中有东海"。

3. 风涛：风浪。黄州梦：黄庭坚《双井茶送子瞻》："为公唤起黄州梦，独载扁舟向五湖。"苏轼贬谪黄州时，由于政治上失意，也曾萌生过"小舟从此逝，江海寄余生"

4. 白社：借指隐士或隐士所居之处。唐白居易《长安送柳大东归》："白社羁游伴，青门远别离。"宋范仲淹《唐异诗序》："华车有寒苦之述，白社为骄奢之语。"

5. 拄笏（zhǔ hù）：即"拄笏看山"，亦作"拄笏西山"。亦省作"拄笏"。形容在官而有闲情雅兴。亦为悠然自得的样子。拄，支撑；笏，古代大臣上朝拿着的手板，用玉、象牙或竹片制成，上面可以记事。

晚清·继昌《行素斋杂记》[1]

　　直隶定州为古中山国，城东北隅有韩魏公众春园旧址。后人置苏文忠公雪浪石，合建韩苏祠。乾隆年间，就园起行宫，屡经御题，后渐荒芜。马佳梦莲刺史宝琳 [2]，于道光年间牧定，时曾陈明大府 [3] 奏准估变，又请留其半。值修葺御碑亭、韩苏祠，以存古迹。并增修亭台廊榭，复池沼花木之胜。今又数十年矣，不知斯园兴废何如也。

注释：

1. 继昌（？～1908年），字莲溪，正白旗汉军人。光绪三年进士，历官南按察使，江宁布政使，甘肃布政使，署安徽巡抚。《行素斋杂记》记述清代军机旧闻、官制沿革、清官掌故及人物事迹。多属耳闻目见，史料价值甚高。

2. 宝琳：字梦莲，满州人。清代画家。道光中官定州。刺史：官名。清代为知州的别称。

3. 大府：官名。明清时亦称总督、巡抚为"大府"。

晚清民国·陈衍[1]《石遗室诗话·卷二九》

一七、当涂奚无识[2]（侗）诗语奇崛，余尝叙其诗，以为近于散原[3]一派者。……句如《雪浪石》云："爱力相续寿乃久，中有百代诗人魂。"谛视文理极奇诡，如瞿塘峡滟预根[4]。

注释：

1. 陈衍（1856～1937年），近代文学家。字叔伊，号石遗老人。福建侯官（今福州市）人。

2. 奚无识（1878～1939年）：字度青，号无识，以字行，当涂（今安徽当涂）霍里人，史学家。对中国古典哲学、文学很有研究。

3. 散原：即陈三立（1853-1937年），字伯严，号散原，江西义宁州（今修水县）人，晚清四公子之一，其子陈寅恪，是中国著名的历史学家。

4. 滟预根：唐白居易《送友人上峡赴东川辞命》："见说瞿塘峡，斜衔滟预根。"

郑熙亭《二千年岁尾偕德润、谢飞访雪浪石感赋三绝句》

东坡白发戍中山，河朔凛然向契丹。

不似后人夸政绩，半载知州万古传。

社民弓箭应犹在，孤臣表状墨未干。

势危并日正三事，雪浪斋雅几曾闲。

雪浪奔流欺画工，常与先生共枯荣。

株连蔓结非正道，玉言为重法为轻。

苏轼元祐八年（九月）上《朝辞赴定州论事状》称"余予今月二十七日出门"赴任，明年三月十一日谪知英州，闰四月初三日告下，故云"半载知州"。十一月上《修定州营房状》，十一月十一日上《乞增修弓箭社条约状》，明年正月上《乞减价粜米赈济状》，二月上《赈济佃客状》。绍圣元年三月，国是已变，危在旦夕，仍上《乞降度牒修北岳庙状》。时定州北临契丹，处前沿阵地，而边备不修，军政不严，禁军逃亡，聚为盗贼。城寨人户，侵研禁山。城中开坊招赌，明出牌榜，东坡到任即行峻治，严正三事。又《雪浪斋铭》：（引）予于中山后圃得黑石白脉，如孙位、孙知微所画石间奔流，尽水之变，又得白石曲阳，为大盆以盛之，激水其上，铭其室曰雪浪斋云。

今定州市中，某医院病房环绕处，假山碧树，园圃蔚然，东坡当年之雪浪石，端置其间，大盆边沿有清帝御书铭文五十六字。抚今追昔，九百余年，真所谓江山留胜迹，吾辈复登临也。

沧州人郑熙亭为诗并记以与谢飞局长交流。

2010年4月24日，河北省封龙诗社部分社员应邀来到定州众春园旧址采风，直面苏东坡幽幽雪浪石，文人雅士们思忖连连，诗兴大发，当场吟诵唱叹、挥毫泼墨，留下诗文13篇。

郭庆华《雪浪石》

造化原来是我师，石翻雪浪惹神思。

从知上善真如水，赢得风流太守诗。

王梦阳《雪浪石》

黑质白章涵异纹，动如雪浪静如云。

天公造物独遗此，留与东坡著妙文。

王梦阳《雪浪斋》

雪映寒斋细浪开，芙蓉盆里贮琼瑰。

谁遗奇石孤亭下？千载风霜拂面来。

张弓月《咏雪浪石》

虎踞龙蟠一石头，风吹雨打气如牛。

皱成黑白真颜色，炼就洪荒大自由。

日月峥嵘春梦短，江河浩荡浪声稠。

倾听寂寂千秋史，绮思牵人总豁眸。

张洪深《题雪浪石》

莲台端坐越千年，未及补天犹有缘。

雪浪花飞传妙偈，何人心动解玄禅？

平添宝地三分雅，成就坡翁一任贤。

料得通灵前世玉，今生合做酿诗泉。

杨海钱《东坡雪浪石二首》

一

何故星辰幻化开，梦中怜谪补天才。

惟收雪浪心头涌，不是东坡度不来。

二

晶莹黑亮润先涵，就里氤氲藏一潭。

应解枯干如救火，肯移雪浪到西南？

和焕《观东坡〈雪浪石〉有感》

何堪千载久，有句赋常新。

溅溅鸣书壁，亭亭立玉盆。

云根通北岳，素练掩山门。

不是家乡客，哪来爱石心？

李文学《苏东坡与雪浪石》

水洗沙磨现美纹，恰如夫子久穷身。

天公果是神雕手，异质奇才一体真。

雨如《题东坡雪浪石》

岂似冥顽类，真悲造物高。

湍浮披练雪，铸炼隐龙鳌。

未补青穹阙，空当赤壁豪。

何时堪际会，起作拍天涛。

马琳《题定州东坡雪浪石》

非无补天计，念念是坡仙。

堆有千层雪，寻来半世缘。

吟风听欲醉，飞雨戏将颠。

骑鹤人知去，寂寥谁与怜。

杜艳丽《访定州雪浪石步东坡先生韵》

青史名传古定州，坡仙曾此续风流。

徘徊故院观苍石，想象先生坐白头。

激水扬珠人已逝，排空堆雪浪难收。

尘间信有精魂在，亭畔椿阴接斗牛。

王海亮《题定州东坡雪浪石》

雪浪石坚坚似铁，曾经地火百千劫。

雷涛激厉响铿锵，月魄云魂照黑夜。

不思玉润与珠圆，玩笑嬉游指掌间。

不屑病姿炫巧色，独钟青白出天然。

凡夫但去求珍璧，此石磊磊冥天地。

霜色经年恒不移，一朝喷薄浪千尺。

坡翁嘱意后园栽，碾玉为盆芙蓉台。

隐动昆仑峰顶雪，浮摇仙气入蓬莱。

我欲汲之涤凡骨，更欲引之激恶俗。

君不见，机巧人心曲似弓，争名夺利疾如箭。

君不见，山尽无皮地尽剥，狐杂鬼匿殊难辨。

君不见，庙堂日渐失高风，狂流如注江湖乱。

人间大道似青天，我独幽徊向小园。

抚石沉吟良久立，遨游雪浪逐飞泉。

马文斐《水调歌头·定州雪浪石》

搅动五湖水，送走万千船。引来天上河汉，装点玉斑斓。四面云山腾浪，百丈青龙飞跃，珠碎化云烟。夏日罡风冷，惊看雪团团。

沧桑变，埋没久，历炎寒。多亏慧眼，明查精细认珍磐。惊动明清皇上，刀笔频频题刻，移入众春园。苏子堪欣慰，奇石有今天。

第三章　雪浪石诗文碑刻

定州和北京故宫，现存有关雪浪石诗文碑刻计二十七件，大都为清代遗物，其中定州存二十六件，故宫一件。在诸碑刻中，以乾隆御题诗文碑刻为最，计十九通，御题"前雪浪石"题刻一件，"后雪浪石"题刻一件。嘉庆御题诗文碑刻一通。另有苏轼雪浪石诗碑刻二通，苏轼雪浪斋铭刻一件，雪浪石图刻碑一通，"雪浪"篆字题刻一件。据文献记载，乾隆皇帝有关雪浪石诗文多作于定州，计有 30 余首，均命州守"勒石嵌壁"，藏于行宫众春园御书亭。如此，尚有 10 多件碑刻遗失、毁坏或埋于地下，其中包括乾隆皇帝第二、六叠苏轼雪浪石诗和御制雪浪石记等重要碑刻。

苏轼雪浪石诗碑刻二通

1.【次韵滕大夫三首·雪浪石】

太行西来万马屯，势与岱岳争雄尊。

飞狐上党天下脊，半掩落日先黄昏。

削成山东二百郡，气压代北三家村。

千峰右卷蠹牙帐，崩崖凿断开土门。

揭来城下作飞石，一炮惊落天骄魂。

承平百年烽燧冷，此物僵卧枯榆根。

画师争摹雪浪势，天工不见雷斧痕。

离堆四面绕江水，坐无蜀士谁与论。

老翁儿戏作飞雨，把酒坐看珠跳盆。

此身自幻孰非梦，故国山水聊心存（图一、图二）。

碑刻共两方。一方右上角斜向断裂无存，致使诗文首句"太行西来万马屯"句仅存万字，"来"和"屯"字部分保留，难辨。另一方保存完好。虽无款识，但知此碑系由原深泽县令陈亦禧于康熙四十一年（1702 年）书丹。碑刻一方残长 92 厘米，宽 34 厘米；一方长 116 厘米，宽 30 厘米。碑刻原镶嵌于众春园雪浪斋墙壁，今存定州博物馆。

2.【次韵滕大夫三首·雪浪石】

> 我顷三章乞越州，欲寻万壑看交流。
>
> 且凭造物开山骨，已见天吴出浪头。
>
> 履道凿池虽可致，玉川卷地若为收。
>
> 洛阳泉石今谁主？莫学痴人李与牛（图三）。

碑刻保存完好，题款为"定州牧山东韩公新葺苏文忠祠，属余书雪浪石二诗，移石并盆于祠。刻□"。《定县志》载："本朝康熙壬午（四十一年）知州韩逢庥始移石并盆于众春园，亦建雪浪斋，刻苏诗于石，函置壁间，深泽令海宁陈亦禧书 。"由上可知，该碑刻立于清康熙四十一年，系深泽县令陈亦禧受命定州知州韩逢庥书丹。文中"属余书雪浪石二诗"表明，不仅此碑，上通碑刻也由陈亦禧所书。查《定州志》深泽县职官知县列中记载："陈亦禧，字子文，浙江海宁贡生，（康熙）二十九年任"，其任职年限明显与二诗书丹年限不相符，陈氏书丹的年限比任职的年限晚 12 年许。在雪浪石周围的假山石上，曾见有一与苏轼与雪浪石有关的残碑，书丹者也为陈亦禧，落款为"康熙癸未（四十二年）上巳户部湖广司郎中海宁陈亦禧书并识"（图四），知此碑刻于康熙四十二年。此时，陈氏在户部任职而不是深泽令，从而对其任深泽令年限不符作出解释。陈氏书雪浪石诗碑刻长 130 厘米，宽 30 厘米，原镶嵌于众春园雪浪斋墙壁，今存定州博物馆。

苏轼雪浪盆铭一件

1.【雪浪斋铭】

> 尽水之变蜀两孙，与不传者归九原。
>
> 异哉驳石雪浪翻，石中乃有此理存。
>
> 玉井芙蓉丈八盆，伏流飞空漱其根。
>
> 东坡作铭岂多言，四月辛酉绍圣元（图五、图六）。

苏轼《雪浪斋铭》作于绍圣元年（1094 年）四月二十日，并刻于雪浪石芙蓉盆口沿。据考，放置后雪浪石者当为苏轼原盆，口沿上苏轼亲书《雪浪斋铭》真迹已被磨毁。放置前雪浪石者为乾隆年间新制芙蓉盆，口沿上的《雪浪斋铭》系重刻本。《定县志》载《金石分域编》云："刻铭盆口后人重刻，失其真矣。据此，则移置众春园者复刻本也"。前雪浪石盆口径 130 厘米，刻铭字迹大部清晰，雪浪翻三字被琢磨，漫漶不清，从驳石至伏

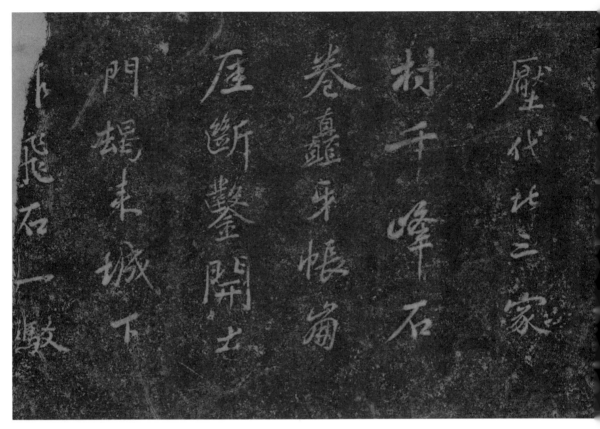

图一　苏轼雪浪石诗碑刻（上半阙）拓片

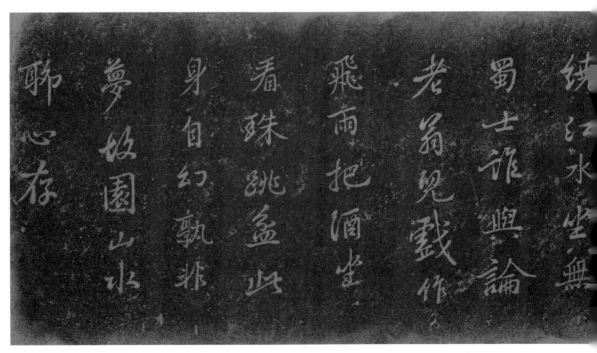

图二　苏轼雪浪石诗碑刻（下半阙）拓片

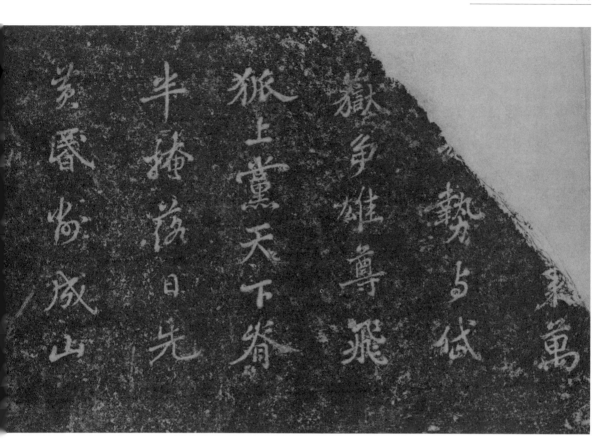

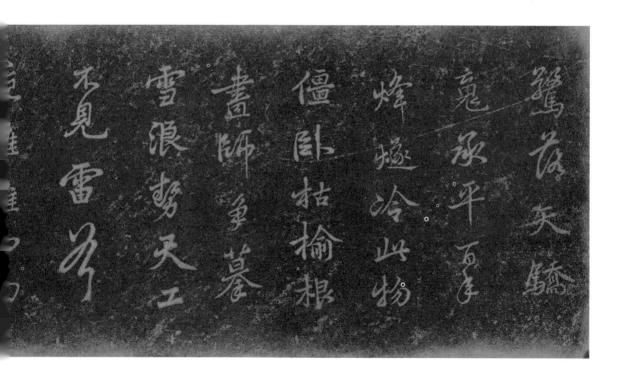

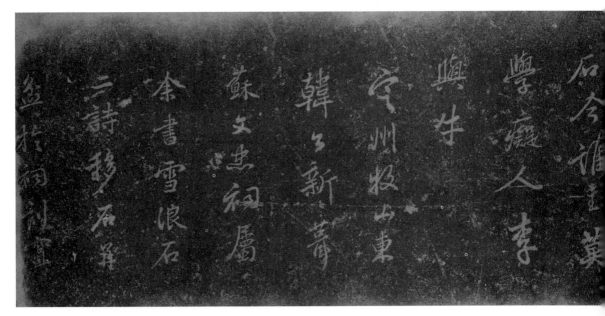

图三　苏轼雪浪石诗碑刻拓片

流字间，由于盆唇断裂剥落，不仅外形受到影响，好多字也被破坏而不完整。此雪浪石盆现存于众春园旧址。

雪浪石图碑刻一通

1. 雪浪石图碑刻

现存雪浪石图碑刻使用的石材为旧碑，经重新打磨雕刻而成，碑身底部仍保留有旧刻小楷字迹，漫漶难辨。碑身上部刻有雪浪石和雪浪石盆图形。雪浪石盆无座，外饰芙蓉纹饰一周，盆内有水波纹。雪浪石外形轮廓与原石相近，白脉纹理阴刻，纹理丰富，与原石相仿佛。雪浪石两侧刻有苏轼雪浪斋铭，排列方式与张若霭所摹画雪浪石图无异，字体也很接近。整体看来，该雪浪石图刻与张若霭所绘雪浪石图构图及表现手法近同，只不过后者更加追求艺术表达而已，看来此碑属模仿后者雕刻。碑刻下部偏上部分刻有雪浪斋三大字（图七、图八）。

《定州志》载：盆石移置众春园之后，后人"又于御书亭之东得旧碑，原刻文忠公自书雪浪斋三字并雪浪石图，题铭其上，移嵌后斋之东壁"。《定县志》载：雪浪石图石刻"绍圣元年石佚。《金石分域编》云，旁刻雪浪石铭，行书，下刻雪浪斋三大字，正书，绍圣元年四月"。

从苏轼"画师争摹雪浪势"可知，雪浪石被发现后即有了雪浪石画作，制作雪浪石图

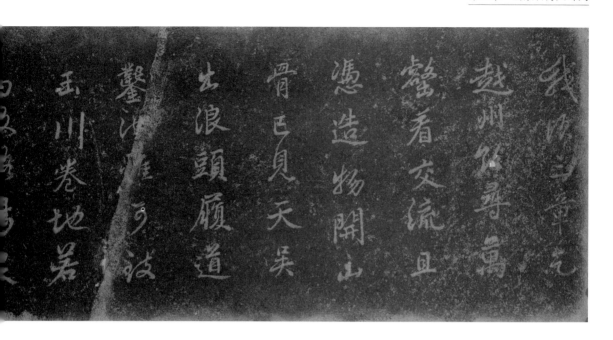

碑刻在情理之中。最早记述此碑者为郝经，他于南宋淳祐八年（1248年）到定州，九月五日，"观于芙蓉盆雪浪碑下"，并作《题芙蓉盆》诗。《河朔访古记》亦云：雪浪斋"西庑下一碑，图石之形，并刻其铭于右学中"。由此可见，此碑刻制于绍圣元年无疑，但从现存碑刻看来，系原碑的可能性不大，疑点众多。如是苏轼所为，如此重要的流传后世之作，绝不能选择旧碑摹刻，况且还留有旧碑字迹残迹。碑刻图文布局与张若霭画作相仿，很可能是摹刻者参照画作而为。如得原碑，不应该在众春园内，而应在学宫古雪浪斋附近。因此，现存雪浪石图碑刻当是后人重刻本，而非宋绍圣刻石，复刻的时限应在乾隆皇帝命张若霭图雪浪石之后。

雪浪石图碑刻通高253厘米，碑首高78厘米，碑身高175厘米，宽90厘米，厚25厘米；碑座高46厘米，长106厘米，宽57厘米。此碑原镶嵌于众春园雪浪斋东壁，现存定州石刻馆。

"雪浪"刻石一件

1.雪浪二篆字

"雪浪"二字，篆书，刻于后雪浪石右侧上部，镌刻时间和撰者不详（图九、图一〇）。

乾隆御题前、后雪浪石石刻二件

1.前雪浪石

"前雪浪石"四字，楷书，乾隆皇帝御题，刻于前雪浪石左侧上部（图一一）。

图四　陈亦禧书丹碑刻

2. 后雪浪石

"后雪浪石"四字，楷书，乾隆皇帝御题，刻于后雪浪石左侧中部（图一二）。

乾隆叠苏轼雪浪石诗碑刻六件

1. 乾隆《雪浪石用苏东坡韵》

　　杜老白帝儗东屯，苏翁稍幸斯州尊。

　　从来诗人半穷困，未必天道迷昭昏。

　　孤踪漂泊岂有定，官居尚忆悬水村。

　　我从便道寻古迹，策马定武循城门。

　　衙斋左侧醉仙在，无须玉局重招魂。

　　立来应已阅桑海，移时想复动云根。

　　峰皴似助吟咏势，苔斑犹渍摩挲痕。

　　当时滕倅投义气，掀髯把酒相评论。

　　何人好事惜废堕，覆之以亭承以盆。

　　郤忆晴窗哦日课，雪浪早入予思存。

碑刻仅保留左下残段，诗文字 44 个，碑残高 70，宽 49 厘米，碑刻四边饰龙纹（图一三）。

图五　现存雪浪石盆铭三维上视图

图六　现存雪浪石盆铭拓片

图七　雪浪石图刻碑

图八 雪浪石图刻碑拓片

图九　"雪浪"二篆字　　　　　　　图一〇　"雪浪"二篆字拓片

2. 乾隆丙寅孟冬上澣《命张若霭图雪浪石三叠前韵》

> 造物精气视所屯，石中巨擘雪浪尊。
>
> 巍然曾见宋冠带，介而不受世朝昏。
>
> 沃之以水跳珠沫，翠影仿佛浣花村。
>
> 曾闻此语半疑信，惜哉未访荒园门。
>
> 写真无虑道士醉，醉里越得传神魂。
>
> 词臣颇善米家画，渲染爰命探天根。
>
> 壁张欲出云烟气，烛照曾无笔墨痕。
>
> 两孙绝技亦已擅，兴来拟唤髯翁论。
>
> 此翁诗句岂易和，如继阳春以叩盆。
>
> 前言未足更叠韵，仇池事例今聊存。

碑刻保存甚佳，字迹清晰，四边饰龙纹。碑身高 143 厘米，宽 70 厘米（图一四），

图一一　乾隆御题前雪浪石拓片　　　　　图一二　乾隆御题后雪浪石拓片

图一三　乾隆《雪浪石用东坡韵》碑拓

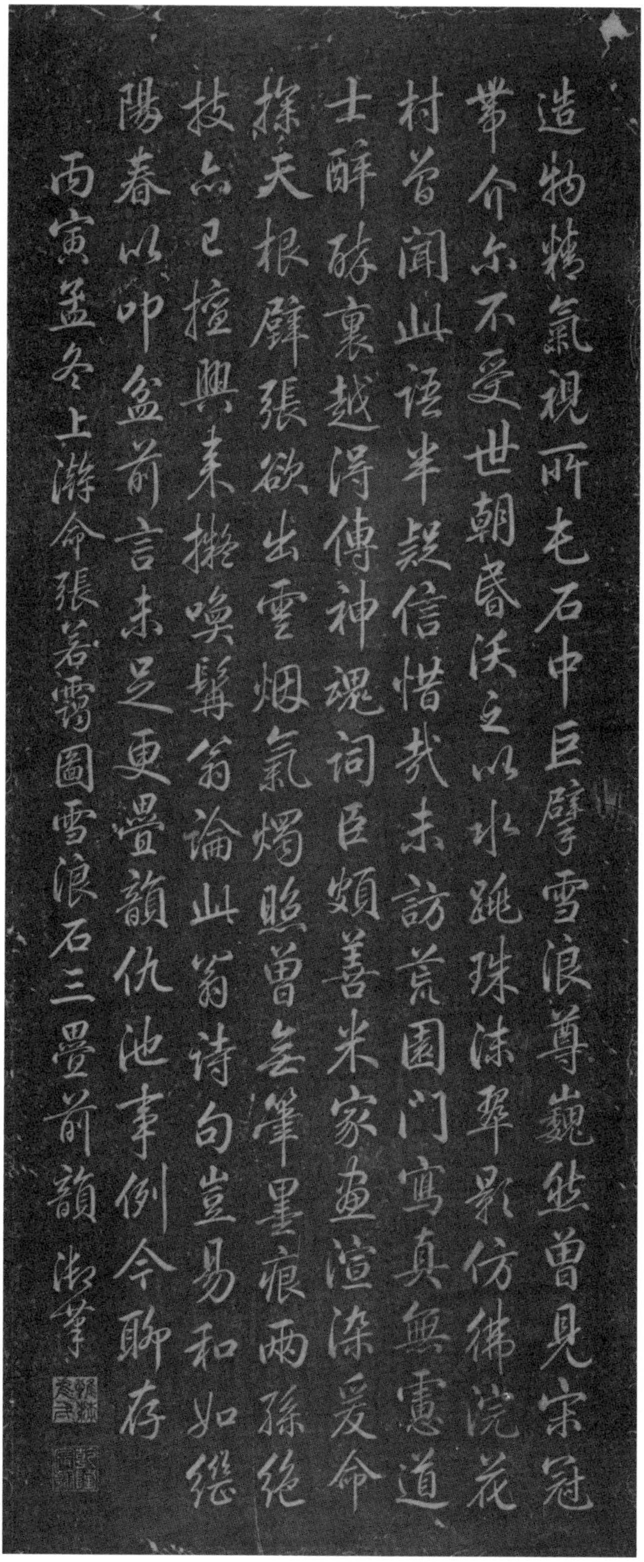

造物精氣視一所老石中巨擘雪浪尊巍㟥曾見宗冠
帶介尔不受世朝昬沃之以水跳珠沬翠影仿佛浣花
村首聞此語半殼信惜我未訪荒園門寫真無憲道
士醉碎裏越浮傳神魂詞臣頌善米家畫渲染愛命
探天根辟張欲出雲烟氣熠照曾㝫筆墨痕兩孫絕
枝点已撑與来擻唤鬢翁論此翁詩句豈易和如繼
陽春以卯盆前言未乏更疊韻仇池事例今聊存
丙寅孟冬上澣命張若靄圖雪浪石三疊前韻御筆

图一四　乾隆丙寅孟冬上澣《命张若霭图雪浪石三叠前韵》碑拓

现存定州石刻馆。

3. 乾隆丙寅孟冬下澣《携众春园并雪浪石稿本以归，因命董邦达图之，四叠前韵》

> 磊磊白石如凯屯，苏诗说项石以尊。
>
> 我临定武寻遗迹，寒鸦叫树山黄昏。
>
> 丹青思命传神手，塾师徒遇三家村。
>
> 规模才得具约略，若为祠宇若为门。
>
> 一峰以点长髭眼，三经应貌香光魂。
>
> 古屋萧萧闃以寂，疏松落落磐其根。
>
> 憩游为想韩苏躅，苔藓全蚀波浪痕。
>
> 由来忘筌乃近道，刻舟求者岂足论。
>
> 此物颇幸仇池石，至今安在高丽盆。
>
> 剪烛清吟参结习，地炉活火方温存。

碑刻保存较差，很多部位磨泐严重，致使一些字迹模糊难辨，碑刻四边饰龙纹（图一五）。碑身高 140 厘米，宽 69 厘米，现存定州石刻馆。

4. 乾隆庚午季秋上澣《题雪浪石五叠前韵》

> 行或使之止或屯，内相外牧何卑尊。
>
> 贾谊明时乃可惜，屈原泽畔时原昏。
>
> 牛刀不妨一小试，况兹百里联乡村。
>
> 前年中山策马过，倾颓百雉未入门。
>
> 北门学士命图取，展阅几度清吟魂。
>
> 鸠工发帑事版筑，驱除狐兔芟荆根。
>
> 众春花木复旧观，清秋风月移新痕。
>
> 时巡嵩洛偶驻跸，一拳坐对堪评论。
>
> 盘空硬语走健笔，叫绝起拍莲花盆。
>
> 岁月详识笑多事，高风千古存乎存。

碑刻保存尚佳，字迹清晰，四边饰龙纹（图一六）。碑身高 130 厘米，宽 67 厘米，现存定州石刻馆。

5. 乾隆丙午季春中澣《雪浪石八（七）叠苏东坡诗韵》

> 雪浪又复韵叠屯，耽吟似碍九五尊。

图一五　乾隆丙寅孟冬下澣《携众春园并雪浪石稿本以归，因命董邦达图之，四叠前韵》碑拓

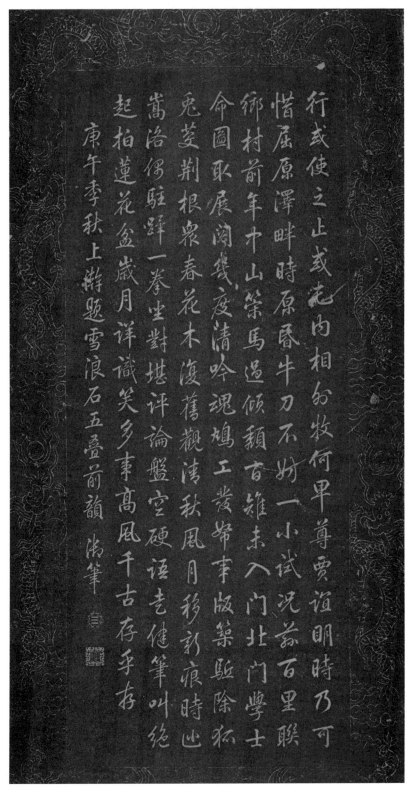

图一六　乾隆庚午季秋上澣《题雪浪石五叠前韵》碑拓

寻思或胜好声色，赖此撷藻遣朝昏。

五台正定返巡跸，便途驻此中山村。

众春园内旧行馆，早知津矣便入门。

安阳眉山胥令此，合祠诚妥两贤魂。

一得褒奖一遭斥，要之立身胥有根。

韩园苏石萃一处，二人水乳融无痕。

两张岂逊两孙者，为图前后精详论。

日磐日片二即一，况今原两芙蓉盆。

思量今兴由昔废，弗关成性永存存。

碑刻保存尚好，左上及两侧中部有琢磨痕迹，致使少数字迹破损难辨，四边饰龙纹（图一七）。镌刻于丙寅孟冬上瀚《命张若霭图雪浪石三叠前韵》碑之碑阴，题款《雪浪石七叠苏东坡诗韵》的七字误刻为八字，现存定州石刻馆。

6.乾隆壬子《清和雪浪石八叠苏东坡韵》

坡翁豪兴如云屯，叠难用险称独尊。

我今乃频叠至八，讵非见巧令智昏。

昨辞恒山循驿路，翼日迤历中山村。

村行复不廿余里，郡城洞开因入门。

贤令祠虽不致谒，嘉其品行胥忠魂。

近曾成咏分甲乙，要之均以学为根。

在苏言苏却在石，两石并为留遗痕。

然吾究谓磐者实，以坡之迹定其论。

坡迹七字孙其韵，手书之泐磐石盆。

实证在兹不烦絮，久乃论定千秋存。

碑刻表面不甚平整，四边有残损，遭风化磨蚀，有些字迹模糊难辨（图一八）。镌刻于丙寅孟冬上瀚《命张若霭图雪浪石三叠前韵》碑之左侧，现存定州石刻馆。

乾隆和苏轼雪浪石盆铭碑刻五件

1.乾隆庚午九秋《和东坡盆石原韵》

鹊渚骞谒天帝孙，支机持走归中原。

玉局胡乃公案翻，曰此中山有石存。

图一七　乾隆丙午季春中澣《雪浪石八（七）叠苏东坡诗韵》碑拓

图一八　乾隆壬子《清和雪浪石八叠苏东坡韵》碑拓

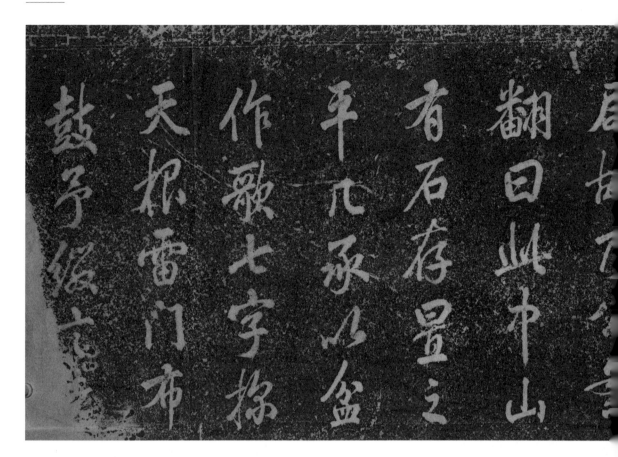

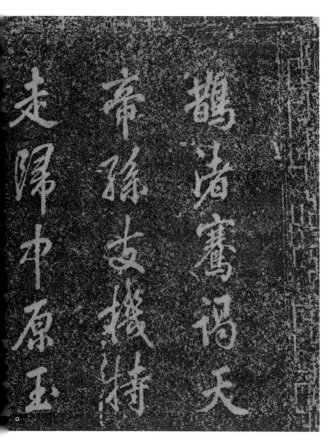

图一九　乾隆庚午九秋《和东坡盆石原韵》碑拓

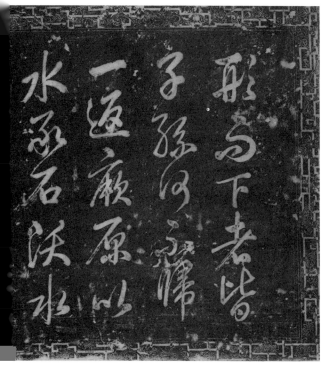

图二〇　乾隆辛巳暮春《叠东坡刻盆石诗韵》碑拓

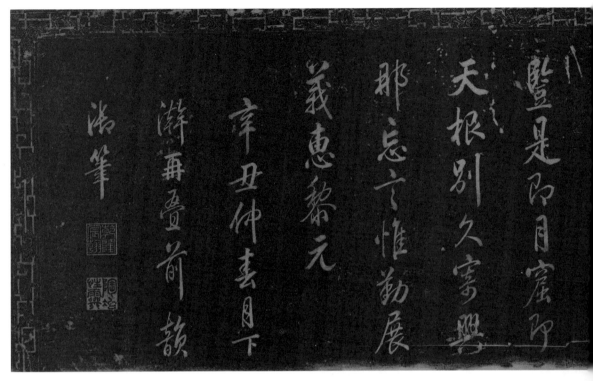

图二一　乾隆辛丑仲春月下澣《再叠前韵》碑拓

置之平几承以盆，作歌七字探天根。

雷门布鼓予缀言，走笔趁韵赓其元。

碑刻左部斜向残断，使得最后一句诗句不存，其余大部保存较好，字迹较为清晰，上边、右边见有刻纹装饰（图一九）。碑身残长164厘米，宽73厘米，现存定州石刻馆。

2. 乾隆辛巳暮春《叠东坡刻盆石诗韵》

形而下者皆子孙，何不归一返厥原。

以水承石沃水翻，坡翁游戏至理存。

后人乃谓雪在盆，孰得其肤孰得根。

我来阅古偶复言，所喜时雨歌元元。

碑刻保存较差，左边残断，使部分题款无存。左部存一断裂，粘接后使得一行文字遭到破坏。其他部分保存尚好，字迹清楚，四边有纹饰装饰（图二○）。碑身残长211厘米，宽76厘米，现存定州石刻馆。

3. 乾隆辛丑仲春月下澣《再叠前韵》

旧石苏刻识蜀孙，新石雪浪复刻存。

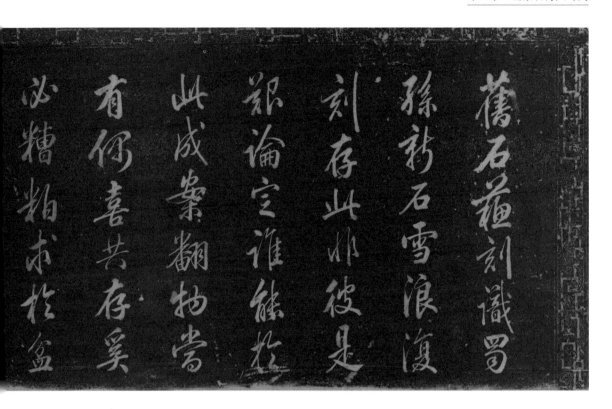

此非彼是艰论定，谁能于此成案翻。

物当有偶喜共存，奚必糟粕求于盆。

徒观坦卧与杰竖，是即月窟即天根。

别久寄兴那忘言，惟勤展义惠黎元。

碑刻保存完好，字迹清晰，四边饰有刻纹（图二一）。碑身长251厘米，宽72厘米，现存定州石刻馆。

4. 乾隆丙午春《三叠东坡刻盆石诗韵》

不逢白鹤访子孙，两卷石竟孰是原。

其一刻识一无识，谁能志乘研详翻。

并行不悖有古语，我亦因之与两存。

先后二难为写貌，片者杰岵盘卧盆。

试沃以水飞雪点，或值欲雨兴云根。

数叠有例玉局言，把笔竟复三叠元。

碑刻保存完好，字迹清晰（图二二）。碑身高107厘米，宽47厘米，现存定州石刻馆。

5. 乾隆壬子孟夏月《四叠东坡刻盆石诗韵》

> 四叠成五如元孙，我今抱以赓其原。
>
> 石固有二盆则一，却成三不妨案翻。
>
> 瞥眼别之半十载，不殊瞬息目前存。
>
> 兄写磐卧弟片竖，而其卧者恒占盆。
>
> 竖者乃有苏字在，辗然笑艰寻其根。
>
> 欲罢又不能忘言，孰诚悟宗会厥元。

碑刻保存完整，风化较为严重，字迹清晰度受到一定影响，尚能清楚辨识（图二三）。碑身高 116 厘米，宽 92 厘米，现存定州石刻馆。

乾隆诗咏碑刻八件

1. 乾隆己巳《咏松》

> 一拳之石京华同，一勺之水溟渤通。
>
> 于何见之于盆中，一栋天下无真松。
>
> 问年火劫为始终，问形势欲擎云空。
>
> 春风秋月郁葱葱，稍为华盖身为龙。
>
> □随绮里夏黄公，汉廷待诏来东方。
>
> 铁幹□□神以丰，忆我盘山曾道逢。
>
> 又忆愿者苏髯翁，前过定武时在冬。
>
> 吟哦雪浪兴不穷，石盆宛在翁无踪。
>
> 松乎松乎荫自浓。

此诗刻于故宫建福宫花园（西花园）主体建筑延春阁前假山下放置的长方形石盆正面（图二四），石盆、盆座保存较为完整，左部有一垂直裂痕，题刻表面风化较为严重，致使个别字迹残损难辨。石盆原址保存。

2. 乾隆庚午季秋月上瀚《咏东坡雪浪石一律》

> 白石盆中浮雪浪，髯翁遗迹入评吟。
>
> 颇夸南北八州牧，岂惜清华二翰林。
>
> 早见奎星独称古，不然山骨讵腾今。
>
> 如坡不乏遭沉滞，鉴取人明惕我心。

碑刻保存完整，表面风化较为严重，略有磨蚀，字迹清晰度受到较大影响（图二五）。

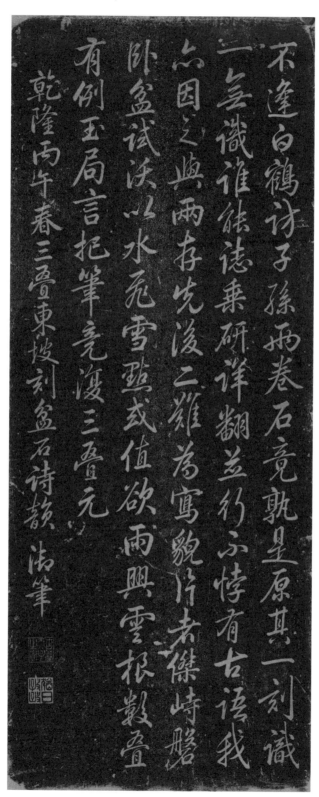

不逢白鹤访子孙两卷石竟献皇原其一刻识
一无识谁能志乘研详翻益衍不惊有古语我
公因之舆两存先後二难为写貌片者傑崎磐
卧盆试沃以水亮雪點或值欲雨兴云根蔎豎
有例玉局言把筆竟復三疊元
乾隆丙午春三疊東坡刻盆石诗韵　澍筆

图二二　乾隆丙午春《三叠东坡刻盆石诗韵》碑拓

图二三　乾隆壬子孟夏月《四叠东坡刻盆石诗韵》碑拓

图二四　故宫建福宫延春阁前刻诗石盆

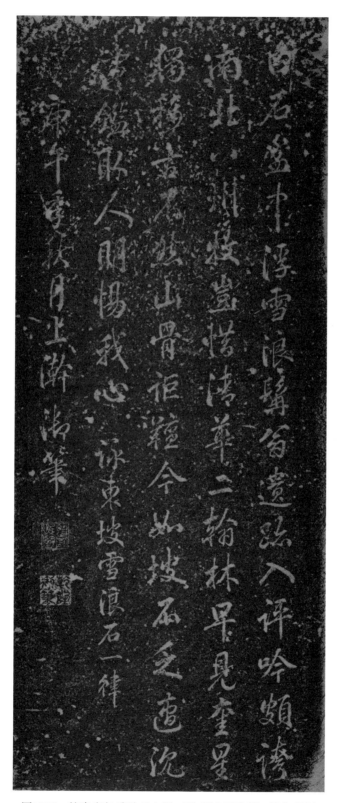

图二五　乾隆庚午季秋月上澣《咏东坡雪浪石一律》碑拓

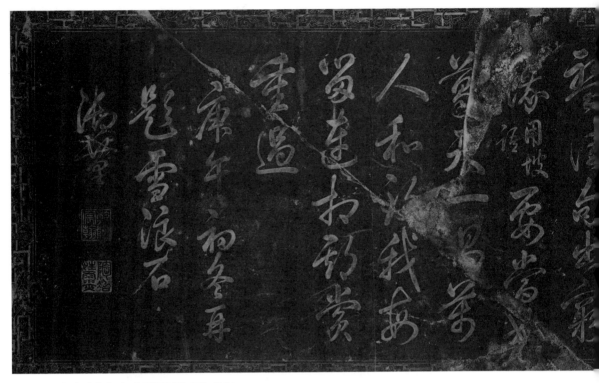

图二六　乾隆庚午初冬《再题雪浪石》碑拓

碑身高 120 厘米，宽 50 厘米，现存定州石刻馆。

3. 乾隆庚午初冬《再题雪浪石》

炮石才一拳，底是难得货。

玉局能点金，顿使声价大。

设其逢尧舜，应即皋夔佐。

牛刀试一州，放浪寄吟课。

硬语强横盘，佳句出穷饿（用坡语）。

要当如葛天，一唱万人和。

致我每留连，相期赏重过。

碑刻左部有两个斜向交叉断裂，使碑石断为三块，部分缺失，粘接后 8 个字遭残损，其他字迹清晰，碑身上、左、右三边饰有纹饰（图二六）。碑身长 247 厘米，宽 72 厘米，现存定州石刻馆。

4. 乾隆辛巳暮春上瀚《题雪浪斋》

韩苏迹本不同处，移彼就兹由后人。

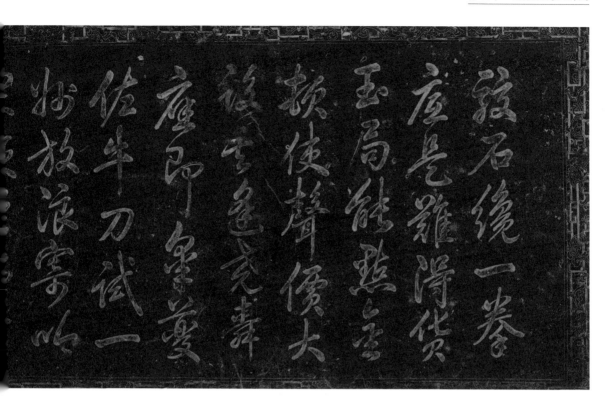

我复题斋曰雪浪，率因抚石企先民。

当春郊景望无尽，过雨花光觉有神。

今日偶来明便去，一卷聊识去来因。

碑刻保存状况不佳，中部保存较好，字迹尚清楚，上下两端遭断裂损毁，致使19字无存（图二七）。碑身残高86厘米，宽46厘米，现存定州石刻馆。

5. 乾隆辛丑仲春下澣《题雪浪斋》

雪浪斋前两卷石，一卧一立谁主宾。

其间是非率难辨，可知今昔胥幻尘。

沃之水无不作浪，称以雪有若同神。

祠中髯老应隐笑，笑兹议论何饶唇。

碑刻保存完整，表面略遭风化，边部有琢磨痕迹，字迹较为清晰（图二八）。碑身高116厘米，宽48厘米，现存定州石刻馆。

6. 乾隆丙午暮春月《题雪浪斋》

众春本是韩之园，雪浪实则苏之石。

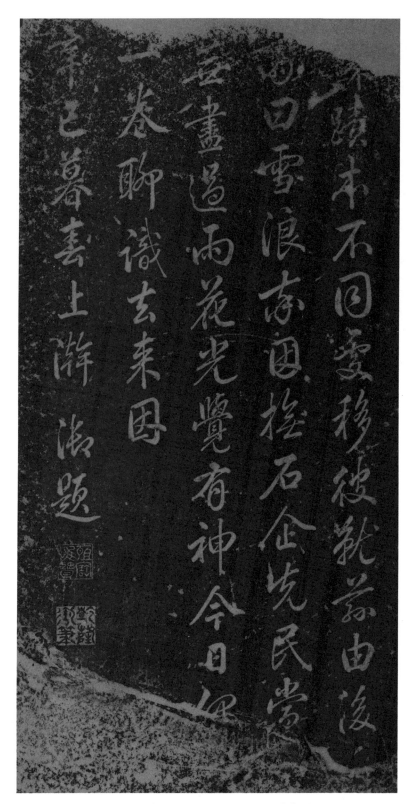

图二七　乾隆辛巳暮春上澣《题雪浪斋》碑拓

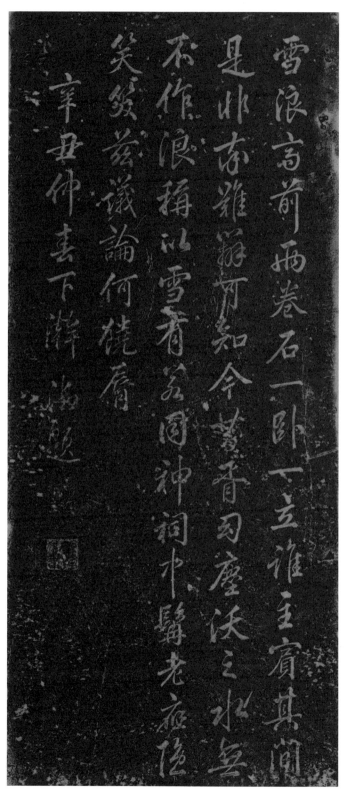

图二八　乾隆辛丑仲春下澣《题雪浪斋》碑拓

置石于园始邑令，气求恰合宋贤迹。

辛巳清跸驻行斋，遂以雪浪为斋额。

因之翠然思古人，尚友于斯得莫逆。

碑刻保存尚佳，未见风化磨蚀痕迹，字迹清晰（图二九）。碑身高117厘米，宽46厘米，现存定州石刻馆。

7. 乾隆丙午季春月《定州咏古》

京都五百里而强，昂毕天文次大梁。

见说韩苏曾作郡，却怜辽宋久分疆。

尔时万姓应谁主，中国一家竟二王。

是岂虚为尊大论，守成永勗敬无遑。

碑刻保存尚佳，字迹清晰可辨（图三〇）。碑身高117厘米，宽49厘米，现存定州石刻馆。

8. 乾隆壬子孟夏上澣《题众春园雪浪斋》

韩园苏石两相宜，行馆有斋遂额之。

来往又看五年隔，徘徊却得一时怡。

每宣疆吏询民隐，亦以几闲引静思。

韵叠东坡例难置，欲拈笔复意为迟。

碑刻保存状况较差，表面风化琢磨严重，致使大部字迹漫漶不清，有些文字似经后人重刻过（图三一）。碑身高120厘米，宽62厘米，现存定州石刻馆。

嘉庆雪浪石诗碑刻一件

1. 嘉庆辛未闰三月十有七日《雪浪石赞》

两间秀灵，蕴成奇石。浪花叠青，雪光漾白。

体洁贞坚，纹浮润泽。盆刻芙蓉，永年托迹。

宋代名臣，事著史策。历几沧桑，存此完璧。

瑶阙流辉，明河贯脉。娲皇炼馀，下土弃掷。

显晦因时，行斋题额。感触生云，式敷丹液。

后来置前，高逾寻尺。真幻漫论，稽古有获。

碑刻表面不够平整，字体较小，字口较浅，由于风化等原因，字迹模糊可辨（图三二）。镌刻于乾隆御制《题雪浪石五叠前韵》碑之左侧，现存定州石刻馆。

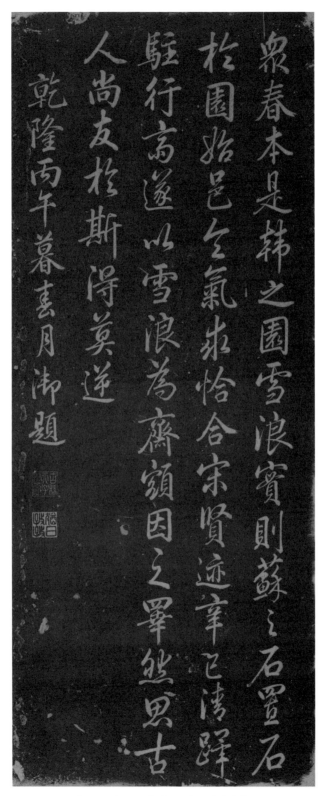

图二九　乾隆丙午暮春月《题雪浪斋》碑拓

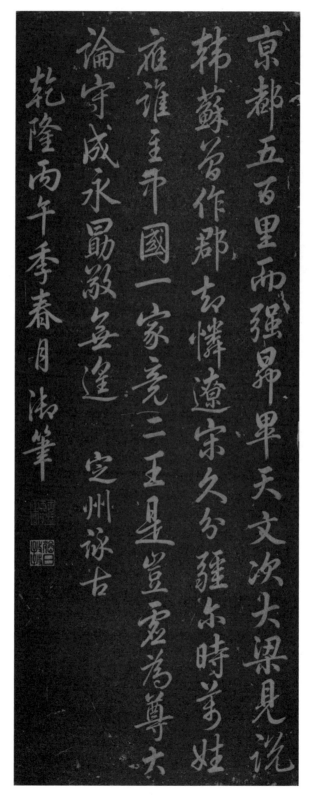

图三〇　乾隆丙午季春月《定州咏古》碑拓

图三一　乾隆壬子孟夏上澣《题众春园雪浪斋》碑拓

图三二　嘉庆辛未《雪浪石赞》碑拓

第四章　雪浪石盆铭

苏轼的《雪浪斋铭》作于绍圣元年四月二十日，之后，他又亲书此铭并刻于雪浪石芙蓉盆口沿，是苏轼留下的一幅难得的书法艺术珍品。苏轼的雪浪斋铭因铭刻于盆口，后人则称其为雪浪石盆铭。

一　现存雪浪石盆铭

前雪浪石盆和前雪浪石现在仍然保存于定州众春园旧址，前雪浪石盆口沿上镌刻着苏轼雪浪斋铭的铭刻，即为现存雪浪石盆铭。雪浪石盆口内径 100 厘米，外径 130 厘米，口沿宽 15 厘米，高 68 厘米。口沿上铭刻的字迹多数保存完好，字口清晰。受断裂、破损、剥落、琢磨、刻划等自然和人为因素影响，有些字迹受到不同程度地破坏。例如口沿被刻上"王振东"三字；"雪浪翻"三字被琢磨的漫漶不清；盆口有三处断裂，其一使得"乃"和"有"字受到损伤，其他使"存"和"不"字横向断裂开；由于盆口沿外侧自"驳石"至"伏流"字之间破损、剥落严重，使得"浪翻石中乃有此理存玉井芙蓉丈八"十五个字不同程度受到损伤，有的字迹存半或不能辨识；口沿内侧也有剥落、破损现象，但只伤及到"乃"字。资料表明，现存的雪浪石盆是清代中期的作品，而盆口沿镌刻的雪浪石盆铭则为重刻本（图一、图二、图三、图四）。

二　民国雪浪石盆铭拓本

民国二十三年出版的《河北》月刊第二卷第二期刊登了一则介绍雪浪石的文章，民国二十四年第三卷第二期又刊出与上述文章相匹配的雪浪石盆铭拓本，该拓本当拓制于1934 或 1935 年。纵观拓本状况，表明八十余年之前，现存雪浪石盆的保存状况比现在要好的多，铭刻字迹更清晰美观。虽然石盆口沿已经出现断裂，但比现在的保存状况要好得多，

图一　前雪浪石、盆正面观

图二　前雪浪石、盆背面观

图三　前雪浪石、盆顶面观

图四　雪浪石、盆铭拓片

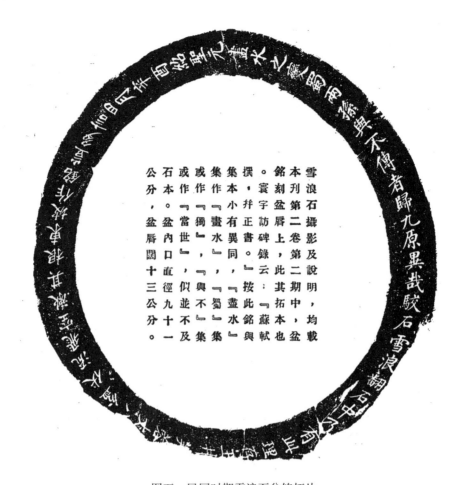

图五　民国时期雪浪石盆铭拓片

"乃"字略受影响，"有"字完整无缺。口沿外侧的脱落情况也略好一些，内侧还未见脱落，"雪浪翻"三字未被琢磨，"王振东"三字还未被刻上。拓本所标识的尺寸是"盆内口直径九十一公分，盆唇阔十三公分"，所示尺寸小于现存雪浪石盆的测量数据，其内径小了9厘米，口沿小了2厘米，致使外径小了13厘米。该拓本的数据偏小可能为测量误差所致，如依据拓片测量不可能太准确，难免产生误差，如测量石盆，因盆内有突出的前雪浪石，也难以测得准确数值。根据该拓本与现存盆口比较，其尺寸、字体及盆口沿保存特征几近相同，可以断定该拓本应拓自现存的前雪浪石盆，也为雪浪石盆铭重刻本（图五）。

三　翁方纲藏雪浪石铭拓本

日本株式会社平凡社出版的《书道全集》和马成名著的《海外所见善本碑帖录》中介绍了翁方纲藏旧拓宋苏轼《雪浪石盆铭》一册，这是所知最早的雪浪石盆铭拓本。翁方纲

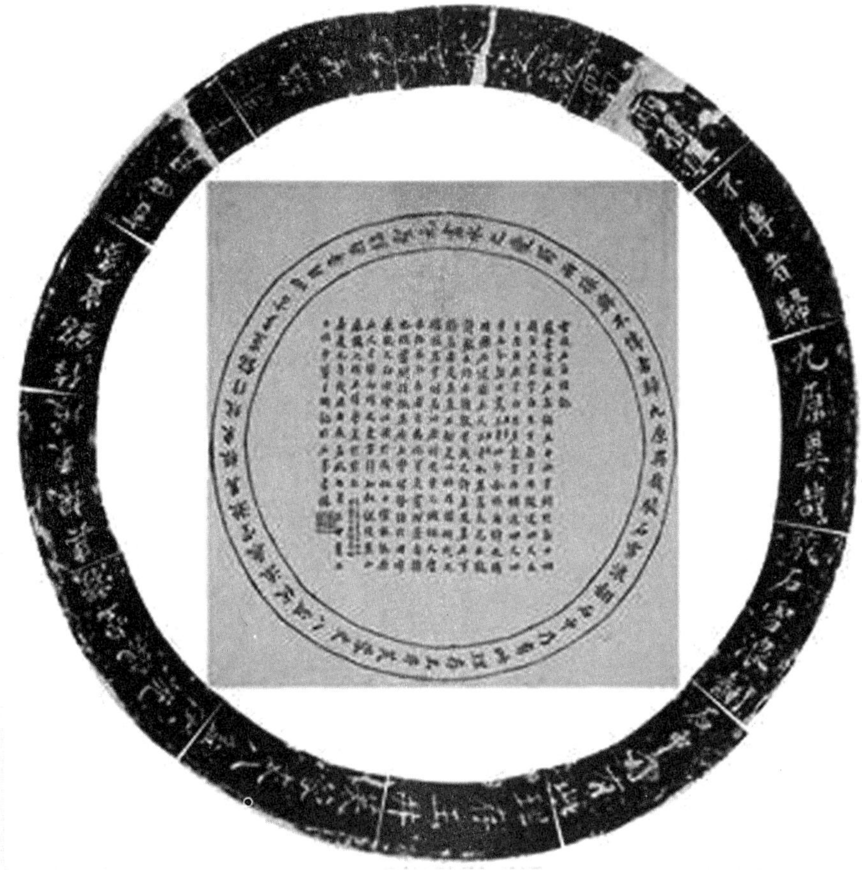

图六　翁方纲藏雪浪石盆铭题跋

等的题跋为雪浪石盆真赝辨识和雪浪石盆铭的研究提供了非常珍贵的资料。

沈树镛册首题："东坡雪浪石盆铭。苏斋藏原刻旧拓本。同治丁卯（1867 年）秋七月重装时僦居吴门双林里。郑斋记"。钤印：树镛私印、灵寿花馆收藏金石印。

翁方纲题签："雪浪盆铭并缩图"（图六、图七、图八）

缩图中，翁方纲自画圆盆口沿并摩写苏轼《雪浪斋铭》，在缩图中间跋《雪浪石盆铭记》："苏书《雪浪石盆铭》五十六字，刻于盆口四周。自上'尽'字内至下'存'字内，从径四尺五寸；自右'原'字内至左'东'字内，横径四尺四寸五分；盆口宽三寸（五寸）四分，合外内计之须用圆石径围五尺二寸（五寸）也。其高未见不能计，然大约亦须数寸或尺许。若选美石可研盆者，度其直不轻，是以姑用圆研代之，缩临其字刻焉。此原刻之字已被俗人磨去，拓本今存者至为珍罕矣。虑折叠易损也，故剪开稍依其原石弯环势粘于册，时展玩之而并绘此图于后。他日傥能依原石尺寸仿而刻之，更当详加叙说，使焦山瘗

图七　翁方纲藏雪浪石盆铭拓片局部

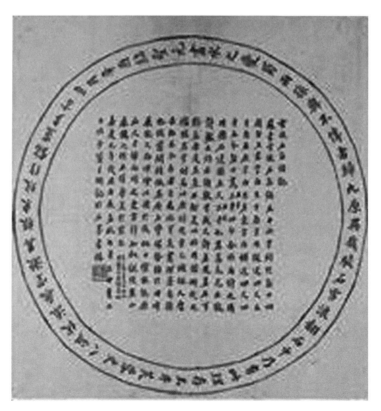

图八　翁方纲题雪浪石盆铭题跋

鹤之作不得专美于前尔（盆口宽三寸四分亦可，其实不止此，故并附记）。嘉庆元年　（1796年）　岁次丙辰孟秋七月二十有二日北平翁方纲记于石墨书楼"。钤印覃溪。

翁方纲（1733～1818年）　清代书法家、文学家、金石学家。字正三，一字忠叙，号覃溪，晚号苏斋。直隶大兴（今属北京）人，乾隆十七年进士，授编修。历督广东、江西、山东三省学政，官至内阁学士。精通金石、谱录、书画、词章之学，书法与同时的刘墉、梁同书、王文治齐名。

翁方纲自幼崇敬苏轼，乾隆十六年（1751年），十九岁的翁方纲就将自己书房命名苏斋。《翁方纲年谱》载，"是年，先生又以'苏斋'名书室"。翁方纲则言，"予年十九，日诵《汉书》一千字，明海盐陈文学（许廷）辑本也。文学号'苏庵'，则愿以'苏斋'名书室，窃附私淑前贤之意"。嘉庆元年，翁方纲六十四岁，得雪浪石盆铭拓本。《翁方纲年谱》载："七月，先生撰《雪浪石盆铭记》，并摹苏轼《雪浪石铭砚背铭》。铭曰：'我得坡楷，松屏残字，缩为斯铭，浑伦元气。'又说'湘潭罗碧泉学士语予，尝奉使道出中山，访《雪浪盆铭》，已被磨毁，因力劝予重勒之。今先摩此砚，并记学士之言，庶与苏迹并传耳。丙辰七月，方纲'"。

从以上可知，翁方纲于嘉庆元年得到雪浪石盆铭拓本，缩图，临摹《雪浪斋铭》，作《雪浪石盆铭记》。七十二年之后的同治六年，沈树镛在吴门对该册页进行了重新装裱。据马成名先生介绍，"此册保存曾经翁方纲、刘铨福收藏，后流往日本。2008年余从日本征得，入同年十二月拍卖。终为台湾私人以港币六万二千五百元购得，现存中国"。可知，如今此册页仍保存于台湾收藏家手中。

翁方纲的《雪浪石盆铭记》作于嘉庆元年七月，为我们研究雪浪盆铭提供了许多珍贵资料。首先是拓本本身，能让我们直观看到雪浪石盆铭的原貌；二是提供了可信的雪浪石盆及口沿尺寸，因其记录尺寸的目的明确，就是为日后复原石盆所用，因此数据应当可信；三是说明了石盆铭刻已被俗人磨掉，而且有罗碧泉学士亲访雪浪盆铭，亲眼所见已被磨毁，并建议翁氏重新勒制雪浪石盆。这样，就明确显示出翁氏拓本为真正的苏轼雪浪石盆铭原刻本，是真品，而现存雪浪石盆及盆铭与原刻本不相匹配，而是重刻本。

纵观翁氏拓本本身，系由十三开拼接而成圆形，之间界限分明，每开4或5字。字迹保存尚好，清晰可辨，字体瘦长，笔画细腻。《书道全集》曰："其字体紧凑劲瘦，结构俊秀挺拔，与苏轼其他雍容饱满的书风不同，可见唐楷之品位。做为苏轼与众不同的书体，别有风味。"马成名先生则言："独此盆苏书书法瘦润清朗，全从虞世南出，颇有绵里

裹针之势 。"这些特征与现存者形成鲜明对照,后者的字体和笔画显得肥厚、呆板。

依拓本观察,盆口沿的保存状况尚佳,口沿内外侧无破损、脱落现象。可见三处断裂,一处在"月"字与"辛"字之间,月字受到影响。一处在"蜀"字与"两"字之间断开,两字略遭损伤。一处将"水"字断开,下部伤残。口沿显示,自然风化和人为琢磨较为严重,部分字迹伤痕累累,漫漶不清。这些特征与现存雪浪石盆的断裂和琢磨状况明显不同。

翁氏记述了雪浪石盆直径和口沿的尺寸,即石盆内径纵径四尺五寸,换算为150厘米;横径四尺四寸五分,换算为148厘米,表明盆口不是正圆形,稍有偏差;盆口沿宽三寸(五寸)四分,换算为11或18厘米;合外内计需用石料径围五尺二寸(五寸),换算为173或183厘米。如果按纵径计算,石盆直径当为172厘米或186厘米。由于盆口沿的尺寸不同,使两者相差14厘米。翁氏最后又说到"盆口宽三寸四分亦可",应该理解为原盆口沿宽五寸四分(18厘米),重新制作石盆时,可将口沿缩小为三寸四分(11厘米),那么,如按原盆尺寸做直径当为186厘米,若缩小口沿尺寸直径当为172厘米。如是,翁氏提供的雪浪石盆尺寸与现存石盆口径存在很大的差异,现存者内径100厘米,外径130厘米。翁氏者内径150厘米,外径为186厘米。仅从石盆的大小而言,两者的差距不言而喻。

翁氏明确指出,此拓本为苏轼真本,甚为珍贵,而原盆铭已被人磨毁,并有人亲眼目睹为证。翁方纲依苏轼雪浪石诗韵所作《苏斋雪浪石盆铭研》诗言及此事。诗曰:

"松屏大字松云屯,如对大茂山灵尊。

我得残缣日瞻拜,古墨为我开烟昏。

恰闻盆铭字被毁,伐石夜梦常山村。

书生习气癖铭研,苏斋研本依苏门。

一规圆影写明月,两孙画水来精魂。

诗髓凭将片石叩,笔势悟人苍松根。

秋毫不见缩小迹,天然岂有巉凿痕。

径摹公像代公说,一卷聊抵万象论。

公之斋名即禅偈,铭字非字盆非盆。

石中无声水亦静,云何石中此理存"。

对此,沈树镛也有考证,认为此《雪浪石盆铭》确是原刻真本,乾隆三十一年之后不久被磨毁。近日所传墨拓,皆重刻本。叶廷琯则认为,坡公此铭字,清劲秀伟,大似《荔子碑》笔意,且旧刻已磨灭,弥可宝贵。今定州学有重刻本,虽亦回环刻于盆口,而字体较小于旧刻者，半圆熟亦不类坡书，并疑盆非旧物。然赏鉴家往往误以赝鼎为真也。民国二十三年的《定县志》也有相关记载："刻铭盆口后人重刻，失其真矣。据此，则移置众春园者复刻本也。"根据以上诸家考证，现存的雪浪石盆铭当为重刻本无疑。

雪浪石盆铭磨毁和重刻的时间，大约限于嘉庆元年之前，乾隆丙戌之后这段时间（30年）内。但是，值得疑虑的是，乾隆皇帝诸多的诗文中，特别是两篇考证文章，皆无提及雪浪石盆铭磨毁或重刻之事。至于雪浪石盆铭是被什么人磨毁的，只有杨沂孙一人提到过。他在题跋诗文中有"乾隆中叶瓮无恙，忽有内监入祇园。少见多怪叱磨去，僧俗承意不欢言"之诗句，认为此事与宫廷内监有关，不知资料来自何方。

四　吴儁藏雪浪石盆铭拓本

吴儁所藏雪浪石盆铭拓本，现存国家图书馆，是两幅整装巨型雪浪石盆铭拓本。吴儁，字子重，号南桥、冠英，清乾隆三十七年进士，以三绝擅长，写真尤得古法，亦工篆刻。此拓本重装弄于同治七年（1868 年），题跋甚多，计有十三则（图九）。

图九　吴儁藏雪浪石盆铭题跋

杨沂孙题跋五则

1. "雪浪石瓮铭左回。江阴吴子重藏本"。

2. "雪浪石瓮铭右回。吉羊居士书"。钤印：子舆。

3. "东坡先生《雪浪石瓮铭》旧拓本左幅，同治七年（戊辰，1868）岁次戊辰十月望日，暨阳吴子重装弄，海虞杨子舆题识，李斗籢同观"。钤印：吉羊居士。

4. "东坡先生《雪浪石瓮铭》旧拓本右幅。同治七年岁次戊辰十月望日，暨阳吴子重装弄，海虞杨子舆题识，钱仲谦、赵次侯同观"。钤印：咏春。

5. "雪浪奇峰久化去，止余丈八芙蓉盆。

赖有坡公铭刻在，回环可读手可扪。

定州古院久供置，如古鼎甋盘罍尊。

卺酒公湅实已鼇，云回雷转文未昏。

又如飞仙既尸解，所居洞屋留乾坤。

岂无邱垄藏体魄，难从尘块追精魂。

譬公证果归兜率，游历之境犹可论。

扰颖常画等瓮盎，迁谪游宦偶著痕。

以瓮寓石作宾主，如公得由为弟昆。

离合成毁足悲慨，鸾凤失偶篪无埙。

自公去定芸叟继，石势已变水不喷。

不知何年就湮泐，偕公灵气归九阍。

铭辞昭回五十六，芒角光怪珍与璠。

迄今已逾七百载，纪年溯自绍圣元。

暨阳吴君得旧拓，欣喜示我言烦冤。

乾隆中叶瓮无恙，忽有内监入祇园。

少见多怪叱磨去，僧俗承意不欢言。

鸿文一旦竟澌灭，奇迹终古遭厄屯。

或瓮久畏捶拓苦，斫雕为朴避繁喧。

或瓮久耻文辞竞，销光灭迹匪批根。

瓮石光离铭又沫，归之气数惟怨恩。

自此拓本愈常有，得者不异瓮石存。

装两巨幅绝奇特，如月生晕天仪浑。

古镜悬室壁分合，无极太极剖浑沌。

爱古如斯岂数见，无独有偶惊愚芚。

但求此日快心意，何计异日示子孙。

莫愁屋窄不可挂，有友为尔开衡门。

煮茗釃酒集同调，编篱插枳启楹轩。

即看粉壁埒百丈，古书名画悬缤缮。

我将从君日谈谦，如庄得画期无谖。

子重先生老兄教正，虞椒杨沂孙应题。"

钤印：吉羊居士，咏春（图一〇）。

杨沂孙（1812～1881 年），字子舆，一作子舆，号泳春，晚号濠叟，江苏常熟人。道光二十三年（1843 年）举人，官至凤阳知府。工钟鼎、石鼓、篆隶，与邓石如颉颃。

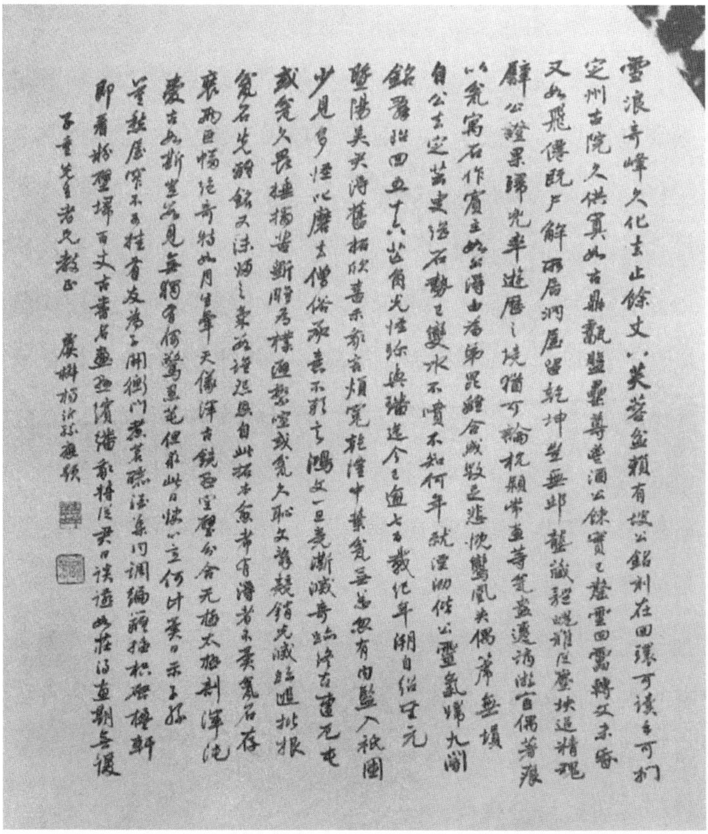

图一〇　杨沂孙题跋

气魄不及，而丰神过之。偶刻印，亦彬雅迈伦。

沈树镛跋："坡公书自遭党禁之后，其存于世者十无一二。此《雪浪石盆铭》尚是原刻真本。盆与石皆在定州。康熙初临城令宋庆（广）业自定州移置临城，建亭凿池。宋去后变为马厩，至乾隆丙戌赵州刺史李文耀始移回定州众春园，未几又被磨毁。近日所传墨拓，皆重刻本矣。按公于元祐八年甲戌以龙图端明两学士出知定州，至明年癸酉，绍圣改元。章惇用事左迁英州，旋贬惠州。书是铭时为四月辛酉，盖公即于是月去定州也。同治己巳夏五月子重先生出示是铭整幅真本，因附书之，时同客吴门。沈树镛 。"

沈树镛，清代藏书家、金石学家。字均初，一字韵初，号郑斋，川沙城厢（今浦东新区川沙镇）人。咸丰九年中举，官至内阁中书。生平收藏书画、秘籍、金石甚丰。尤对碑帖考订精辟。沈树镛此跋中所说"康熙初临城令宋庆（广）业自定州移置临城，建亭凿池。宋去后变为马厩，至乾隆丙戌赵州刺史李文耀始移回定州众春园"有误，这些说法来自乾隆皇帝雪浪石的考证文章。但是，乾隆皇帝所谈的是后雪浪石，而沈树镛将其移花接木，误用于前雪浪石，即东坡雪浪石，有张冠李戴之嫌。

叶廷琯题跋："坡公此铭字，清劲秀伟，大似《荔子碑》笔意，且旧刻已磨灭，弥可宝贵。今定州学有重刻本，虽亦回环刻于盆口，而字体较小于旧刻者，半圆熟亦不类坡书，并疑盆非旧物。然赏鉴家往往误以赝鼎为真也。获观子重藏本附识之。戊辰季冬，吴门叶廷琯，时石渠同观并书"（图一一）。

叶廷琯（1791～1868年），号调生，又号苕生，自号龙威遴隐，吴县（今江苏苏州）人。工铁笔，苍劲可爱。尝论历代印学原原本本，殚见洽闻。据叶廷琯的题跋可知，他还亲眼见过当时定州学的重刻本，字体比原刻本要小，字形不一，这一信息成为辨别原刻本和重刻本的重要依据。

李迁□题跋：

"飞狐山色何峥嵘，直与太华相争衡。

崩崖断石天中落，更无人识埋荆榛。

坡公睹此托奇绝，辇致座右逾晶莹。

石间奔流□水变，曲阳丈八盆相□。

天□诡状出山骨，疑是鬼斧为扳擎。

□以清泉□其顶，迅若飞雨云涛生。

自名高斋曰雪浪，盆边镌刻铭词精。

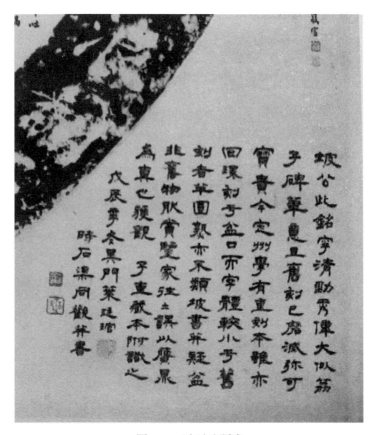

图一一　叶廷琯题跋

未几迁谪公南征，芸叟接守盆石倾。

作诗正欲寄岭外，公将归北俄骑鲸。

抬魂万里些词苦，人亡石在徒心怦。

即今盆铭垂千载，回文虽诵鸣韶韺。

吴君持示旧拓本，字迹剥蚀留精英。

想见伏流潄寒玉，耳边直有飞涛声。

戊辰十月题奉，冠英仁兄大人指正。

虞山李迁□"。

　　另外，还有吴大澂等数则题跋，因受图片资料清晰度的限制不能识别，在此从略。在上述题跋中，也有少许文字暂不能辨别，尚待来日填补纠正。

　　吴儁雪浪石盆铭拓本除保存状况较差外，与翁方纲者无二，当拓自同一母体。由于残断加剧，琢磨、脱落严重，约有四分之一的字体难以辨别。从题跋可知，此拓本重装裱于同治七年（1868 年），但锤拓和收藏时间不得而知，从保存状况看来，锤拓时间应该明显晚于翁氏者。翁氏拓本是嘉庆元年装裱并作《雪浪石盆铭记》，此时该盆铭已被磨毁，因此翁氏拓本和吴氏拓本均当拓制于嘉庆元年以前。鉴于吴氏拓本保存状况较差，其锤拓的时间要比翁氏者更晚些。

根据翁方纲、沈树镛等考证，以上二拓本当为苏轼书法真迹，堪为瑰宝。此铭字体清劲秀伟，瘦润疏朗，似与所见苏轼书风不同，是其书法艺术之上品。

雪浪石盆铭原刻本与重刻本比较，区别可归纳为三，一是两盆的尺寸差距较大，二是两盆铭刻的字形和大小差异明显，三是两盆的断裂磨蚀状况和位置不同。雪浪石盆铭原刻本被磨毁的时间被界定于乾隆中叶之后。

五 翁方纲缩雪浪石盆铭砚拓本

在网络查询中得一图片，与翁方纲缩雪浪石盆铭做砚有关，现将此材料附于此。从题签一"翁苏斋缩夫容盆諸砚挩本补画雪浪石图"可知，该雪浪石盆铭砚拓本是翁方纲作品，其内雪浪石图形是后来补画的。从题签二"苏斋学士缩雪浪盆铭作砚，今藏叶氏平安馆。道光辛巳（1821 年）春日，汉阳叶志诜识"又知，翁氏所制作的砚在道光元年藏于叶志诜的叶氏平安馆。据《翁方纲年谱》载"（嘉庆元年）七月，先生撰《雪浪石盆铭记》，并摹苏轼《雪浪石铭砚背铭》"可知，翁氏摹写的砚背铭作于嘉庆元年，制砚也应该摹写铭后不久。至道光元年，翁氏所藏之砚已被叶志诜收藏（图一二）。

叶志诜（1779～1863 年），字东卿，号遂翁、淡翁，湖北汉阳人。清学者，藏书家，善书法，学问渊博，游于翁方纲、刘墉门下。长于金石文字之学，能辨其源流，剖析毫芒。收藏金石、书画、古今图书甚富。藏书楼有"简学斋"、"平安馆"等，藏书印有"叶氏平安馆记"等。

在拓本圆环内，由蔡哲夫和谈月色夫妇合作绘雪浪石图一幅。雪浪石图右侧为蔡哲夫题跋："雪浪石归吾南社于赵庐，曾以四面摄影寄余索图。戊午（1918 年）腊八日，谷九峰以芙蓉盆原拓寄赠庐可，即于寿苏会上抚石形入拓本，赵石禅为长句题之。今岁集同社继为斯会，会后得是脱，与比丘尼古溶同缋此石，聊为明年寿苏作供，守记庚申（1920 年）除夕。"

蔡哲夫，原名守，一作有守，字成城，号寒琼、寒翁、寒道人、茶丘残客、折芙。斋堂为茶丘、寒庐、有奇堂、唝雪庵、砖镜斋、二条一麈、寒琼水榭、茶四妙亭。广东顺德

146

图一二　翁方纲缩雪浪石盆铭拓本题跋

龙江乡人。早年加入南社，襄助黄节和邓实主办《国粹学报》，刊辑《风雨楼丛书》，与王秋湄、潘达微合编《天荒画报》。谈月色（1891～1976年），女，原名古溶，又名溶溶，晏殊诗有"梨花院落溶溶月"句，遂字月色，以字行，晚号珠江老人。因行十，又称谈十娘。斋名梨花院落、茶四妙亭、旧时月色楼、汉玉鸳鸯池馆。广东顺德龙潭乡人。工诗善书画，篆刻、瘦金书、画梅驰誉海内外。

另外，还有题跋二则。

沈赞清题诗：

"神物摩挲绍圣前，默参显晦岂徒然。

一拳自拔风尘里，百事难争造化先。

想见东坡如汝寿，来皈南社得天全。

披图尽有飞空意，却辩微吟欲破禅。

寒琼仁兄属题，辛酉（1921）三月滨庐居士沈赞清"。

陈海瀛题诗：

"雪浪芙蓉尽入图，可能傲得两孙无。

物归所好终须致，天与为缘自不孤。

南社长留诗卷在，苏斋好把砚铭摹。

休夸叶氏平安馆，还让词人蔡哲夫。

寒琼吾兄雅正，无竟陈海瀛。"

沈赞清（1868～1943年），字演公，又字雁潭，福建福州人。诗宗宋人，喜为隽语，能古文辞。书学钱沣，运笔圆润劲拔，气度绝凡，有独到处。所作山水画，清逸中颇蕴书卷气。陈海瀛（1882～1973年），字无竞，福州人。福建省文史研究馆馆员，以诗词抒写新事物，获当代闽中古典派推崇。

在上述绘画和题跋可见，图画中雪浪石画工细腻，呈黑色，白色纹脉不显，上有"雪浪"二篆字。仅从外形、纹饰和色泽看来，肯定不是东坡雪浪石。石上"雪浪"二字当是后雪浪石的重要标识，但后者为太湖石，形状及不相像，也不是后雪浪石。从形体特征看来，很像是保存于金山寺的大雪浪石，这与大雪浪石的流传经过与绘画者的题记内容也很相符。据考证，大雪浪石于民国年间曾收藏、流传于南京附近，解放初年被藏家赠予金山寺为镇寺之宝。据蔡哲夫1920年题跋，该大雪浪石当时保存于南社，他们的画作是依照大雪浪石照片摩画而成。南社是一个曾经在中国近现代史上产生过重要影响的资产阶级革命文化团体，群集文人雅士，以研究文学，弘扬爱国热情，光大中华民族传统文化为宗旨。因此，大雪浪石被南社收藏，品玩当在情理之中。

题跋中还提及"戊午（1918年）腊八日，谷九峰以芙蓉盆原拓寄赠庐可，即于寿苏会上抚石形入拓本，赵石禅为长句题之"。因未见图片，这幅雪浪石盆铭拓本是原刻本还是重刻本不得而知。

第五章 雪浪石图

苏轼发现雪浪石并赋诗后，雪浪石成为当时最为引人瞩目的怪石珍品，并受到文人、画师的青睐。绘画是赏石艺术的重要手段，依据苏轼雪浪石诗中"画师争摹雪浪势"诗句，可知苏轼在定州期间就有不少画师摹写雪浪石，但图画无存。另外，苏轼还在雪浪斋前立雪浪石图碑刻一通，中上部即为雪浪石图画，可惜的是此碑已经遗失，现存者疑为清代重刻本。文献所见最早的雪浪石图载于明万历四十一年林有麟编纂，在中国赏石史颇具影响的《素园石谱》，但林氏提供的雪浪石图与真实的雪浪石比较谬之千里，毫无关系。现仅介绍清乾隆皇帝主导的宫廷画师绘制雪浪石的四幅画作，其中一幅存于承德离宫博物馆，其余藏故宫博物院，在《石渠宝笈续编》中，除董邦达绘制的《众春园和雪浪石图》外，都有著录。这些雪浪石图画都为乾隆时期宫廷画师的杰作，也是难得的中国赏石文化艺术珍品。

张若霭画《雪浪石图》

乾隆十一年，乾隆皇帝巡幸五台，十月回銮，驻跸定州，不知为什么，他未进行宫众春园，自然没有见到雪浪石。据《定州志》载："（丙寅）乾隆十一年冬十月，高宗纯皇帝驻跸定州。九月幸五台回銮，至十月由正定至定州，驻跸众春园"，记载有误。因为，在本年十月上浣雪浪石《三叠前韵》诗中，有"沃之以水跳珠沫，翠影仿佛浣花村。曾闻此语半疑信，惜哉未访荒园门"之句，在乾隆十五年《咏众春园》诗自注中，"丙寅冬经定州未至此园，命张若霭图之以归"，乾隆皇帝自己说的清清楚楚。

这是乾隆皇帝第一次莅临定州，出于对苏轼的崇敬和对雪浪石的喜爱，他诗兴大发，在定州他一气写下了《定州览古》一章，用苏轼原韵《题雪浪石》二章，以抒发对定州，特别是对雪浪石的情感。从他所作的第一首《雪浪石用苏东坡韵》"何人好事惜废堕，覆之以亭承以盆。邵忆晴窗哦日课，雪浪早入予思存"诗句可知，他虽然未亲眼目睹雪浪石，来前的确做好了功课，听说雪浪石保存完好，有雪浪亭保护，他非常满意，这是当年十月上半月的事情。乾隆皇帝虽然没有到现场观赏，却命内阁学士、宫廷画师张若霭到众春园，现场摩画雪浪石和众春园图。

《雪浪石图》"宣德笺本，纵五尺五寸九分，横九寸八分，淡设色，画苏轼雪浪石"。张若霭，字晴岚，安徽桐城人，雍正十一年（1733年）进士，乾隆帝亲授内阁学士、礼部侍郎，入直南书房，官至礼部尚书，袭伯爵。以书、画供奉内廷，善画山水、花鸟（图一）。

张若霭笔下的《雪浪石图》并不是僵硬地对雪浪石、盆的写真，而是依据雪浪石、盆文化内涵的艺术创作，是作者赏石深切意境的表现。雪浪石的特质是黑石白脉，白色纹理在黑色石底上显得突出，如同雪浪翻滚，又似"石间奔流，尽水之变"，既有"切凭造物开山骨，已见天吴出浪头"的气势，亦有"老翁儿戏作飞雨，把酒坐看珠跳盆"观赏氛围。画师为表现雪浪石、盆富有诗意的内涵，将雪浪石的外形轮廓作了夸张性的勾勒，使其更有山石高低错落之感。黑石的底色设为白色，白脉则设为暗色纹理或斑点。石盆画的更加精致，纹饰丰富多样，盆中的波浪起伏波纹也设为暗色。经过画师的创作、构图，使雪浪石变的栩栩如生，其内涵诗意表现的淋漓尽致。正像单国强先生所言，"突出表现激水盆中，水珠跳溅，石面白浪翻滚的景象，于是石色变成了弥漫着水汽珠沫的白色，黑色则表示雪浪翻滚所掀起的波涛，而盆内之水因激水起浪，自然也成为波浪起伏的暗色。如此艺术处理既切合诗意，又不落俗套，画法亦写实而不拘泥于形似，突出了'雪浪'意趣"。

乾隆皇帝回宫后，端详着张若霭所画《雪浪石图》，甚是端庄秀丽，爱不释手，即兴作丙寅初冬《西巡返辔过定州命张若霭图雪浪石即用东坡原韵》诗一首，并亲笔题跋于《雪浪石图》上方最显眼的位置（图二）。另外，乾隆皇帝又书写一遍，题目略作改动，曰丙寅孟冬上瀚《命张若霭图雪浪石三叠前韵》，命州官勒石嵌壁，置于众春园御书亭。同时，乾隆皇帝还命张若霭将东坡真迹《雪浪斋铭》临摹在画面上方乾隆皇帝御笔两侧（图三）。张若霭还受命作和诗一首，题写于图画的左下角，落款为"臣张若霭恭和并图"（图四）。在乾隆皇帝之后的诗文中，对张若霭所绘《雪浪石图》给予了很高的评价，"沃之以水跳珠沫，翠影仿佛浣花村"、"壁张欲出云烟气，烛照曾无笔墨痕。两孙绝技亦已擅，兴来拟唤耄翁论"，画面大有乾隆皇帝在太子时期吟咏雪浪石时"雪自天上降，浪从海面生"的景象。这是乾隆皇帝主导在《雪浪石图》上的第一次题跋。

张若霭在伴驾西巡途中生病，他带病完成了《雪浪石图》及众春园图稿后提前回京，当年病逝，卒年三十四岁。乾隆皇帝对张若霭的去世既惋惜又思念，在之后咏雪浪石诗文

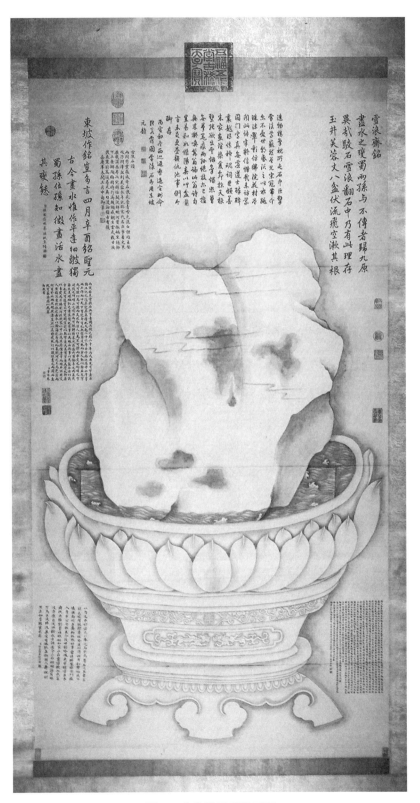

图一 张若霭画雪浪石图

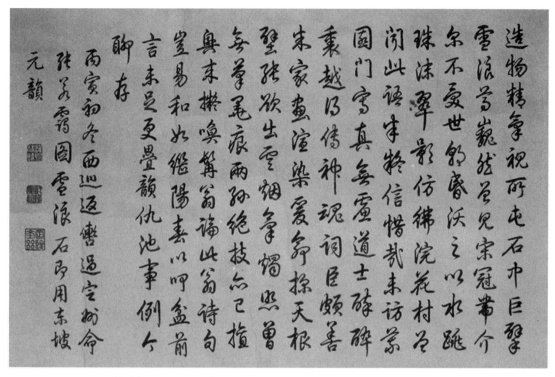

图二　乾隆御题丙寅初冬《西巡返跸过定州命张若霭图雪浪石即用东坡原韵》

中常常提及，乾隆丙戌在临城发现后雪浪石，他命张若霭之弟张若澄前去绘制完成了《后雪浪石图》，并御题诗文以示怀念之情。他说："若霭昔图石，谓已传其神。今复雪浪出，难唤泉下人"。

董邦达画《众春园和雪浪石图》

乾隆十一年十月十六日，乾隆皇帝回到皇宫，此时张若霭或是病重，或已离世，他另命画师董邦达依据张若霭所绘众春园和雪浪石稿本，绘制完成了《众春园和雪浪石图》。乾隆皇帝作乾隆丙寅孟冬下澣《携众春园并雪浪石稿本命董邦达图之四叠前韵》，御题于画面之上，并命定州官员将此诗刻石嵌壁。董邦达和张若霭是同年进士，好友，诗文中"丹青思命传神手，塾师徒遇三家村"似是对他们的褒奖。董邦达，字孚存、争存，浙江富阳人。雍正十一年进士，乾隆二年授编修，官至礼部尚书。善书、画，篆、隶得古法，山水取法元人，善用枯笔。与董源、董其昌并称"三董"，以书画供内廷。不知何因，董氏所绘《众春园和雪浪石图》在《石渠宝笈续编》中没有著录。

张若澄画《后雪浪石图》

乾隆三十一年，赵州守李文耀在临城掘得题有'雪浪'二字的太湖石，乾隆皇帝闻讯

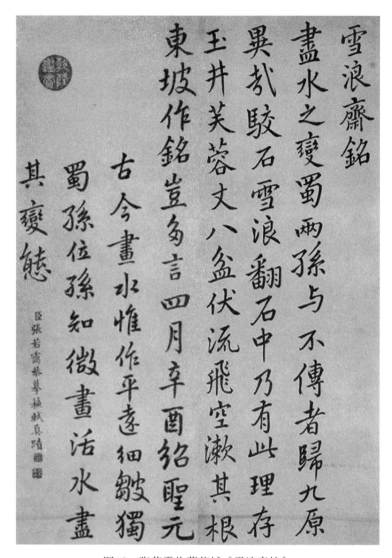

图三 张若霭临摹苏轼《雪浪斋铭》

后，命运到定州众春园，安放于东坡雪浪石之后。同时，"既命张若澄往绘其状以归，与其兄若霭旧图，并藏之《石渠》"。

张若澄《后雪浪石图》，宣德笺本，纵五尺七寸，横二尺八寸，水墨画盆中雪浪石。石上飞白篆"雪浪"二字，落款臣张若澄奉敕敬临。张若澄，字镜壑，安徽桐城人，张若霭之弟。乾隆十年进士，官至内阁侍读学士兼礼部侍郎衔，善书画。乾隆皇帝欣喜地观看着张若澄的《后雪浪石图》，想起二十年前成功摹画《雪浪石图》后离世的张若霭，兄弟相继，不禁思念万分，动情吟诗一首，并亲笔题写在《后雪浪石图》画面之上。"若霭昔图石，谓已传其神。今复雪浪出，难唤泉下人。其故见长记，兹弗更赘言。然不可无图，

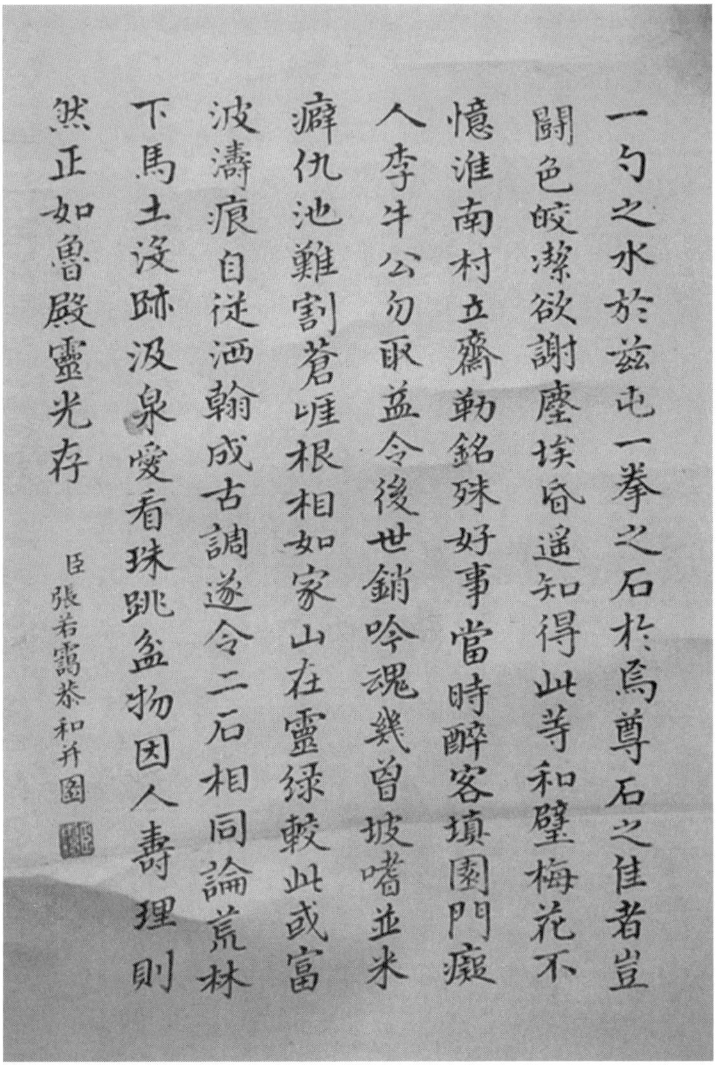

图四　张若霭题诗

若澄其继昆。况匪嘉陵遥，来往数朝昏。宛然片石峰，水活蜀两孙。元方与季方，孰假又孰真。坡翁笑轩渠，总非意所存。"落款为"命张若澄图雪浪石，诗以志事，丙戌暮春月中澣，御笔。"此画现存故宫博物院，因无法查阅画本而不知其详。

钱维城画《前、后雪浪石图》

钱维城所绘《前、后雪浪石图》为长手卷，宣纸本，纵九寸，横六尺一寸，水墨画二石。标曰旧贮雪浪石，曰新得雪浪石。此画显然是受命而作，年代不详，应作于张若澄绘就《后雪浪石图》之后，很可能是按乾隆皇帝的意图而为。钱维城，字宗磐，江苏武进人。乾隆十年状元，官至刑部侍郎。善书画，曾经董邦达指导，为画苑名家。

在画面之上，钱维城恭录有乾隆御制《雪浪石记》，此记亦见于张若霭《雪浪石图》，由于敏中敬书。钱氏恭跋曰："考证之学，期于精详。神而明之，要在参互。若乃因言见道，即物穷理。不著迹象，自然宏通。斯则俯视群言，咸尊制作。我皇上多能天纵，富有日新。发辉天文，涵括万品。芜体不备，无美不臻。兹宋臣苏轼雪浪石，先后出大吏以状陈。皇上几余考镜，撅翰为记。尺幅之中，灏气流转。千变万化，不可端倪。所谓绛云在霄，舒卷自如者，又不足以尽之矣。郑樵之考校石经，欧阳之论辩石鼓，夫安足云。臣忝侍禁廷，景星庆云，先睹为幸，不胜钦仰，恭录圣制本文，并敬绘二石于帧端，以示缘起"。因不见钱维城绘《前、后雪浪石图》画本，画面详情不得而知。

相比之下，乾隆皇帝最喜欢的还是张若霭的《雪浪石图》，在围绕雪浪石研究考证，吟诗作画的三十多年中，乾隆皇帝曾主导过三次题跋。第一次题跋是乾隆皇帝第一次幸临定州，由张若霭绘就《雪浪石图》的乾隆十一年，题跋内容前文已述。第二次题跋则发生在二十年后的乾隆三十一年，这一年在临城发现了后雪浪石，乾隆皇帝命将其迁移至定州众春园，置于东坡雪浪石之前。为此，乾隆皇帝亲自撰写了考证文章《雪浪石记》，命于敏中书写于图的右下角（图五）。于敏中在跋中说："因方观承所得临城片石而作也。二物之孰为中山旧物，故难深考。伏读圣记，谓形之歌貌之图者，自在东坡之雪浪石，而不在炮石片石之间。则二物之是非真伪，无庸复辨，且均不朽矣。既命张若澄往绘其状以归，与其兄若霭旧图，并藏之《石渠》。臣亦得奉敕书记于两帧间。载笔之荣，奚啻卷石之附尘岱岳哉。臣于敏中敬书并识"。

于敏中，字叔子，江苏金坛人。乾隆二年中一甲一名进士，授翰林院修撰，官至文华殿大学士兼军机大臣。

第三次题跋发生在乾隆五十七年，这是乾隆皇帝第六次驻跸众春园，也是最后一次拜谒雪浪石。他在众春园抚摸着雪浪石，作诗四首，命刻石留存。更重要的是完成了他的第二篇考证文章《雪浪石后记》，命董诰书于《雪浪石图》的中部左侧（图六）。董诰，字雅伦，浙江富阳人。董邦达之子，与其父有"大、小董"之称，乾隆二十九年进士，善书画，官至东阁大学士、太子太傅。

嘉庆皇帝对张若霭的《雪浪石图》也非常喜爱，他亲自完成了该画的第四次题跋。嘉庆十六年，嘉庆皇帝巡幸五台，回銮驻跸众春园，作《雪浪石赞》一首，亲笔书写于张若霭《雪浪石图》画面上方，乾隆御题诗左侧。他还命州官将此赞铭刻于乾隆御制碑侧（图七、图八）。

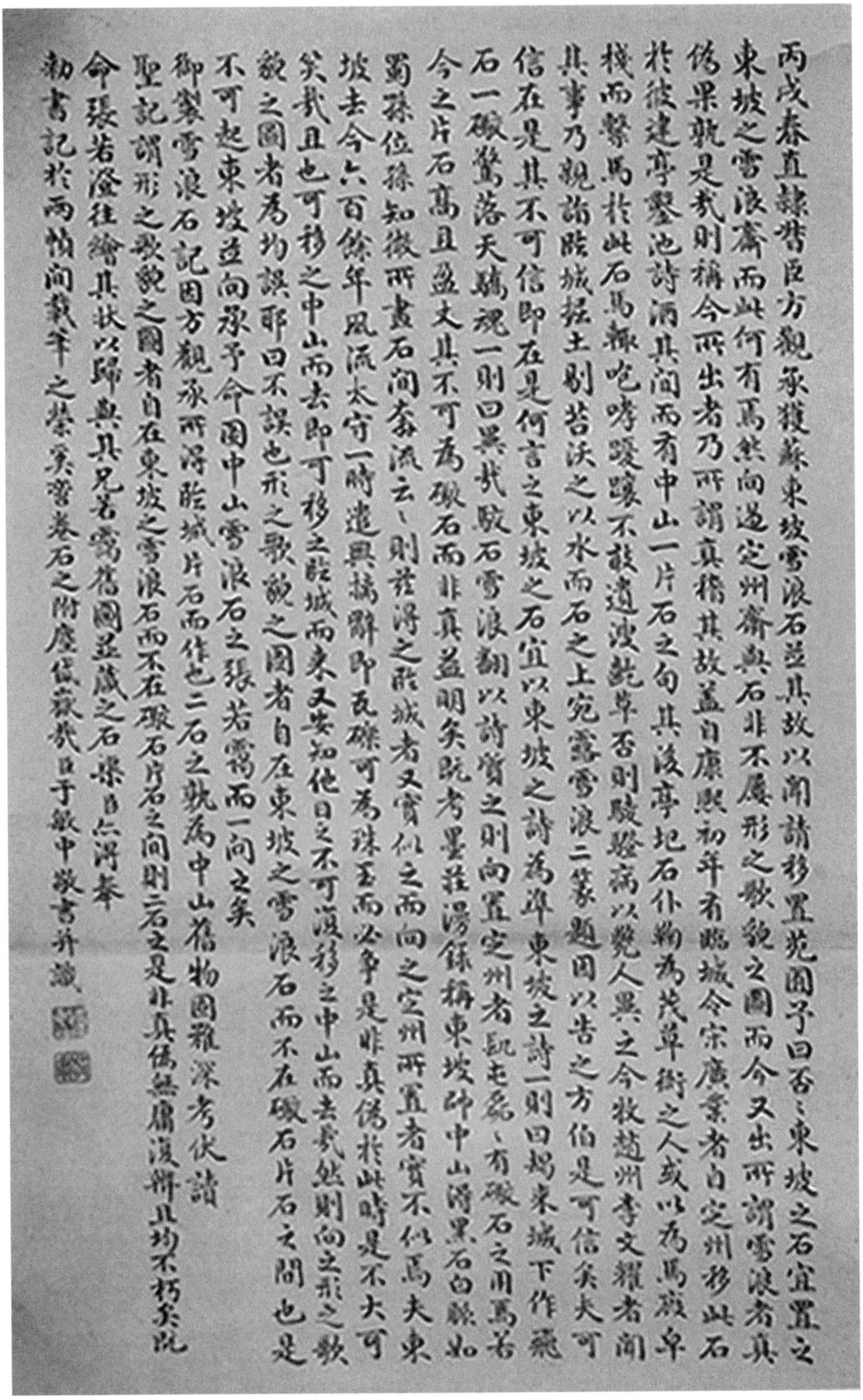

丙戌春直隸督臣方觀承獲蘇東坡雪浪石並其故以聞請移置苑囿予曰否否東坡之石宜置之
東坡之雪浪齋而此何有焉然而邇定州齋與石非不屬形之歌詠之圖而今又出所謂雪浪者真
偽果孰是哉則稱今所出者乃所謂真稱其故蓋自康熙初年有臨城令宗廣業者自定州移此石
於彼建亭鑿池詩酒其間而有中山一片石之句其後亭圮石仆鞠為茂草街之人或以為馬廄皁
棧而繫馬於此石焉齕咋蹂躪不能遠避就草否則駿騾漓以幾人異之令牧趙州李文耀者聞
其事乃親詣臨城掘土剔苔沃之以水而石之上宛露雪浪二篆題因以告之方伯是可信矣夫可
信在是其不可信即在是何言之東坡之石宜以東坡之詩為準東坡之詩一則曰揭來城下作飛
石一礙驚落天驕魂一則曰異哉駮石雪浪翻以詩證之則向置定州者既屹然有礙石之用焉若
今之片石高且盈丈其不可為礙石而非真益明矣既考墨莊漫錄稱東坡郡中山得黑石白脈如
蜀孫位孫知微所畫石間奔流云云則茲得之臨城者又實似之而向之定州所置者實不似焉夫東
坡去今六百餘年風流太守一時遣興搞擲即瓦礫可為珠玉而必爭是非真偽於此時是不大可
笑哉且也可移之中山而去即可移之臨城而來又安知他日之不可復移之中山而去哉然則向之形之歌
詠之圖者為均誤耶曰不誤也形之歌詠之圖者自在東坡之雪浪石而不在礙石片石之間也是
不可起東坡並向琢予命圖中山雪浪石之張若靄而一問之矣
御製雪浪石記因方觀承所得臨城片石而作也二石之孰為中山舊物固難深考伏請
聖記謂形之歌詠之圖者自在東坡之雪浪石而不在礙石片石之間則二石之是非真偽無庸復辨且均不朽矣既
命張若澄往繪其狀以歸與其兄若靄舊圖並藏之石渠臣亦得奉
敕書記於兩幀間幾年之榮實審卷石之附麗似藏焉臣于敏中敬書並識

图五　于敏中书乾隆御制《雪浪石记》

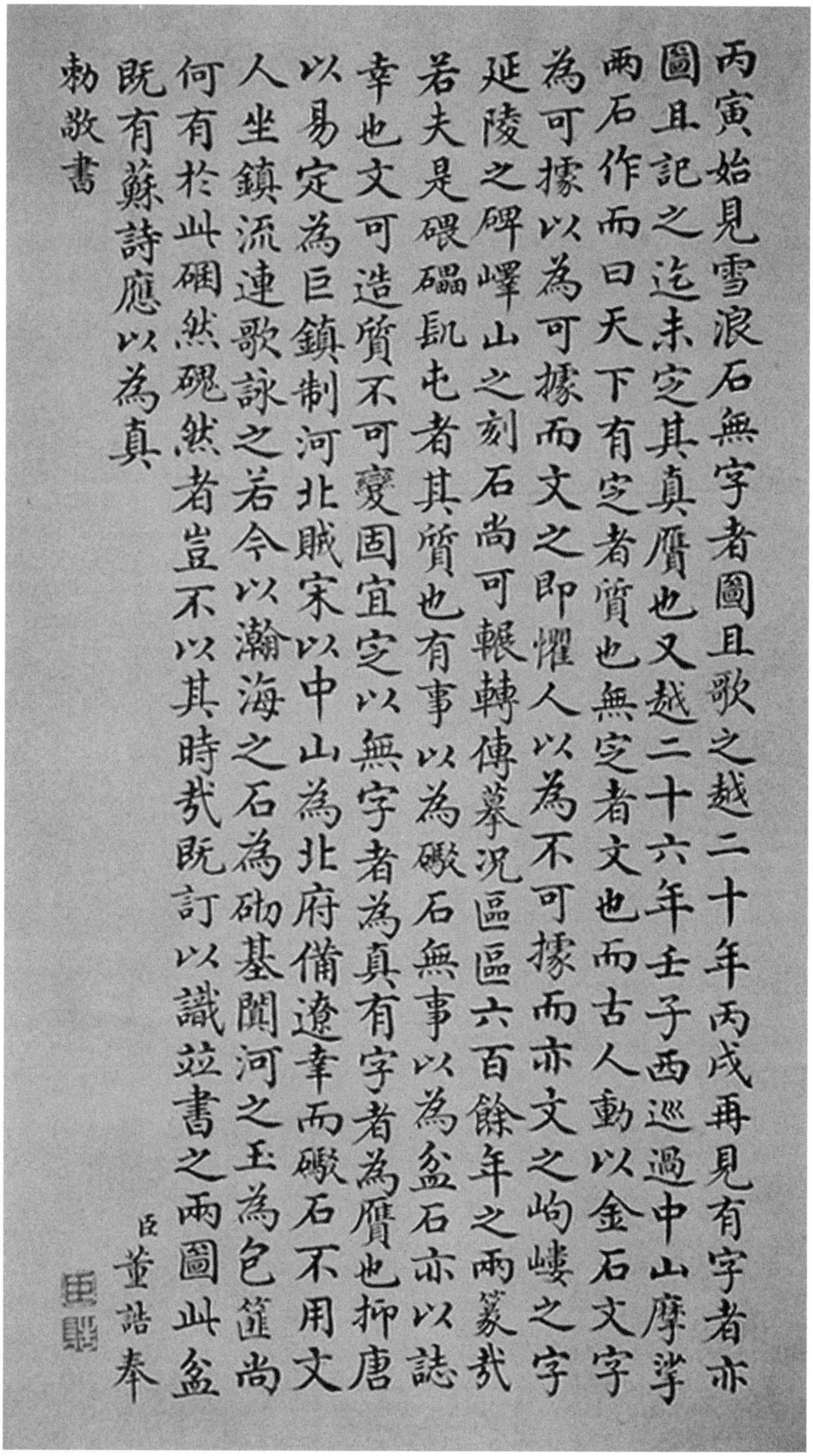

丙寅始見雪浪石無字者圖且歌之越二十年丙戌再見有字者亦
圖且記之迄未定其真贗也又越二十六年壬子西巡過中山摩挲
兩石作而曰天下有定者質也無定者文也而古人動以金石文字
為可據以為可據而文之即懼人以為不可據而亦文之岣嶁之字
延陵之碑嶧山之刻石尚可輾轉傳摹況區區六百餘年之兩篆歟
若夫是碨礧硱屯者其質也有事以為碨石無事以為盆石亦以誌
幸也文可造質不可變固宜定以無字者為真有字者為贗也抑唐
以易定為巨鎮制河北賊宋以中山為北府備遼羍兩碨石不用文
人坐鎮流連歌詠之若今以瀚海之石為砌基閩河之玉為色筐尚
何有於此碙然硯然者豈不以其時我既訂以識竝書之兩圖此盆
既有蘇詩應以為真

臣董誥奉
敕敬書

图六　董诰书乾隆御制《雪浪石后记》

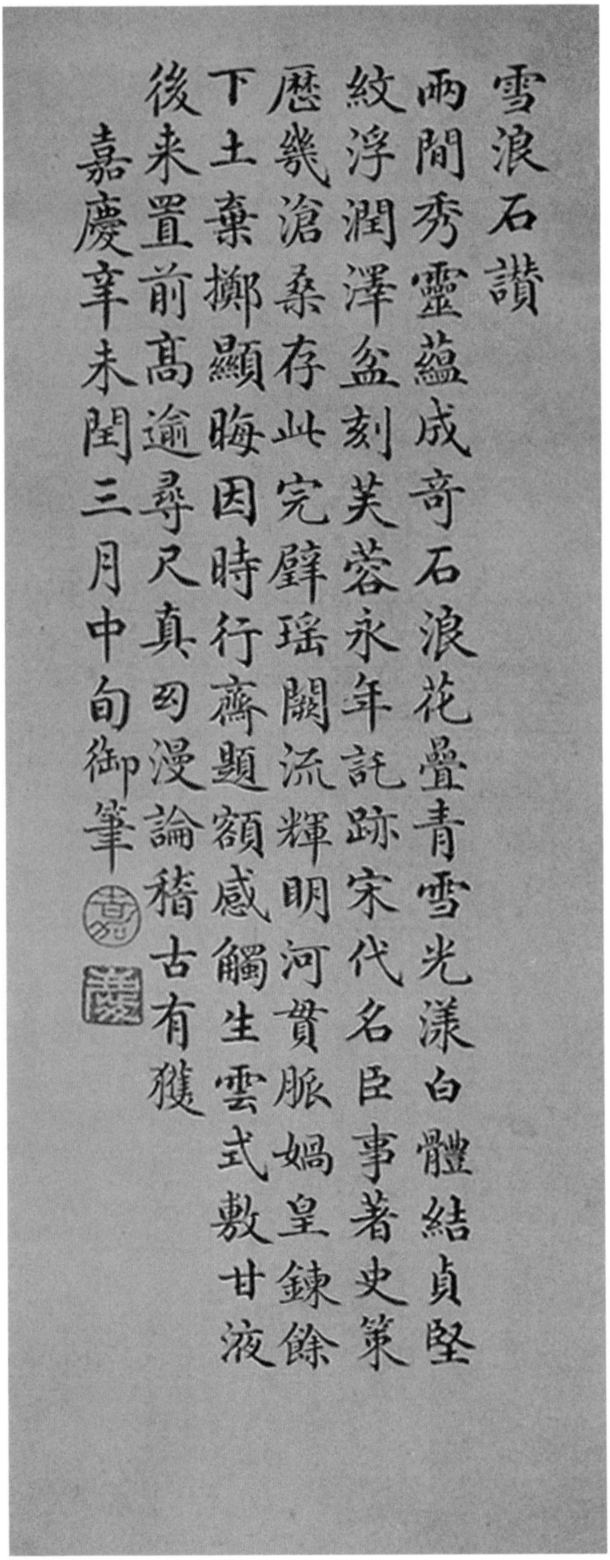

雪浪石讃
兩間秀靈蘊成奇石浪花疊青雪光漾白體結貞堅
紋浮潤澤盆刻芙蓉永年託跡宋代名臣事著史策
歷幾滄桑存此完璧瑤關流輝明河貫脈媧皇鍊餘
下土棄擲晦因時行行齋題額感觸生雲式敷甘液
後來置前高逾尋尺真勾漫論稽古有獲
嘉慶辛未閏三月中旬御筆

图七　嘉庆皇帝御题《雪浪石赞》

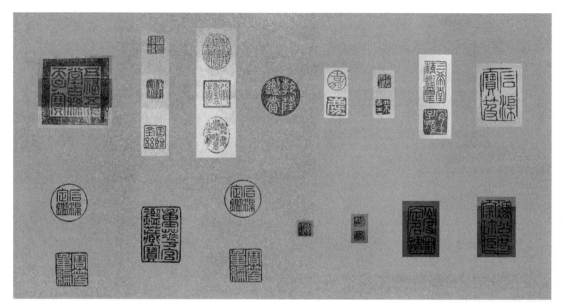

图八　《雪浪石图》所钤印玺

　　围绕以上四幅画作，乾隆皇帝御题诗三则，分别见于张若霭《雪浪石图》、董邦达《众春园和雪浪石图》和张若澄《后雪浪石图》。嘉庆皇帝御题赞一则，跋于《雪浪石图》之上。乾隆皇帝的《雪浪石记》由于敏中和钱维城分别敬书于《雪浪石图》和《后雪浪石图》，御制《雪浪石后记》则由董诰敬书于《雪浪石图》之上。在参与绘画和题跋者中，张若霭、张若澄是亲兄弟，董邦达和董诰是亲父子，很是耐人寻味。

第六章　雪浪石、盆真赝辨

现存于定州众春园的雪浪石和雪浪石盆各有两个，一个存于定州，为黑石白脉的东坡雪浪石，乾隆皇帝题铭为前雪浪石，乾隆诗文中常称为炮石、磐石或定州者。安放前雪浪石的石盆称为前雪浪石盆，为汉白玉质，质地优良，尺寸较小，直径130厘米，盆的腹部饰有芙蓉纹饰两层，纹饰大小近等，雕工较粗糙，造型略呆板，盆口沿刻有苏轼《雪浪斋铭》，后人称之为雪浪石盆铭（图一、图二）。另一个是移自临城，题有"雪浪"二篆字的太湖石，乾隆皇帝题铭为后雪浪石，乾隆诗文中常称为片石或临城者。放置后雪浪石的石盆称为后雪浪石盆，也为汉白玉质，色黑，质地较差，尺寸较大，直径190厘米，盆的腹部也饰有芙蓉纹饰两层，纹饰下大上小，雕工细腻，造型古朴，口沿无铭刻（图三、图四）。

雪浪石真赝问题的提出缘起于临城雪浪石的出现，两个雪浪石出现，其中必有一真品，一赝品。雪浪石盆也为两个，在清代还出现了雪浪石盆铭的两种拓本，一种为原刻本，另一种为重刻本，说明两石盆也必有一真品，一赝品。

纵观北宋元祐八年苏轼发现雪浪石以来至清乾隆三十一年的资料看，尽管围绕雪浪石、盆的赏石文化活动有兴有衰，但流传的雪浪石、盆只有一套。乾隆皇帝最关心喜爱雪浪石，至乾隆三十一年，他已两次驻跸定州，亲自观赏雪浪石，每次都留下不少诗作。读这些诗文可知，当时只有一套雪浪石、盆，并没有真赝一说，雪浪石被安放于芙蓉盆中，并有亭予以保护。乾隆皇帝的诗句"何人好事惜废堕，覆之以亭承以盆"、"此物颇幸仇池石，至今安在高丽盆"就是很好的佐证。

乾隆三十一年，临城新的雪浪石发现后并移置定州众春园与定州雪浪石前、后并立，无疑会引发人们对两具雪浪石孰真孰赝的考究。两石并立于众春园雪浪斋前，是乾隆皇帝的决策，哪一具为真，哪一具为赝，自然也是他要了解情况，查阅资料，深入思考的问题。当年，他在宫廷之内完成了第一篇考证文章，即御制《雪浪石记》。在此文中，乾隆皇帝

图一　前雪浪石、盆

图二　前雪浪石、盆侧面观

图三　后雪浪石、盆　　　　　　　　图四　后雪浪石、盆侧面观

首先理清了新得雪浪石，即后雪浪石的来龙去脉，认定此石亦来自定州，"盖自康熙初年有临城令宋广业者，自定州移此石于彼，建亭凿池，诗酒其间，而有'中山一片石'之句'"。既然此石也来自定州，石上还题有"雪浪"二篆字，自然而然地与东坡雪浪石扯上关系。乾隆皇帝还提出了辨别雪浪石真赝的标准，即"东坡之石，宜以东坡之诗为准"，可以说，他抓住了问题的要害，但得出了错误的，至少说是模棱两可的结论。他认为，若从石之外形而言，"则向置定州者，虺屯磊磊，有炮石之用焉。若今之片石，高且盈丈，其不可为炮石而，非真益明矣"，依此，定州者当为真的雪浪石。但是，若从雪浪石似"石间奔流"的纹理而言，"则兹得之临城者，又实似之，而向之定州所置者，实不似焉"，依此，临城者当为真的雪浪石。到底哪一个是真品，乾隆皇帝也并没有说的清清楚楚，但倾向于后雪浪石较为古老，或为东坡雪浪石。于敏中为《雪浪石记》作跋时强调了乾隆皇帝的考证结论，即"则二物之是非真伪，无庸复辨，且均不朽矣"。

其实，东坡雪浪石的特质是黑石白脉，石质是黑色，白脉是纹理，白脉状纹理如雪浪起伏或似水波石间奔流，都是形容雪浪石的纹理。可惜的是，乾隆皇帝既没有抓住黑石这一关键，也没弄明白纹理究竟是什么，把临城者的外貌特征错误地当做石间奔流的纹理来解释，结论固然不会正确。因为，临城者实属太湖石，灰白色，没有纹理，石上的多而通透的孔洞是被水流反复冲击溶蚀雕琢而成的外形，而不是纹理。因而，乾隆皇帝得出的结论似是而非，并不确切，只有模棱两可地说，"无庸复辨，且均不朽矣"。乾隆皇帝的这一看法一直秉持了二十多年，在这二十多年中，他又两次（乾隆四十六年和五十一年）莅临众春园，在他的诗文中常常显露如上想法。如乾隆皇帝在《雪浪石六叠苏东坡诗韵》中说："炮者久占定州境，片者移自临城村。质之苏曰作飞石，定州者可守城门。复质之苏曰画水，九原欲招两孙魂。片石颇具奔流状，况镌两字留云根。我为解嘲乃并置，不必求剑刻舟痕。"他在自注中解释道："旧雪浪石之在定州者，于苏东坡所云'竭来城下作飞石'、'异哉驳石雪浪翻'之语为近，以其虺屯磊磊有炮石之用。后得之临城者，乃有篆刻'雪浪'二字。考《墨庄漫录》称东坡帅中山，得黑石白脉如蜀中孙位、孙知微所画'石间奔流'云云。则得之临城者，又实似之。然事隔七百年，率难定其孰为真孰为假也，因并置之众春园，详见所制《雪浪石记》"。乾隆皇帝在《题雪浪斋》诗中说："雪浪斋前两卷石，一卧一立谁主宾"，他自注云："雪浪石，一为炮石，旧在定州，一为片石，自临城移至。真假是非，究难论定。详见本诗并《雪浪石记》"。乾隆皇帝在《三叠东坡刻盆石诗韵》中说："不逢白鹤访子孙，两卷石竟孰是原。其一刻识一无识，谁能志乘研详翻。并行不悖有古语，我亦因之与两存”，他自注又说：“今雪浪石有二，一磐石乃旧在定州者，一片石乃后自临城移至者。而‘雪浪’二字，磐石未刻，惟片石有之。事阅七百余年，真假莫辨，因并置众春园中”。

乾隆五十七年，乾隆皇帝最后一次莅临众春园，面对雪浪石，写下了御制《雪浪石后记》。乾隆皇帝经过二十多年的反复思考、斟酌，终于不得不痛下决心，否定自己此前的考证结论。在《雪浪石后记》中，乾隆皇帝回忆了第一次看见定州雪浪石和二十年后见到的临城雪浪石作诗、绘画的情形，承认“讫未定其真赝也”。现在，转眼又越二十六载，应该有一个明确的考证结论了。他摩挲着两具雪浪石，感叹地说：“天下有定者质也，无定者文也”。“若夫是碨礧臲屯者其质也，有事以为炮石，无事以为盆石，亦以志幸也。文可造，质不可变，固宜定以无字者为真，有字者为赝也”。这时，乾隆皇帝终于抓住了问题的本质，得出了正确的结论。因此，他在现场所作的《雪浪石八叠苏东坡韵》诗中说：“在苏言苏却在石，两石并为留遗痕。然吾究谓磐者实，以坡之迹定其论。坡迹七字孙其韵，手书之泐磐石盆。实证在兹不烦絮，久乃论定千秋存”。乾隆皇帝定前雪浪石为真，后雪浪石为赝的最终论断符合历史事实，值得赞赏。

雪浪石的孰真孰赝已定，现存的两个雪浪石盆哪一个是宋代遗物，哪一个是清代制品呢？乾隆三十一年之后，前雪浪石盆和后雪浪石盆两个石盆并立，同时出现了两种雪浪石盆铭拓本，被称为原刻本和重刻本。因此，两个雪浪石盆也当有真赝之别。

自苏轼发现雪浪石后，即在曲阳制作了雪浪石芙蓉盆，摆放在雪浪斋前。自此，雪浪石盆和石一直未见分离。约在元末明初，雪浪石、盆倒塌而被埋于土中。明代后期，雪浪石盆和石相继被发现，并重新立于原地，清康熙年间被移置众春园完好保存。总之，乾隆三十一年之前的资料，没有见过对两个芙蓉盆的任何记载。

后雪浪石移至众春园后，才出现了两个雪浪石盆。问题的关键是来自临城的后雪浪石当初有没有盆，是否也安置于石盆之中。经查阅相关资料，并没有记载。通常而言，这种形体较大的景观石应该立于石座之上，而不是石盆之中。乾隆皇帝在两石并置于众春园之后的诗文中，对石盆的记载有些混乱，有时说有一个雪浪石盆，有时说有两个雪浪石盆。如乾隆皇帝在《雪浪石七叠苏东坡诗韵》中有“曰磐曰片二即一，况今原两芙蓉盆”之句，并自注曰“二石各有盆承之，片石刻东坡‘尽水之变蜀两孙’之铭，而磐石则无。然以予论之，则磐石为近。是雪浪与盆铭何不可伪刻耶？”。据此可理解为雪浪石盆有两个，其中后雪浪石盆刻有雪浪石盆铭，后雪浪石较为古老。乾隆皇帝在《四叠苏东坡刻盆石诗韵》

中又有"石固有二盆则一，却成三不妨案翻"、"兄写磐卧弟片竖，而其卧者恒占盆"之句，可理解为雪浪石盆只有一个，前雪浪石一直卧于盆中，那么前雪浪石较为古老。乾隆皇帝上述诗作是为考证雪浪石的真赝而为之，是将前、后雪浪石盆作为重要考据之一来使用的，至于出现的混乱现象，可能与他的主观臆断和违背事实的难言之隐造成的。但是，乾隆皇帝所说后雪浪石盆口沿曾经刻有雪浪石盆铭，倒是一非常值得关注的资料。如果乾隆皇帝所言为真，仅此一条就可以说明后雪浪石盆固然是真品。

乾隆皇帝对雪浪石盆真赝的考证并未举考据，只在他的《雪浪石后记》中最后一句说："此盆既有苏诗，应以为真"。据此可知，乾隆皇帝坚持的仍然是有字者为真，无字者为赝这一标准，即前雪浪石盆为真，后雪浪石盆为赝。查《石渠宝笈续编》张若澄画雪浪石条，在御制二记说明中有"文俱见前（即乾隆御制《雪浪石记》和《雪浪石后记》），惟后记末二句作'此盆乃疆吏补为者，命斥去，应以为赝'字"。乾隆皇帝原文当为"此盆既有苏诗，应以为真，此盆乃疆吏补为者，应以为赝"，后者即指后雪浪石盆。乾隆皇帝的考证结论的确错了。在《雪浪石后记》和御制二记中，提供了一条非常重要的信息，就是其中一盆是"疆吏补为者"，是由定州州官新制造的。

对雪浪石盆的考证，可以从两个石盆的形制、纹饰、尺寸、字体、盆口保存状况等方面的比较研究论定。两个盆的造型和纹饰显示，后雪浪石盆古朴典雅，纹饰细腻疏朗，为宋代遗物无疑。前雪浪石盆较为粗俗呆板，纹饰粗糙僵直，不具宋代遗物的特征。两盆都饰有芙蓉纹饰，且均为两层，口沿与芙蓉间的装饰纹样雷同，其一必为仿制品。两盆的尺寸不同，前雪浪石盆直径130厘米，后雪浪石盆直径190厘米。存在的两种雪浪石盆铭拓本的尺寸，重刻本的直径与前雪浪石盆一致，原刻本的直径与后雪浪石盆一致。而原刻本系宋代苏轼所为，重刻本系清乾隆时期摹刻（图五、图六）。据此可以断定，现存的前雪浪石盆为赝品，后雪浪石盆为真品。而真品口沿上苏轼的雪浪石盆铭在乾隆时期被磨掉了，赝品系乾隆中期制品，口沿上的雪浪石盆铭是重新摩刻的。乾隆皇帝考证诗文中流露出来的后雪浪石盆"既刻东坡'尽水之变蜀两孙'之铭"，又是"疆吏补为者"间的矛盾自然可以理解了。

那么，真品雪浪石放置于赝品雪浪石盆之上，赝品雪浪石放置于真品雪浪石盆之中，形成如今的两盆倒换的原因是什么，为什么原刻本被磨毁，重刻本又出现，这些恐怕都与乾隆皇帝有关联。对雪浪石的喜爱和重视，没有人能比得上乾隆皇帝，是他依托苏轼雪浪石在中国赏石史上又营造了一场赏石盛事。在乾隆皇帝还作为皇太子时，便对雪浪石产生

图五　前后雪浪石盆大小比较图，左图环状为前雪浪石盆口沿，外围系六角形盆座；右为后雪浪石盆口沿

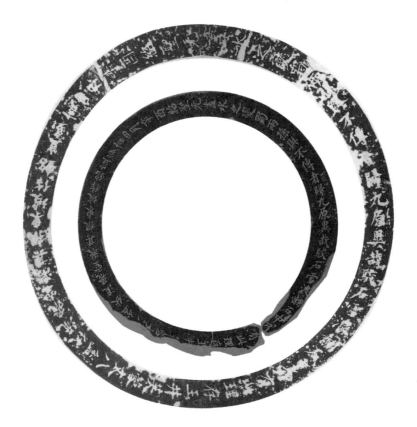

图六　雪浪石盆铭原刻本与重刻本拓片比较图，外为原刻本，内为重刻本

了浓厚兴趣，并留有一首精美诗作。从诗文自注可知，此前，他并没有到过定州众春园，亲身观赏雪浪石。自乾隆十一年至五十七年的四十多年中，乾隆皇帝六次巡幸定州，除乾隆十一年外，六次驻跸众春园，观赏雪浪石，并有诸多诗文问世，逐一刻石存于御书亭。甚至，将后雪浪石从临城移到众春园，二者摆放位置都是他钦定的。因此，地方官吏没有胆量随意新制、倒换雪浪石盆，磨毁、重刻雪浪石盆铭。如果此时发生，必然遵循乾隆皇帝的旨意。

据杨沂孙诗文中"乾隆中叶瓮无恙，忽有内监入祇园。少见多怪叱磨去，僧俗承意不欢言"之句，雪浪石盆铭损毁于乾隆中叶，这应该不是空穴来风。据翁方纲记载，罗碧泉学士亲自到达定州寻访雪浪石，亲眼见到雪浪石盆铭被磨毁的情况，并强烈建议翁氏予以重刻。可惜，罗学士到定州事发生在嘉庆初年，并不是盆铭被磨毁的时间。

我们大体做出如下推测：乾隆三十一年正是乾隆中叶，这一年在临城发现了刻有"雪浪"二篆字的太湖石，乾隆皇帝亲命置于定州众春园与东坡雪浪石并存。在众春园雪浪斋前安置后雪浪石，应该是一件非常严肃庄重的事情，也是一项不大不小的工程，需要精心设计。这一工程施工过程中，很可能就是新制雪浪石盆的最佳时机。因为，定州者有盆，临城者无盆，二者前后并立很不协调，那么，就需要新制作一个石盆。当年，乾隆皇帝考证雪浪石的结论虽然模棱两可，但倾向于后雪浪石历史久远。于是，他命州官从新制作了一个雪浪石盆，将新制的、较小的石盆放置前雪浪石，将较大的前雪浪石盆放置后雪浪石。如此放置，既是两石外观协调，大盆放大石，小盆放小石，又支持了乾隆皇帝"二石各有盆承之，片石刻东坡'尽水之变蜀两孙'之铭，而磐石则无。然以予论之，则磐石为近"判定雪浪石孰真孰赝的依据。这时，雪浪石盆铭原刻本还没有被磨毁，重刻本也没有出现。

乾隆五十七年，乾隆皇帝改变了初衷，明确了前雪浪石为真品，后雪浪石为赝品；前雪浪石盆为真品，因其上有雪浪石盆铭，后雪浪石盆为赝品，因系地方官员补作。那么，为什么后雪浪石盆口沿上的铭刻跑到了前雪浪石盆口沿上呢？无需辩驳，又是乾隆皇帝所为。为了支持考证结论，他很有可能派遣内监前往众春园，将后雪浪石盆的原苏轼刻铭磨去，再在前雪浪石盆口沿重新摹刻盆铭。如此，就与乾隆皇帝最终考证结论相吻合，可以"久乃论定千秋存"了。从乾隆皇帝上述所作所为看来，大有弄虚作假之嫌。

根据苏轼诗意，深入到赏石意境之中观察，前雪浪石、盆配置作为景观很是诱人，得体。但是，由于盆与石之间的间距甚小，盆内注水不显波纹，激水石上即飞溅盆外，更看

图七　前雪浪石放入后雪浪石盆模拟图

不到水珠跳盆的景象。如若将前雪浪石放置于后雪浪石盆中（图七），盆、石之间要宽阔的多，将水撩在石上，纹饰顿然清晰、变换，飞溅的水珠落入盆内，激起浪花波纹，一派幻境自然出现。

综上所述，现存定州众春园遗址的前雪浪石系苏轼雪浪石，为雪浪石真品；后雪浪石系太湖石，为雪浪石赝品。放置后雪浪石的石盆系苏轼雪浪石盆真品，原刻在清乾隆晚期被磨毁；放置前雪浪石的石盆系赝品，制作并重刻于清乾隆中晚期。

第七章　苏轼赏石经历

苏轼酷爱奇石，是宋代赏石、藏石大家。受其父苏洵的影响，苏轼自幼便与奇石结下不解之缘，觅奇石，咏奇石，画奇石，藏奇石伴其一生。苏轼作为有宋一代赏石名家，可与同年好友，中国赏石巨匠米芾比肩，难分伯仲。可能出于同爱画竹石的因缘，清代的郑板桥特别推崇苏轼。郑板桥以画竹著称，但其爱石之情不逊于竹，画中有"竹君子，石大人"的题记颇含深意。其实，他在藏石和赏石理论上也颇有建树，极具个性，特别欣赏苏轼的丑石论。他说："彼元章但云好之为好，而不知陋劣中有至好也。东坡胸次，其造化炉冶乎。"苏轼的丑石观，充实发展了赏石理论和标准。苏轼作为文坛巨匠，为中国赏石文化做出了巨大贡献。

一　天石砚

自幼儿时期，在苏轼的心灵中就埋下了爱石的种子。庆历七年（1047 年），苏轼刚刚十二岁，正是调皮玩耍的美好时光。一天，他和小朋友们在自家纱縠行宅院中挖土玩耍，偶然掘到一块奇石，他们欣喜万分，如获至宝。该石形似鱼状，色泽优美，声音清脆。苏洵看了非常高兴，经试验很适合做砚台，遂加工成砚。苏洵对苏轼说，这是上天恩惠你的砚台，虽然形状不太理想，但具有砚台的德性，"是文字之祥也"，遂将"天砚"赐予苏轼。

林语堂先生在《苏东坡传》中对这一情形作了精彩的评述，他说："东坡和堂兄妹等常在母亲身边玩耍。他和弟弟苏辙也常到村中去赶集，或是在菜园中掘土。一天，孩子们掘出来一块美丽的石板，既晶莹光泽，又有精美的绿色条纹。他们敲击之下，发出清脆金属之声。他们想用做砚台，非常合用。砚台必须用一种有气孔的特别石头，要善于吸收潮湿，并且善于保存潮湿。这种好砚台对书法艺术十分重要。一个上品砚台往往为文人视为至宝。好砚台是文人书桌的重要物品，因为文人一天大半的生活都与之有密切关系。父亲给孩子一个砚台，他必须保存直到长大成人，他还要在砚台上刻上特别的词句，祝将来文名大噪。"上述即是苏洵赐砚的意图。

苏轼受砚后非常珍惜，刻铭其上，从不离身，一直伴随他三十多年，直至年近半百，才赠给儿子苏迨、苏过。在多半生中，天石砚伴他经历了少年发奋进取，进士及第，凤翔府签判，判登闻鼓院，开封府推官，杭州通判，密州知州，徐州知州，湖州知州，贬谪黄州等风风雨雨。

元丰七年（1084年），苏轼四十九岁，大儿子苏迈二十六岁，二子苏迨十五岁，三子苏过十三岁。早在元丰二年，苏轼自徐州守改知湖州，四月到任，七月因乌台诗案被逮入狱，十二月结案，被贬谪黄州。次年二月初，苏轼及家人到达黄州贬所。四年后的元丰七年正月，神宗手札移苏轼汝州团练副使、本周安置。三月告下，苏轼舟别黄州。在舟行途中，发生了苏轼分别为三子赐砚的故事。

六月九日，因长子苏迈赴德兴尉，苏轼及兄弟们送至江州湖口。苏迈陪父游石钟山，苏轼作《石钟山记》。临别，苏轼以砚赆迈，为铭以勉。苏轼《迈砚铭》曰：

"迈往德兴，赆以一砚[1]，以此铭之：以此进德常若渴[2]，以此求进常若惊，以此治财常思予[3]，以此书狱[4]常思生。"

注释：

1. 德兴：今江西省上饶市德兴市。赆（jìn）：古同"赆"。临别时赠与、赠送或馈赠的财物。

2. 进德：进修道业。宋梅尧臣《师厚生日因以诗赠》："进道期日隆，无愧金马下。"

3. 予：给予。

4. 书狱：书写狱词。指作案牍文书或作判决词。《汉书·张汤传》："父见之，视文辞如老狱吏，大惊，遂使书狱。"

七月，苏轼作《天石砚铭》并序，对天石砚来龙去脉全过程作了详尽的叙述：

"轼年十二时，于所居纱縠行宅[1]隙地中，与群儿凿地为戏。得异石，如鱼肤温莹，作浅碧色。表里皆细银星，扣之铿然[2]，试以为砚，甚发墨，顾无贮水处。先君曰'是天砚也。有砚之德，而不足于形耳。'因以赐轼，曰：'是文字之祥也。'轼宝而用之，且为铭曰：

一受其成[3]，而不可更。或主于德，或全于形。均是二者，顾予安取。仰唇俯足[4]，世固多有。

元丰二年秋七月，予得罪下狱，家属流离，书籍散乱。明年至黄州[5]，求砚不复得，以为失之矣。七年七月，舟行至当涂[6]，发书笥[7]，忽复见之。甚喜，以付迨、过[8]。其匣虽不工，乃先君手刻其受砚处，而使工人[9]就成[10]之者，不可易也。"

注释：

1. 纱縠行宅：三苏宅第，位于四川眉山市中心城区纱縠行南街，现为三苏祠。

2. 铿然（kēng rán）：形容敲击金石所发出的响亮的声音。苏轼《石钟山记》："石之铿然有声者，所在皆是也。"

3. 一受其成：语出《庄子·内篇·齐物论》："一受其成形，不亡以待尽。"成，已定的、定形的。

4. 仰唇俯足：仰人鼻息，跪人脚下。

5. 黄州：今湖北黄冈市。

6. 当涂：安徽省马鞍山市当涂县。

7. 书笥：书箱。

8. 迨、过：苏轼的儿子苏迨与苏过。

9. 工人：古称"匠人"。

10. 就成：造就，养成。

舟至当涂，苏轼在书箱中找到了几年不见的天石砚，非常兴奋，遂将天石砚赐予迨、过。天石砚是苏轼幼年发现的一块奇石，父亲亲手做成砚台，作为重要信物赠予苏轼。苏轼"宝而用之"，珍藏三十多年，历尽艰辛，驰骋文坛宦海，享誉天下。直到四十九岁时，终将天石砚赠予二子，望他们秉承父业，德才兼备，忧国忧民，千古留名。当年，苏洵赐砚苏轼，希冀儿子出人头地，飞黄腾达，名流千古。如今，在不到两个月内，苏轼分别为三个儿子赐砚，同样对他们有无限的寄托。这是一则十分感人的故事，与苏轼一生赏石经历相关，故放在苏轼赏石经历之开篇。

二　咏怪石

嘉祐四年（1059年），苏轼二十四岁，正值风华正茂时节，在眉州宅第作《咏怪石》诗。嘉祐元年（1056年）三月，苏轼与弟辙随父赴京师。经成都、长安、渑池等长途跋涉，于五六月间到达京都。秋，应开封府解榜列第二。嘉祐二年初，应省试，名列前茅，进士及第。本年四月七日，母亲程氏下世，苏轼兄弟随父匆匆返蜀葬母居丧。嘉祐四年秋，免丧。十月，苏轼与父洵、弟辙离开眉州，还京师。从以上可知，苏轼的《咏怪石》诗是其免丧之后，离家之前期间内，在眉山自家宅第完成的。

苏轼的《咏怪石》诗作，很可能受到父亲苏洵及其所作《木假山记》的影响。不知哪年哪月，父苏洵从溪叟那里用貂裘换取木山三峰，摆设于堂前。约于嘉祐元年，苏洵率二子首次出川之前，作《木假山记》记之。苏洵借物寓意，通过木假山得以成才，避过自然和人为夭折、漂没、破折、腐朽、砍伐的灾难，而被放置厅堂，与人为伍，流传于世，抒发了自己人生困苦，求仕不得，不愿沉浮，奋力自强的情感。苏洵将木假山的三峰寓意他和两个儿子，以中锋自喻，两侧峰拟二子苏轼、苏辙。三峰峻峭挺拔，意气端重，互依互敬，刚直不阿，抒发出三苏的精神品格及人生追求。

《木假山记》成文后的嘉祐二年，梅圣俞有《苏明允木山》诗作，元祐三年苏轼曾作《木山序》文。苏家原来的木假山不存，不知流失何处，而现在三苏祠木假山堂陈设的木假山，为清道光年间眉山书院主讲李梦莲购得。该木假山为乌木树根，形似木山，古朴奇特，十分珍贵。

苏轼自得天石砚至今，又逾十二载。这时的苏轼，已经成长为饱读诗书，才华横溢，朝气蓬发，风度翩翩，金榜题名的青年。如同苏洵一样，苏轼也十分酷爱大自然，喜欢游览山川古迹，苏洵"少年喜奇迹，落拓鞍马间。纵目视天下，爱此宇宙宽"的诗句，不仅是对自己，也是对苏轼一生崇尚自然，亲近自然，融入自然的写照。完成《咏怪石》诗不几日，苏轼父子赴京过三峡途中，苏轼在《出峡》诗中写道："入峡喜巉岩，出峡爱平旷。吾心淡无累，遇境即安畅 。"只要亲临其境，不管是高山大川，河流湖泊，还是广阔平川，苏轼都留恋喜爱，心境云水般阔达、坦然、"安畅"。

苏轼既然能深切感悟到自然山川、巉岩、碧水的质朴灵动，自然更会体切奇石妙质及尽幻尽美的灵性。此时，苏轼不仅掌握了赏石知识，具备了品石情操，其赏石理论也达到炉火纯青境地。实际上，苏轼所作的《咏怪石》诗，是他第一次对其雄厚的赏石理论，独特的品石视角的表达和发挥。苏轼《咏怪石》诗曰：

> 家有粗险石，植之疏竹轩[1]。
>
> 人皆喜寻玩[2]，吾独思弃捐[3]。
>
> 以其无所用，晓夕空巉然[4]。
>
> 砧础则甲削[5]，砥砚乃枯顽[6]。
>
> 于缴不可礰[7]，以碑不可镌。

凡此六用无一取，令人争免长物 [8] 观。

谁知兹石本灵怪，忽从梦中至吾前。

初来若奇鬼，肩股何屑颜 [9]。

渐闻碻磕 [10] 声，久乃辨其言。

云："我石之精，愤子辱我欲一宣。

天地之生我，族类广且蕃 [11]。

子向所称用者六，星罗雹布盈溪山 [12]。

伤残破碎为世役 [13]，虽有小用乌足 [14] 贤。

如我之徒亦甚寡，往往挂名 [15] 经史间。

居海岱者充禹贡 [16]，雅与铅松 [17] 相差肩。

处魏榆 [18] 者白昼语，意欲警惧骄君悛 [19]。

或在骊山 [20] 拒强秦，万牛喘汗力莫牵。

或从扬州感卢老，代我问答多雄篇 [21]。

子今我得岂无意，震霆 [22] 凛霜我不迁。

雕不加文磨不莹，子盍节概 [23] 如我坚。

以是赠子岂不伟，何必责我区区焉。"

吾闻石言愧且谢，丑状歘 [24] 去不可攀。

骇然觉坐想其语，勉书此诗席之端。

注释：

1. 竹轩：用竹子建造的房屋。

2. 寻玩：推求玩味。

3. 弃捐：抛弃；废置。

4. 崭然：突出。韩愈《柳子厚墓志铭》："崭然见头角。"

5. 砧础（zhēn chǔ）：捣衣石。斫（zhuó）：古同"斫"，斩断。

6. 砥（dǐ）：磨。砥砺，打磨成砚台。枯顽：干枯的顽石。

7. 于缴不可磻：缴（zhuó）：系在箭上的生丝绳。《孟子·告子》："思援弓缴而射之。"磻（bō）：把石头箭镞拴在丝绳上，用来射鸟。《史记·楚世家》："则出宝弓，磻新缴。"该句意指此石作石箭头都不可用。

8. 长物（旧读 zhǎng wù）：多余的东西。唐白居易《销暑》："眼前无长物，窗下有清风。"宋王禹偁《送渤海吴倩序》："视金玉如长物，以文学为己任。"

9. 屖颜（chán yán）：参差不齐貌。《汉书·司马相如传下》："沛艾赳螑仡以佁儗兮，
放散畔岸骧以屖颜。"颜师古注："屖颜，不齐也。"

10. 硠礚（hóng lóng）：《广韵》：硠礚，石落也。韩愈《征蜀联句》：投奇闹硠礚，
填隍俄傫偞。

11. 蕃（fán）：众多。

12. 星罗雹布：比喻众多。溪山：山川，山河。

13. 世役：人世间的事务。唐白居易《观稼》："世役不我牵，身心常自若。"

14. 乌足：何足，即"哪里值得"、"不值得"。

15. 挂名：记名，列名。

16. 海岱：今山东省渤海至泰山之间的地带。海，渤海。岱，泰山。禹贡：指《尚
书·禹贡》。是战国时魏国人托名大禹的著作，因而就以《禹贡》名篇。我国最
早的古地理文献。《禹贡》以自然地理实体（山脉、河流等）为标志，将全国划
分为9个区（即"九州"），并对每区（州）的疆域、山脉、河流、植被、土壤、
物产、贡赋、少数民族、交通等自然和人文地理现象，作了简要的描述。

17. 铅松：指怪石。《尚书·禹贡》："岱畎丝、枲、铅、松、怪石。"

18. 魏榆：今山西榆次。

19. 警惧：警戒恐惧。悛（quān）：悔改，改变。

20. "或在骊山"二句：《长安志》："狼石，在临潼县东十里，形似龟。初，始皇之葬，
远采此石，将致之骊山，至此，不复动。石崇一丈八尺，周十八步，先生诗疑用此。"
骊山：在今陕西临潼东南，因山形似骊马，呈纯青色而得名。其北麓有秦始皇陵。

21. "或从扬州"二句：唐卢仝有《萧宅二三子赠答》诗，序云：萧子才将卖扬州宅。
玉肜客扬州，馆萧未售之宅，与砌下二三子酬酢。其诗有《客赠石》、《石让竹》、
《石请客》、《石答竹》诸篇，共二十首。雄篇：气势雄伟、才情横溢的诗文。
这里指卢仝《萧宅二三子赠答》诗二十首。

22. 震霆：霹雳，轰雷。

23. 节概：志节气概。

24. 歘（xū）：快速。李白《望庐山瀑布》之一："歘如飞电来，隐若白虹起。"

苏轼歌咏的对象是家中陈设的一块怪石。怪石品质如何，苏轼不想用过多的词汇予以

描述，仅在首句用"粗险"二字，便把怪石的大小、形状、丑美概括而出。看来，此石形体较大，粗陋、险峻、挺拔，为一品质尚佳的美石。

在诗文中，苏轼尽情地将自己的身心融会贯通于认识、鉴赏怪石的情景中，做到了人与石融合与互动。苏轼把自己比拟为俗人，使用俗眼观察、品味怪石。在梦寐之中，当怪石突然出现面前，张口出言辨明自己的身份、地位及品格后，俗人深受教育，有了猛然感悟，并为自己的无知而羞愧，随即以诗记之，并"勉书此诗席之端"。此时，俗人对怪石的认识已经升华，自身也转变为赏石大师。在俗人眼中，这块石头如果作为石材，不能雕凿成石砧础，不可琢磨为石砚台，不能为石碑镌刻，不可制成箭镞，简直为废物一件，了无可用。因此，行家都喜欢尽情寻玩、品味，而俗者见后则想把它丢弃。

继而，苏轼借助怪石的灵性，使自己梦中与怪石会晤，让石头说话，借怪石之口纠正俗人的错误，歌颂怪石高贵品行。怪石浑然天成，品格高贵，与普通石头有别。俗人所有六种用途的石材，遍布山川溪水间，经加工琢磨，虽有点小用而不足为奇。怪石则不然，他与人为伍，可陶冶情操，阔达胸襟，名载史册，流传久远，而"往往挂名经史间"。怪石秉正刚直，铁骨铮铮，雷霜相加而不变，精雕细磨不变形。他不畏强权，临危不惧，具有面对大秦帝国也不低头的英雄气概。怪石气质孤傲，淡泊清雅，诗情画意浓郁，确为怪石上品。

怪石自身的道白，使苏轼顿开茅塞，感悟甚深，既羞愧，又感谢。怪石的丑状一扫而去，显现在眼前的是阳春白雪般的美石。这一怪石，的确是"丑而雄，丑而秀"。

苏轼在《咏怪石》诗中，旗帜鲜明地强调丑石这一概念，这是对南北朝以来中国赏石理论和鉴赏标准的补充和发展。自南北朝以来，陶渊明的"采菊东篱下，悠然见南山"也好，白居易所总结的爱石十德也好，牛增儒以石为伍，李德裕的平泉山庄也好，无不表明无石不雅，淡泊明志，崇尚自然思想追求。有宋以降，中国赏石文化进入集大成时代，不仅石痴米癫画米家山，拜石为兄，提出奇石鉴赏标准，甚至皇家贵胄也出奇招，徽宗赵佶还不惜国财万贯，不计灭国之祸，建造了万寿艮岳山。在这一大的背景下，年轻有为，胸次高旷的苏轼，自然会提出自己对赏石文化的见解，自然会开拓创新。因为，对苏轼而言，"凡物皆有可观，苟有可观，皆有可乐，非必七尾丽者也"。

三　张氏园亭

熙宁二年（1069年）初年，三十四岁的苏轼除父丧，回到京师，在朝廷为官。虽然他官职低微，却连连向神宗皇帝上书，抨击施行新法的弊端，从而陷入政治漩涡，屡遭打击，被派往地方任职。在杭州任上，他继续以诗文批评变法过程中诸多殃国害民措施，反映民间疾苦，埋下祸端。苏轼非常适应地方工作，既能为民做主，办事，还能贴近自然，赏景赋诗，施展才华。每到一地，他都全身心地投入工作，兢兢业业，为民着想，励精图治，屡创佳绩，为民所颂扬。

元丰二年（1079 年），苏轼四十四岁。这年三月，他难分难舍地离开工作两年的徐州，在南都小住，便匆匆赶往湖州新职。苏轼大约于三月二十四日乘舟启程赴任，二十七日过灵璧镇，应张硕之请作《灵璧张氏园亭记》[1]：记曰：

道京师而东，水浮浊流，陆走黄尘，陂田[2]苍茫，行者倦厌[3]。凡八百里，始得灵璧张氏之园于汴之阳[4]。其外修竹森然[5]以高，乔木蓊然[6]以深。其中因汴之余浸[7]，以为陂池[8]，取山之怪石，以为岩阜[9]。蒲苇莲芡[10]，有江湖之思。椅桐桧柏[11]，有山林之气。奇花美草，有京洛[12]之态。华堂厦屋，有吴蜀之巧。其深可以隐，其富可以养。果蔬可以饱邻里，鱼鳖笋茹[13]可以馈西方之宾客。余自彭城移守吴兴[14]，由宋[15]登舟，三宿而至其下。肩舆[16]叩门，见张氏之子硕[17]。硕求余文以记之。

维张氏世有显人[18]，自其伯父殿中[19]君，与其先人通判[20]府君，始家灵璧，而为此园，作兰皋之亭以养其亲。其后出仕[21]于朝，名闻一时，推其余力，日增治之，于今五十余年矣。其木皆十围，岸谷隐然[22]。凡园之百物，无一不可人意者，信其用力之多且久也。

古之君子，不必仕，不必不仕。必仕则忘其身，必不仕则忘其君。譬之饮食，适于饥饱而已。然士罕能蹈其义、赴其节。处者安于故而难出，出者狃[23]于利而忘返。于是有违亲绝俗之讥，怀禄[24]苟安之弊。今张氏之先君，所以为其子孙之计虑者远且周，是故筑室艺园于汴、泗[25]之间，舟车冠盖[26]之冲[27]，凡朝夕之奉，燕游[28]之乐，不求而足。使其子孙开门而出仕，则跬步[29]市朝之上，闭门而归隐，则俯仰山林之下。于以养生治性，行义求志，无适而不可。故其子孙仕者皆有循吏良能[30]之称，处者皆有节士廉退[31]之行。盖其先君子之泽也。

余为彭城二年[32]，乐其土风[33]。将去不忍，而彭城之父老亦莫余厌也，将买田于泗水之上而老焉。南望灵璧，鸡犬之声相闻，幅巾杖屦[34]，岁时[35]往来于张氏之园，以与其子孙游，将必有日矣。元丰二年三月二十七日记。

注释：

1. 灵璧：今安徽省宿州市灵璧县。是中国观赏石之乡、中华奇石的主产区。其浮磬山

以产灵璧石闻名遐迩。灵璧石，又名磬石、八音石，是我国传统观赏石之一，被誉
为中国四大观赏石（灵璧石、太湖石、昆石、英石）之首。张氏园：一作灵璧张氏
兰皋园。宋仁宗时殿中丞张次立的庄园。张次立，北宋官员，官至殿中丞。工篆书，
嘉祐中诏同篆国子石经。著有《书史会要》流传于世。张氏园始建于宋天圣年间
（1024～1032年），之后历经五十余年建设，蔚为大观。该园引汴河水入园，其
建筑继承了我国古代园林的"借景"手法，融山河之美于一园，为典型的园林建筑
风格。张氏园亭：即兰皋亭。

2. 陂（bēi）田：山田。

3. 倦厌：厌倦。

4. 汴之阳：汴水之北。

5. 修竹：茂密高大的竹林。晋王羲之《兰亭集序》："此地有崇山峻岭，茂林修竹。"
   森然：茂密貌；丰厚貌。

6. 蓊（wěng）然：草木茂盛的样子。《广韵》：蓊，蓊郁，草木盛貌。

7. 余浸：支流。

8. 陂（bēi）池：池沼；池塘。

9. 岩阜：假山。

10. 蒲苇莲芡（qiàn）：四种水生植物。

11. 椅（yī）桐桧（guì）柏：指椅树、梧桐树、桧树、柏树四种树木。

12. 京洛：指洛阳。泛指国都。

13. 茹：植物的地下部分的真根、球根、块根或其他变茎。

14. 彭城：今江苏徐州。吴兴：今浙江湖州。苏轼元丰二年（1079年）二月罢徐州任，
    移知湖州，四月到湖州。

15. 宋：指北宋南京应天府（今河南省商丘市南）。唐及北宋初为宋州，故称。

16. 肩舆（yú）：亦作"肩轝"、"肩轝"。抬着轿子。谓乘坐轿子。

17. 张硕：北宋官员。生平不详。宋胡宿《文恭集》卷一有"张硕可加骑都尉制"的记载。

18. 显人：有名声的人。

19. 殿中：殿中省官职的简称。殿中省一般有监一人，少监二人，丞二人。掌天子饮食、
    服装、车马等事。唐武德元年（618年），设殿中省，掌皇帝生活诸事，所属有
    尚食局、尚药局、尚衣局、尚舍局、尚乘局、尚辇局六局。宋沿置，仅为寄禄官，

六尚局职掌分由它署担任，如尚食归御厨，尚药归医官院等。

20. 通判：官名。"通判州事"或"知事通判"的省称。在州府的长官下掌管粮运、家田、水利和诉讼等事项，对州府的长官有监察的责任。宋初始于诸州府设置，即共同处理政务之意。地位略次于州府长官，但握有连署州府公事和监察官吏的实权，号称监州。

21. 出仕：指成为仕宦，出来做官，与"入仕"相对（入仕是指入朝作官）。

22. 岸谷：高深的山谷。隐然：隐隐约约的样子。

23. 狃（niǔ）：贪图。《国语·晋语》："嗛嗛之食，不足狃也。"

24. 怀禄：留恋爵禄。

25. 汴、泗之间：灵璧位于汴水之北、泗水之南。

26. 冠盖：泛指官员的冠服和车乘。冠，礼帽；盖，车盖。

27. 冲：交通要道。

28. 燕游：闲游；漫游。

29. 跬（kuǐ）步：举步；迈步。

30. 循吏：守法循理的官吏。良能：贤能。指贤良而有才能之人。

31. 节士：有节操的人。《韩诗外传》卷十："吾闻之，节士不以辱生，遂奔敌杀七十人而死。"廉退：谦让。

32. 余为彭城二年：苏轼于熙宁十年（1077 年）夏五月到徐州，至元丰二年（1079 年）二月罢任，时约二年。

33. 土风：当地的风俗。

34. 幅巾：又称巾帻，或称帕头。是指用整幅帛巾束首。一种表示儒雅的装束。宋代以后，深衣幅巾是士大夫家冠昏、祭祀、宴居、交际服。杖履：老者所用的手杖和鞋子。

35. 岁时：一年，四季。

苏轼的《灵璧张氏园亭记》是一篇立意清新，思想性极强，艺术风格独到的游记文章。苏轼通过对张氏及其园亭的记述，对仕与不仕的剖析，表达了自己厌倦官场，返璞归真，淡泊明志，寄情山水，隐归山林的人生观。

中国园林是古代先民创造的自然与艺术的产品，自商周至秦汉，大都为皇家贵胄所独有，所追求的是富丽堂皇的宫苑风格。魏晋南北朝时期，私家园林开始出现，所向往的是自然山水，是寻求"采菊东篱下，悠然见南山"情趣的奢望。苏轼所处的时代，是中国园林最为辉煌时期，成为文人雅士的最高追求。园林之中除奇花异木、亭台楼阁、流水潺潺外，假山奇石是为重要构成部分。换句话说，赏石文化始终与园林山水融会贯通。苏轼所记述的张氏园是一品味很高的私家园林，他用流畅的文笔，精美的词句使其活灵活现，流露出自己追求乐山乐水，淡泊清雅的理想生活。苏轼记文中虽然只有"取山之怪石，以为岩阜"一句描绘假山怪石，但是，其地处著名灵璧石产地，园内怪石数量和质量是可想而知的。

苏轼所表达的中心思想是对不必仕与不必不仕的认识和解读，他用精辟的语言，一分为二的哲学思想阐释出当官与不当官的利弊，应该顺其自然。刻意追求当官的人往往为了贪图利益而不愿退出官场，而逃避当官的人往往是安于享乐而远离官场，这些都助长了诸如违拗亲情，自命高洁，贪图利禄，苟且偷安的不良风气，因而受到人们的讥讽、唾骂。但是，苏轼对张氏家族家有园林，出门可以为官，进门可以隐居，凡出仕者都获得了很好的名声，凡不仕者都保持了高洁的情操而推崇。

苏轼的心情是非常复杂的，面对秀美的园林，身处幽静的环境，想到自己十来年陷入新法的争论，新旧党争之间的倾轧，自己身心所遭受的创伤，不觉对政治分外厌烦，心力疲惫，归隐山林的夙愿油然而生。不如在泗水之滨购买田产归老，南可见灵璧，时时往来于张氏之园游玩，过上"青山在屋上，流水在屋下。中有五亩田，花竹秀而野"的平民生活，而且，"将必有日矣"。苏轼万万没有料到，他到达湖州仅仅三个月，就因文字狱而被就逮入狱。

元丰八年（1085年），苏轼五十岁，这时，他已经在黄州谪居五个年头。元丰七年正月，神宗手札移汝州团练副使，本州安置。四月离别黄州，赴汝州，六月九日作《石钟山记》，九月至常州，买庄田于宜兴以养老。元丰八年正月初，苏轼再次经过阔别六年之久的灵璧镇，住张氏园，题诗兰皋亭。《留题兰皋亭》[1]诗曰：

> 雪后东风未肯和，扣门迁客[2]夜经过。
>
> 不知旧竹生新笋，但见清伊[3]换浊河。
>
> 无复往来乘下泽[4]，聊同语笑[5]说东坡。
>
> 明年我亦开三径[6]，寂寂兼无雀可罗。

注释：

1. 留题：题字留念。兰皋亭：指灵璧张氏园中的亭名。因张氏园又名兰皋园，故名。

2. 迁客：指遭贬斥放逐之人。

3. 清伊：指清济。诗文中清济常与浊河并举，用以喻忠正。《战国策·燕策一》："吾闻齐有清济、浊河，可以为固。"

4. 无复：不再。乘下泽：乘坐下泽车，一种适宜在沼泽地上行驶的短毂轻便车。

5. 语笑：谈笑。

6. 三径：亦作"三迳"。意为归隐者的家园。

7. 寂寂：寂静无声貌。雀可罗：即"门可罗雀"，原指门外可张网捕雀，后形容为官者休官失势后，门庭冷落车马稀少。

苏轼上次过灵璧身为赫赫州守，为张氏园作记文，这次身系带罪贬客，为之赋诗。两次游园身份不同，心情自然有别。无疑，上次他所表达的仕与不仕，归隐山林的思想，这次肯定更加凝重了。因此，苏轼的《留题兰皋亭》表达的是《灵璧张氏园亭记》时隔六年的延续和引申。这时的苏轼认为，退隐江湖的日子真的到来了。他已经下定决心，"明年我亦开三径，寂寂兼无雀可罗"了。

这次再访张氏园，苏轼还在园内为他最为喜爱的一枚怪石题铭。苏轼的题铭及其所引发的故事记载于《墨庄漫录》卷一："宿州灵璧县张氏兰皋园，一石甚奇，所谓小蓬莱也。苏子瞻爱之，题其上云：'东坡居士醉中观此，洒然而醒。'子瞻之意，盖取李德裕平泉庄有醒醉石、（醉）则踞之，乃醒也。蒋颖叔过见之，复题云：'荆溪居士暑中观此，爽然而凉。'吴右司师礼安中为宿守，题其后云：'紫溪翁大暑醉中读二题，一笑而去。'张氏皆刻之石，后归禁中。"

本年四月六日，苏轼自南都赴常州，再过灵璧镇。这次路过，苏轼没有进张氏园，而为刘氏园临华阁画《丑石风竹图》，主人以灵璧石相赠，苏轼作《书画壁易石》：

灵璧出石，然多一面。刘氏园中砌台[1]下，有一株独巉[2]，然反复可观，作麋鹿宛颈[3]状。东坡居士欲得之，乃画临华阁壁[4]，作丑石风竹[5]。主人喜，乃以遗予。居士载归阳羡[6]。元丰八年四月六日。

注释：

1. 砌（qì）台：古代王侯家用以登临观赏之台。

2. 巉（chán）：高峻险要的样子。

3. 宛颈：回转脖子。宛：弯曲，曲折。

4. 临华阁壁：指园中建筑临华阁之壁。

5. 丑石风竹：指苏轼所画《丑石风竹图》。

6.阳羡：指江苏宜兴。秦汉时称阳羡。

丑石风竹、丑石枯木是苏轼作画的主要题材，影响极为广泛。苏轼以画壁换取怪石也被流传为佳话。而这枚怪石则被运宜兴，放在此前购买备以养老的庄田内。

四　怪石供

黄州今为黄冈市，位于湖北省东部，大别山南麓，长江中游北岸，以东坡赤壁名扬天下，系全国重点文物保护单位。黄州、赤壁，皆因苏轼而出名。苏轼自乌台诗案得罪，被流放黄州监视居住，约有五个年头。黄州五年，是苏轼文学成就最为卓著的时期，黄州赤壁之游及其作品的问世，使其文学造诣及影响达到最高峰值。元丰四年春，苏轼在黄州城东隅开始躬耕东坡。元丰五年初春，他在东坡筑茅屋五间居住，曰雪堂或东坡雪堂。苏轼自号东坡居士盖自此始。

元丰五年（1082年）七月，四十七岁的苏轼游赤壁，作前《赤壁赋》。八月，再游赤壁，作《念奴娇·赤壁怀古》，十月，复游赤壁，作《后赤壁赋》。此二赋一词，名垂千古。

此前两个月，即元丰五年五月，苏轼游赤壁，觅怪石，陆续写出《记赤壁》、《怪石供》和《后怪石供》。以上三篇文章，是苏轼赏石历程中非常重要的文献，同时开启了以怪石为供的先河，在中国赏石史上产了重大影响。以上所见前、后《赤壁赋》、前、后《怪石供》等词、赋、文，概都作于东坡雪堂。

在黄州赤壁聚宝山上和江边岸滩，出产一种细小的鹅卵石，苏轼发现并著文后，声名大振，遂被爱石、藏石者仰慕。后来，这里所产怪石又被称为黄州石、齐安石或赤壁石。赤壁石系通常所说的河卵石，由河流冲刷，磨蚀而成。赤壁石个体细小，质地坚硬，圆滑润莹，色彩斑斓，纹理华丽，图案新奇，千姿百态，自然质朴，系赏石之佳品。对于这种细小的河卵石，唯放入水中，其造型、色泽、纹理等特质才能清晰显现，灵气才能更为突出，即"注水灿然"。苏轼的《记赤壁》记载了这些奇石的发现地点和经过：

《记赤壁》：黄州守居之数百步为赤壁[1]，或言即周瑜破曹公处，不知果是否？断崖壁立，江水深碧，二鹘巢其上。上有二蛇，或见之。遇风浪静，辄乘小舟至其下。舍舟登岸，入徐公洞[2]。非有洞穴也，但山崦[3]深邃耳。《图经》[4]云是徐邈[5]。不知何时人，非魏之徐邈也。岸多细石，往往有温莹如玉者，深浅红黄之色，或细纹如人手指螺纹也。既数游，得二百七十枚，大者如枣栗，小者如芡实[6]。又得一古铜盆，盛之，注水灿然[7]。有一枚如虎豹首，有口鼻眼处，以为群石之长。

注释：

1. 赤壁：即赤壁山，位于湖北省黄冈市黄州城汉川门外西北隅，古时也称赤鼻山，今又称龙王山。赤壁山最西端为赤鼻矶，通体岩石，颜色赭赤。赤鼻矶北面的山麓，崖石赤赭，陡峭如壁，故名赤壁。

2. 徐公洞：相传三国时期，名士徐邈在此洞居住修行。徐邈是魏晋蓟人，初为尚书郎，是当时"志行高洁，才博气猛"的名士。后人将此洞取名"徐公洞"。

3. 山崦（yān）：山坳；山曲。

4. 《图经》：附有图画、地图的书籍或地理志。以图为主或图文并重记述地方情况的专门著作也可称作图经。又称图志、图记。是中国方志发展过程中的一种编纂形式。

5. 徐邈（171～249年），字景山。燕国蓟（今北京市附近）人。三国时曹魏重臣。

6. 芡实：中药名。亦称"鸡头米"等。为睡莲科植物芡的干燥成熟种仁。具有益肾固精，补脾止泻，除湿止带之功效。

7. 粲然：明白貌；明亮貌。形容鲜明发光。

从苏轼《记赤壁》中可知，怪石产地赤壁距黄州及东坡雪堂很近，仅数百步之遥。因此，苏轼经常乘舟到此游玩。当时，优质怪石的数量很可观，几次便收集到二百七十枚。这些记述与其五月所作《怪石供》[1]的情形相近，但怪石的数量增至二百九十八枚。苏轼《怪石供》云：

《禹贡》："青州有铅松怪石。"解者曰：怪石，石似玉者。今齐安[2]江上往往得美石，与玉无辨，多红黄白色。其文如人指上螺，精明可爱，虽巧者以意绘画有不能及。岂古所谓怪石者耶？凡物之丑好，生于相形[3]，吾未知其果安在也。使世间石皆若此，则今之凡石复为怪矣。海外有形语之国，口不能言，而相喻以形。其以形语[4]也，捷于口，使吾为之，不已难乎？故夫天机之动，忽焉而成，而人真以为巧也。虽然，自禹以来怪之矣。齐安小儿浴于江，时有得者。戏以饼饵[5]易之。既久，得二百九十有八枚。大者兼寸，小者如枣、栗、菱、芡，其一如虎豹，首有口、鼻、眼处，以为群石之长。又得古铜盆一枚，以盛石，挹[6]水注之灿然。而庐山归宗[7]佛印[8]禅师适有使至，遂以为供。禅师尝以道眼[9]观一切，世间混沦[10]空洞，了无一物，虽夜光尺璧[11]与瓦砾等，而况此石；虽然，愿受此供。灌以墨池水[12]，强为一笑。使自今以往，山僧野人，欲供禅师，而力不能办衣服饮食卧具者，皆得以净水注石为供，盖自苏子瞻始。时元丰五年五月，黄州东坡雪堂书。

注释：

1. 怪石供：奉献怪石，以供陈设玩赏。以似玉美石作成的案头摆设。

2. 齐安：指黄州。今湖北黄冈。

3. 相形：相互比较，对照。

4. 形语：用表情手势代替言语来达意。

5. 饼饵：饼类食品的总称。

6. 挹（yì）：舀，把液体盛出来。

7. 归宗：即归宗寺，原为王羲之故宅，后舍宅为寺，寺中有王羲之洗墨池。

8. 佛印：佛印（1032～1098年），宋代云门宗僧。为苏东坡之方外知交。法号了元，字觉老。俗姓林，饶州（江西省）浮梁人。

9. 道眼：佛教语。指能洞察一切，辨别真妄的眼力。

10. 混沦（hùn lún）：混沌。浑然未分貌。

11. 夜光尺璧：宝玉名。夜光：珠名。尺璧：古玉器名。直径一尺的大璧，言其珍贵。

12. 墨池水：指佛印所在归宗寺"王羲之洗墨池"之水。

苏轼从古籍《禹贡》记载青州出产怪石入手，道出自己对怪石的喜爱、尊崇和理解，指出赤壁的美石如玉，纹饰细腻如指纹，"精明可爱"，甚至巧手画工摹画也难以达到其形意。这些美石乃天地造化之物，具自然之美，但"凡物之丑好，生于相形"。就是说，怪石的美与丑，只不过是相互比较而言罢了。如果所有的石头都如赤壁美石，那么，一般的俗石就成为美石了。这是苏轼对怪石理论富有哲理的分析和认识。苏轼又一次张扬他的丑石概念和理论。

苏轼把所得二百多枚怪石，放在盆盎之中，注水而陈设玩赏，以感受天工之造化，宇宙之哲理，艺术之心境，文人之情操。恰佛印禅师派人来黄州探望，苏轼将其赠予佛印，供诗僧把玩鉴赏。为此，苏轼有函至佛印：

《与佛印十二首》（二）：收得美石数百枚，戏作《怪石供》一篇，以发一笑。开却此例，山中斋粥[1]今后何忧，想复大笑也。更有野人[2]于墓中得铜盆一枚，卖得以盛怪石，并送上结缘也。

注释：

1. 斋粥：僧众吃的粥。

2. 野人：泛指村野之人；农夫。

佛印，法号了元，系江南著名诗僧。此时，他在庐山出家，不久即任润州金山寺主持。佛印自幼饱读诗经，博学多才，诗文清秀，善郊游，好结交，与苏轼交谊深厚，来往频繁。在文中，苏轼借用道家观察世间事物的视角，尽管宇宙空荡无物，珠玉与瓦砾等同，何况奇石呢？即便如此，佛印还是愿意接受为供。使苏轼自豪的是，他以怪石供佛开辟了赏石文化的新纪元。同时，为无钱无物的平民百姓提供了高雅而节俭的供奉方式。因此，苏轼骄傲地说："皆得以净水注石为供，盖自苏子瞻始。"

这种细小怪石的陈设、观赏、供奉方式，有益于人们陶冶情操，身心健康，能起到静心、去暑纳凉的效果。苏轼的《玉石偈》[1]诗给予了生动阐释：

> 嘻嘻呀呀[2]三伏中，草木生烟地生火。
>
> 遗君玉石百有八，愿君置之白石盆。
>
> 注以碧芦[3]井中泉，遗君肝肺凉如水。
>
> 热恼[4]既除心自定，当观热相无去来[5]。
>
> 寒至折胶热流金[6]，是我法身[7]二呼吸。
>
> 寒人者冰热者火，冰火初不自寒热。
>
> 一切世间我四大[8]，毕竟谁受寒热者。
>
> 愿以法水浸摩尼[9]，当观此石如瓦砾[10]。

注释：

1. 偈（jì）：佛教术语，偈陀之省。梵语"颂"，即佛经中的唱词。

2. 嘻嘻呀呀：象声词。笑声。

3. 碧芦：应为"碧卢"。美玉名。

4. 热恼：亦作"热脑"。谓焦灼苦恼。

5. 去来：佛教语。指过去、未来。该句意指心定则观热相皆虚妄，亦无所谓去来。佛教以世间一切诸相虚幻无实，称为幻相。

6. 折胶（zhé jiāo）：形容严寒。流金：谓高温熔化金属。形容气候酷热。

7. 法身：佛教语。谓证得清净自性，成就一切功德之身。"法身"不生不灭，无形而随处现形，也称为佛身。各乘诸宗所说不一。

8. 四大：佛教术语。谓地、水、火、风四种物体为佛教四大。佛教认为一切物质都是四大所生。亦用作人身之代称。《圆觉经》："我今此身，四大和合。"

9. 法水：佛教语。指佛法。谓佛法能消除心中烦恼，犹如水能洗涤污垢，故称。摩尼：

梵语宝珠的译音。也作"末尼"。为珠玉之总称。传说摩尼有消除灾难、疾病及澄清浊水、改变水色之德。

10. 瓦砾：破碎的砖瓦石块。比喻无价值的东西。

《怪石供》一经问世，引起社会的广泛关注和文人雅士的认同，佛印得供石后的潜心刻石，及另一著名诗僧参寥（道潜）的介入，使得怪石供成为赏石文化一盛事。由此，促使苏轼写出了《后怪石供》。

《后怪石供》：苏子[1]既以怪石供佛印，佛印以其言刻诸石。苏子闻而笑曰："是安所从来哉？予以饼易诸小儿者也。以可食易无用，予既足笑矣，彼又从而刻之。今以饼供佛印，佛印必不刻也，石与饼何异？"参廖子[2]曰："然，供者，幻[3]也。受者，亦幻也。刻其言者，亦幻也。夫幻何适而不可。"举手而示苏子曰："拱此而揖[4]人，人莫不喜。戟此而詈[5]人，人莫不怒。同是手也，而喜怒异，世未有非之者也。子诚知拱、戟之皆幻，则喜怒虽存而根亡。刻与不刻，无不可者。"苏子大笑曰："子欲之耶？"乃亦以供之。凡二百五十，并二石槃[6]云。

注释：

1. 苏子：苏轼自称。《前赤壁赋》："苏子愀然，正襟危坐，而问客曰：'何为其然也？'"。

2. 参寥子：道潜（1043～1106年），北宋诗僧。本姓何，字参寥，赐号妙总大师。於潜（今属浙江临安）浮村人。

3. 幻：佛学概念，指假相。以佛教立场而言，诸法皆由因缘和合而生，由因缘离散而灭，一切事象皆无实体性，故可称为幻。

4. 拱：即拱手，也称"拱"、"作揖"、"拱作"。交际礼节之一。见面时，双手合抱举前，向对方致意，以示恭敬、服从。揖（yī）：古代的拱手礼。

5. 戟：即戟手，伸出食指和中指指人，以其似戟，故云。常用以形容愤怒或勇武之状。詈（lì）：骂，责骂。

6. 槃（pán）：承盘，亦特指承水盘。

此文可能作于元丰六年（1083年），这年三月末，参寥自杭州来黄，看望老友苏轼，在东坡雪堂住了很长时间。苏轼特别喜欢参寥的诗句，多次与之郊游，关系深厚，以致受苏轼文字狱和党争的牵连而受到责罚。参寥到达之前一年，《怪石供》已传入文坛，而参寥住雪堂并同苏轼游览，吟诗，聊天，自然会论及怪石供。其实，《后怪石供》所记述的内容就是他们畅谈、议论《怪石供》的结果。

当苏轼听到参寥说佛印将《怪石供》之文刻之于石，作为归宗寺镇寺之宝时，不禁大笑说，当初我以饼换取小儿的石头，是以食物换无用物，已经非常可笑，他又镌刻于石，不是更可笑吗？如果今天以饼供佛印，他肯定不刻，这就是石与饼的不同吗？苏轼通过笑谈之语，使用无用、可笑等略有贬义词汇，反而更突出了怪石的品味和文化价值。参寥则用佛家语言回答，一切皆空，如梦如幻，供者、受者、刻者，皆幻也，刻与不刻，无不可者。之后，苏轼将新收集到的二百五十枚怪石，分装在两个石盘之中，"乃亦以供之"。

《后怪石供》是一篇非常质朴、简洁、绝妙的记述文，苏轼既注意到与前文《怪石供》的呼应，又以宽松和谐，谈笑自如，主客问答的方式，突出了主题，即赤壁怪石的价值和以清水注石以供的赏石方式。这是完完全全必被记入史册的创新。

苏轼除以怪石供佛印、参寥禅师外，也常常送给其他好友玩赏，《寄怪石石斛与鲁元翰》[1]一诗就颇有情趣：

> 山骨[2]裁方斛[3]，江珍拾浅滩。
>
> 清池[4]上几案，碎月[5]落杯盘。
>
> 老去怀三友[6]，平生困一箪[7]。
>
> 坚姿聊自儆[8]，秀色亦堪餐[9]。
>
> 好去髯卿[10]舍，凭将道眼看。
>
> 东坡最后供[11]，霜雪照人寒[12]。

注释：

1. 鲁元翰，即鲁有开，字元翰，亳州谯城（今安徽亳州）人。与苏轼友善。熙宁六年（1073 年）与苏轼同任杭州通判。

2. 山骨：山中岩石。

3. 方斛（hú）：即石斛，斛状石盒。斛：中国旧量器名。十斗曰斛。

4. 清池：言石斛。

5. 碎月：言怪石。

6. 三友：指梅、竹、石。

7. 一箪（dān）：语出《论语·雍也篇》："一箪食，一瓢饮，在陋巷，人不堪其忧，回也不改其乐。"形容清贫的生活。箪，古代盛饭的圆竹器。

8. 自儆：即自警，谓警戒自己。

9. 秀色亦堪餐：极言怪石映水之美。晋陆机《日出东南隅行》："鲜肤一何润，秀色若可餐。"

10. 髯卿：谓鲁元翰。

11. 最后供：陈设赏玩之物称供。如称笔、墨、砚等为"文房清供"。这里指陈设怪石石斛。因要送给鲁元翰，故称"最后"。

12. 霜雪照人寒：指怪石清净莹洁，视之如霜雪，使人顿生寒意，精神为之一爽。

苏轼《记赤壁》、《怪石供》、《后怪石供》、《玉石偈》等诗文，将赤壁怪石拔高到前所未有的水平，使之成为有宋一代记入史册的名石。在此，苏轼还强调了他关于怪石美与丑的概念和诠释，并借用道家和佛家伦理和视角，阐释了对怪石认识和推崇，在空洞无物和幻觉思维方式下，怪石仍然是各界崇尚之物。同时，突出了自己在赏石文化和赏石方式上的创举，即以怪石为供。

自苏轼将细小河卵石用作怪石供后，这类怪石也成为爱石者追捧的对象，遂有黄州石、六合石、五色石、纹石、绮石、灵岩石、雨花石等名称出现，实际其类别相同，产地有异。宋代杜绾的《云林石谱》将苏轼所采之石称为黄州石。他说："黄州江岸与武昌赤壁相对，江水中有石五色斑斓，光润莹彻，纹如刷丝，其质或成物像率皆细碎。倾因东坡先生以饼饵易于小儿，得百余枚作怪石供，以遗佛印，后甚为士大夫所采玩。"同时，该石谱还记有六合石，其品质类型与所谓黄州石雷同。明代林有麟的《素园石谱》录有怪石供，林氏记曰："玻璃国产五色石，以玻璃盆贮之，灿然可爱。又青州有铅松怪石似玉，今齐安江上往往有之，多红黄白色，其文如人指上螺，精明莹洁，虽巧者以意绘画有不能及。苏子瞻常以之供佛印禅师，名曰怪石供，凡二百五十枚，并石盘二个。"林氏所记数量有误。同篇，林氏还有绮石之记述。明清还出现了至今炽热的雨花石。自苏轼开创以来，这类奇石在赏石界占有一席之地，以杜绾、米万钟、林有麟、张轮远、王猩酋、宋荦等为代表的赏石名家也层出不穷。明人陆君弼[1]《夏日朱宪昌山人以锦石见贻》[2]诗：

江城[3]初伏热如煮，兀坐[4]空庭日当午。

开门忽枉[5]古人书，贻我锦石五色[6]舒。

贮之磁盘[7]白盈尺，旋汲[8]清泉助生魄。

翠比结绿红靺鞨[9]，纹如指螺莹无迹。

袅袅含姿[10]斗水晶，粼粼照案吹寒碧[11]。

兴来捧玩引清瞩[12]，缛彩[13]繁文烂相射。

雪浪石

昔人嗜者苏黄州¹⁴，往往齐安¹⁵江上得。

宝之良与铅钛同，远贡参寥称怪石。

真州灵岩¹⁶亦产此，小者弹丸大凫子¹⁷。

雨花¹⁸虽擅玛瑙名，其质粗顽仅充砥¹⁹。

君言採自灵岩山，精者齐安不足比。

礼足²⁰长供绣佛龛，灌心²¹应借墨池水。

有时采焰逗风长²²，白昼同飞舍利光。

焉用元珠来象罔²³，顿叫火宅²⁴生清凉。

注释：

1. 陆君弼（1528～1613年），一名弼，字无从，明代江都（今江苏扬州）人。

2. 山人：一般指隐士高人或与世无争的高人；或指仙家、道士之流，旧时以修身，悟道，一般不与世俗人来往，选择在山水美好之地参悟自然、宇宙规律之人。锦石：有美丽花纹的石头；美石。见贻（yí）：犹见赠。赠送给我。

3. 江城：湖北省武汉市。

4. 兀坐：危坐，独自端坐。空庭：幽寂的庭院。

5. 忽枉：唐张九龄《酬王六寒朝见诒》："忽枉兼金讯，长怀伐木诗。"

6. 五色：指青、黄、赤、白、黑五色，也泛指各种色彩。古代以此五者为正色。

7. 磁盘：即瓷盘。磁同"瓷"。

8. 汲（jí）：从井里打水，取水。

9. 结绿：美玉名。靺鞨（mò hé）：亦称"靺羯芽"。宝石名。即红玛瑙，色红，隐晶质，产靺鞨，故称。

10. 袅袅：轻盈纤美的样子。含姿：带着美好的姿态。

11. 粼粼：水流清澈貌；水石闪映貌。寒碧：给人以清冷感觉的碧色。指代清冷的湖水。

12. 清瞳（lú）：亦作"清卢"。眼珠明亮，黑白分明。瞳：瞳人；亦泛指眼珠。

13. 缛（rù）彩：即缛采。绚丽的色彩。借指繁华的文采。繁文：富有文采。

14. 苏黄州：指苏轼。

15. 齐安：指黄州。今湖北黄冈。

16. 真州：今江苏扬州仪征市。灵岩：今南京市六合区灵岩山。雨花石的主要产地。

17. 凫（fú）子：鸭蛋。

18. 雨花：即雨花石。一种天然玛瑙石，也称文石、观赏石、幸运石，主要产于南京市六合区及仪征市月塘镇一带，是南京、仪征著名的特产，有"石中皇后"之称，被誉为"天赐国宝，中华一绝"。

19. 砥（dǐ）：细的磨刀石。

20. 礼足：即以头顶触礼佛足；用以表示身心上之绝对皈依。用表礼之至极。又作顶礼、接足作礼、头面礼足、稽首礼足、顶礼双足。

21. 灌心：佛教用语。灌谓灌持，表示诸佛的护念、慈悲；心谓觉悟之心。佛的大慈大悲之心。

22. 风长：风大。

23. 该句出自典故"象罔得珠"，典出《庄子·天地》：黄帝游乎赤水之北，登乎昆仑之丘而南望，还归，遗其玄珠。使知索之而不得，使离朱索之而不得，使吃诟索之而不得也。乃使象罔，象罔得之。黄帝曰："异哉，象罔乃可以得之乎？"玄珠：道家、佛教比喻道的实体，或教义的真谛。象罔：亦作"象网"。

24. 火宅：佛家语。喻烦恼的俗界。

就赤壁石（黄州石、齐安石）而言，其产量不大，精者较少，经宋代，特别是明代的采集发掘，至清代往往是可遇而不可求。今天，几乎被人们遗忘。清初赏石名家宋荦，曾在黄州任职。他所撰《怪石赞》有一简短说明："齐安怪石名天下，自苏子瞻始。余寓黄年余，遍求不可得。所谓聚宝山者，断岭颓冈，累累皆粗石，几令子瞻之言不信。今岁秋，友人以石饷者屡矣，较文辨色得十有六枚，甚可宝玩，始信子瞻《怪石供》非虚语也。爰置晶盘，注以泉水，各即其形象名之，而系以赞。时康熙四年九月一日也。"对每一怪石命名并以文赞之，道出赏石大家宋荦的良苦用心。正如文后黄安张希良所跋，"而有待于牧仲（宋荦字）先生之扬发也。"

五　石钟山

苏轼因乌台诗案在黄州谪居四年有余。当时，苏轼因反对新法，遭政敌设文字狱，死里逃生，苏轼由一名显赫朝廷，守土三方的大员，责罚为从八品的团练副使，无职无权，被监视居住的罪犯。这一事件，使苏轼有生第一次失足而跌入政治深渊。跌倒了要爬起来。在黄州，苏轼渐渐克服了惊恐心理，调整心态，适应环境，亲身耕作，贴近自然，广交朋友，谈禅礼佛论道，融入社会，激发灵感，勤于创作，勇于创新，创造了人生新的辉煌。

在这艰难的岁月，通过困苦的磨练，使他的世界观、人生观产生了巨大飞跃。

元丰七年（1084年），时年四十九岁的苏轼时来运转，奉旨量移汝州团练副使。是年四月，苏轼一家在参寥等老友陪同下，驾舟别黄赴汝。苏轼一路心情舒畅，尽情畅游风景名胜。六月九日，苏轼一家舟泊江州湖口。在这里停泊，苏轼要办两件事情。第一，送别长子苏迈前去饶州德兴县任职，赠苏迈以砚台，并为之作《迈砚铭》，勉励其修德求进，像父亲一样刚强自立，为国忧民。第二，实地考察石钟山，为《石钟山记》的习作提供第一手资料。

苏轼《石钟山记》曰：

《水经》[1]云：彭蠡[2]之口，有石钟山[3]焉。郦元[4]以为下临深潭，微风鼓[5]浪，水石相搏[6]，声如洪钟[7]。是说[8]也，人常疑之。今以钟磬[9]置水中，虽大风浪，不能鸣也，而况石乎！至唐李渤[10]始访其遗踪[11]，得双石于潭上，扣而聆之，南声函胡[12]，北音清越[13]，枹止响腾[14]，余韵徐歇[15]，自以为得之[16]矣。然是说也，余尤疑之。石之铿然[17]有声者，所在皆是[18]也，而此独以钟鸣，何哉？

元丰七年六月丁丑[19]，余自齐安[20]舟行适临汝[21]，而长子迈将赴饶之德兴[22]尉，送之至湖口，因得观所谓石钟者。寺僧使小童持斧，于乱石间择其一二扣之，硿硿焉[23]，余固笑而不信也。至暮夜月明，独与迈乘小舟至绝壁下，大石侧立千仞，如猛兽奇鬼，森然[24]欲搏人[25]。而山上栖鹘[26]，闻人声亦惊起，磔磔[27]云霄间。又有若老人咳[28]且笑于山谷中者，或曰，此鹳鹤[29]也。余方心动[30]欲还，而大声发于水上，噌吰[31]如钟鼓不绝，舟人[32]大恐。徐而察之，则山下皆石穴罅[33]，不知其深浅，微波入焉，涵澹澎湃[34]而为此也。舟回至两山间，将入港口，有大石当中流[35]，可坐百人，空中[36]而多窍，与风水相吞吐，有窾坎镗鞳[37]之声，与向之噌吰者相应，如乐作焉。

因笑谓迈曰："汝识之乎[38]？噌吰者，周景王之无射[39]也。窾坎镗鞳者，魏庄子之歌钟[40]也。古之人不余欺也[41]。事不目见耳闻，而臆断其有无，可乎？"郦元之所见闻，殆[42]与余同，而言之不详。士大夫终不肯以小舟夜泊绝壁之下，故莫能知。而渔工水师[43]，虽知而不能言。此世所以不传也。而陋者乃以斧斤考击而求之[44]，自以为得其实。余是以记之，盖叹郦元之简，而笑李渤之陋也。

注释：

1. 石钟山：位于江西省九江市湖口县，长江与鄱阳湖交汇处。由南、北二山组成，南面一座濒临鄱阳湖，称上钟山；北面一座濒临长江，称下钟山。因两山下部均有洞穴，形如覆钟，面临深潭，微风鼓浪，水石相击，响声如洪钟，故皆名为"石钟山"。

2.《水经》：我国第一部记述水系的专著。

3.彭蠡：即彭蠡湖，鄱阳湖的古称。位于江西省北部。

4.郦元：即郦道元，字善长，范阳涿州（今河北涿州）人。南北朝时期北魏官员、地理学家。撰《水经注》四十卷。

5.鼓：振动。

6.搏：击，拍。

7.洪钟：大钟。《世本·作篇》："颛顼命飞龙氏铸洪钟，声振而远。"

8.是说：这个说法。

9.钟磬：钟和磬，古代礼乐器。

10.李渤：（773-831年），字濬之，唐洛阳人。时人称其"白鹿先生"。工诗文，书、画亦皆可喜。新、旧《唐书》均有传。曾作《辨石钟山记》：《水经》云："彭蠡之口，有石钟山。"郦元以为下临深潭，微风鼓浪，水石相搏，响若洪钟，因受其称。有幽栖者，寻纶东湖，沿澜穷此。遂跻崖穿洞，访其遗踪。次于南隅，忽遇双石，漱枕潭际，影沦波中。询诸水滨，乃曰："石钟也，有铜铁之异焉。"扣而聆之，南声函胡，北音清越，枹止响腾徐歇。若非潭滋其山，山涵其英，联气凝质，发为至灵，不然，则安能产兹奇石子？乃知山乃石名，归矣。如善长之论，则濒流庶峰，皆可以斯名贯之。聊刊前谬，留遗将来。贞元戊寅岁七月八日白鹿先生记。

11.遗踪：旧址，陈迹。这里指所在地。

12.南声函胡：南边（那座山石）的声音模糊不清。南声，指上钟山所发之声。函胡，通"含糊"，模糊不清。

13.北音清越：北边（那座山石）的声音清脆悠扬。北音，指下钟山所发之声。清越，清脆悠扬。

14.枹（fú）止响腾：鼓槌停止了（敲击），声音还在传播。枹，同"桴"，鼓槌。腾，传播。

15.余韵徐歇：余音慢慢消失。韵，这里指声音。徐，慢。

16.得之：找到了这个（原因）。之，指石钟山命名的原因。

17.铿（kēng）然：敲击金石所发出的响亮的声音。

18.所在皆是：到处都（是）这样。是，这样。

19. 六月丁丑：农历六月初九。

20. 齐安：今湖北黄冈。

21. 临汝：即汝州（今河南临汝）。

22. 饶之德兴：饶州德兴县（今江西省上饶市德兴市）。

23. 硿（kōng）硿焉：硿硿地（发出响声）。硿硿，象声词。击金石声。

24. 森然：阴森貌。形容阴沉可怕。

25. 搏人：捉人，打人。

26. 栖鹘（hú）：宿巢的老鹰。鹘，鹰的一种。

27. 磔（zhé）磔：象声词，鸟鸣声。

28. 欬（kài）：咳嗽。

29. 鹳（guàn）鹤：水鸟名，形似鹤，嘴长而直，顶不红，颈和嘴都比鹤长，常活动于水旁，夜宿高树。

30. 心动：这里是心惊的意思。

31. 噌吰（chēng hóng）：形容钟声洪亮。

32. 舟人：船夫。

33. 罅（xià）：裂缝；缝隙。

34. 涵澹澎湃：波浪激荡。涵澹，水波动荡。澎湃，波浪相激。

35. 中流：水流的中心。

36. 空中：中间是空的。

37. 窾坎（kuǎn kǎn）镗鞳（tāng tà）：指击鼓声。窾坎，击物声。镗鞳，钟鼓声。

38. 汝识（zhì）之乎：你知道那些（典故）吗？识，知道。

39. 周景王之无射（wú yì）：周景王所铸钟名。后亦泛指大钟。

40. 魏庄子之歌钟：庄子，魏绛的谥号。魏绛，生卒年不详，姬姓，魏氏，名绛，谥号为庄，故史称魏庄子，春秋时晋国卿。歌钟，古乐器。伴唱的编钟。

41. 古之人不余欺也：古人（称这山为"石钟山"）没有欺骗我啊！不余欺，就是"不欺余"。

42. 殆：大概。

43. 渔工水师：渔人和船工。

44. 以斧斤考击而求之：用斧头敲打石头的办法来寻求（石钟山得名的）原因。斧斤：

泛指各种斧子。考击，敲打。

苏轼考察石钟山，并不是单纯的崇山、赏石、玩水，而是一次计划好的野外实地调查探究，以辨明是非。对于石钟山命名因由，历来史家说法不一，他对北魏地理学家郦道元和唐代李渤对石钟山决然不同的说法深存疑虑，需要到现场考察验证。

当年，李渤也是郦氏之说的质疑者。为此，他也亲临石钟山考察，通过亲手敲击石头，听其发声的实验，得出山上石头敲击之声为其得名的缘由。白天，苏轼在寺僧的引领下到达现场，命小童以斧击石，听其硿硿之声，苏轼"固笑而不信也"。因为，"石之铿然有声者，所在皆是也，而此独以钟鸣，何哉？"苏轼否定了李渤的看法。晚上，父子二人借月光乘小舟亲临崖下，在令人毛骨悚然的环境中终于听到了"噌吰如钟鼓不绝"声音，是由水拍崖壁下之空洞而发，故"涵澹澎湃而为此也"。在返回途中中空巨石旁，又听到与前相呼应的"窾坎镗鞳之声"。经亲身体验，亲眼所见，亲耳所听，苏轼终于探明了石钟山得名的奥秘。他的结论与李渤相悖，与郦道元相近。故而"叹郦元之简，而笑李渤之陋也"。

现场勘查得出结论后，苏轼指出了本文阐述的中心思想，即"事不目见耳闻，而臆断其有无，可乎？"苏轼认为，做任何事情，认识任何事物，都要从实际出发，不畏艰险，亲自调研，不能仅凭主观臆断而论是非。这就是苏轼观察事物的实事求是的哲学观，人生观。同时，苏轼还严厉批评了那些凭空想象，或下车伊始，咿咿呀呀，浮皮潦草，形而上学的行为，即"士大夫终不肯以小舟夜泊绝壁之下，故莫能知。"

《石钟山记》是一篇十分漂亮，有论有据，有别于山水游记，阐明事理的理论文章。虽然本文没有只言片语涉及政治，但文章更深层次的含义是离不开人生、社会和现实政治的。这时的苏轼，经过政治和人生的挫折之后，已经非常成熟，对政治人生有了深入的思考。苏轼是因反对新法而得罪的，事过五年之后，王安石虽然离职，但新法还在推行。"新法的不少政策多属主观臆断，不合实际。然而，当时的士大夫们却只知一意追随新法，根本不去作认真的调查研究，有的还故意歪曲事实，以求邀宠固禄，这自然不能不令正直的苏轼深恶痛绝。"在苏轼欲出苦海，将扶摇直上的情景中，这篇科学记文难道不含有对现实朝廷官僚、士大夫盲从，脱离实际，不宜民生等丑恶现象的批判吗？

在记文中，苏轼描绘山水景色的语言少而简练，通过崖壁、惊鸟、怪叫声及湖水拍石、拍岸声，勾画出一幅活生生的石钟山阴森可怖的夜景。他所设置情景生动活泼，有远有近，有高有低，有动有静，有形有声，十分逼真，使人有身临其境之感。赏石是一种文化，奇石是自然山水景观的缩影,对自然景观天人合一的质感、亲近、抒怀,是赏石大家的思维基石。

元祐八年(1093年),苏轼五十有八,有生第二次跌入政治深谷,遭到致命迫害,一贬再贬,流放海外,过着食无肉,病无药,居无室,出无友,冬无炭,夏无泉的凄惨生活。元符三年(1100年)十二月,哲宗卒,徽宗即位,时年六十五岁的苏轼以徽宗登极恩移海内,十一月授朝奉郎、提举成都府玉局观,外州军任便居住,这才获得以自由。建中靖国元年(1101年),六十六岁的苏轼鬓发脱落,身心极度疲惫。正月五日,过南安(今属福建泉州),在自己旧作作《跋石钟山记后》,跋曰:

> 钱唐[1]、东阳[2]皆有水乐洞[3],泉流空岩中,自然宫商[4]。又自灵隐下天竺而上至上天竺[5],溪行两山间,巨石磊磊如牛羊,其声空磬然,真若钟声,乃知庄生所谓天籁者[6],盖无所不在也。建中靖国元年正月五日,自海南还,过南安[7],司法掾[8]吴君示旧所作《石钟山记》,复书其末。

注释:

1. 钱唐:古县名。今浙江杭州。

2. 东阳:古县名。今浙江金华东阳市。

3. 水乐洞:南宋祝穆《方舆胜览》卷一《临安府》:"水乐洞,在南山,泉流空谷中,自然宫商。东阳亦有之。"

4. 宫商:古代音律中的宫音与商音,后人用其泛指音乐。

5 下天竺:指杭州下天竺寺,清乾隆命名法镜寺。上天竺:指杭州上天竺寺,清乾隆命名法喜寺。

6. 庄生:即庄周。战国时期道家学派的代表人物。天籁:各物因其自然状态而自己发出的声音,天地间音响中的一种。

7. 南安:即南安军,宋淳化元年(990年),以虔州原辖南康、大庾、上犹三县另置南安军,治大庾(今江西省赣州市大余县)。

8. 司法:官名。宋沿唐制,诸州置司法参军。掾(yuàn):原为佐助的意思,后为副官佐或官署属员的通称。

在跋中,苏轼又例举了两地因流水撞击岩石发出的空磬之声,作为他对石钟山得名缘由判断的佐证。其实,苏轼对石钟山得名的认识并不一定完全正确,我们赞成的是他严谨治学的态度。对于郦道元、苏轼的说法,曾国藩曾有评论:"自咸丰四年十二月楚军水师在湖口为贼所败，自是战争八年，至十一年乃少定。石钟山之片石寸草，诸将士皆能辨识。上钟岩与下钟岩其下皆有洞，可容数百人，深不可穷，形如覆钟。彭侍郎玉麟于钟山之顶建立昭忠祠，乃知钟山以形言之，非以声言之。郦氏、苏氏所言，皆非事实也。"

六　醉道士石

元丰八年（1085年），是五十岁的苏轼政治生涯转折的年份。本年四月，苏轼在灵璧刘氏园画壁易石后，继续赶赴常州。五月六日，诏复朝奉郎、知登州。五月二十二日到常州贬所，六月告下，七月下旬，自常州赴登州。八月下旬，过扬州，晤州守杨景略（康功）。杨康功以醉道士石示苏轼，请为之赋诗，苏轼应允而前行。

九月初，苏轼舟至淮口，遇大风三日不能渡，舟中作《醉道士石诗》。苏轼的《与杨康功三首之三（赴登州）》叙其事：

> 两日大风，孤舟掀舞[1]雪浪中，但阖户拥衾[2]，瞑目块坐[3]耳。杨次公[4]惠酝[5]一壶，少酌径[6]醉。醉中与公作得《醉道士石诗》，托楚守[7]寄去，一笑。某有三儿，其次者十六岁矣，颇知作诗，今日忽吟《淮口遇风》一篇，粗可观，戏为和之，并以奉呈。子由[8]过彼，可出示之，令发一笑也。

注释：

1. 掀舞：飞舞；翻腾。

2. 阖（hé）户：闭门。阖，关闭。拥衾（qīn）：谓半卧以被裹护下体。衾，被子。

3. 块坐：独坐。块，孤独；孑然。

4. 杨次公：名杰，生于无不州，自号曰"无为子"。元丰中官太常，初好禅宗，历参诸老宿不契，既从天衣禅师游。官至太常寺正卿、礼部侍郎。

5. 惠酝（yùn）：赠酒。惠，惠赠。酝，酒。

6. 径：径直；直接。

7. 楚守：指楚州太守。楚州，今江苏淮安。

8. 子由：指苏轼弟弟苏辙。该年八月，苏辙由绩溪令入为校书郎，其赴京必经过扬州，故有此说。

苏轼《杨康功有石，状如醉道士，为赋此诗》：

> 楚[1]山固多猿，青者黠[2]而寿。
>
> 化为狂道士，山谷恣腾蹂[3]。

误入华阳洞⁴，窃饮茅君⁵酒。

君命囚岩间，岩石为械杻⁶。

松根络其足，藤蔓缚其肘。

苍苔⁷眯其目，丛棘哽其口。

三年化为石，坚瘦敌琼玖⁸。

无复号云声，空馀舞杯手⁹。

樵夫见之笑，抱卖易升斗¹⁰。

杨公海中仙¹¹，世俗那得友。

海边逢姑射¹²，一笑微俯首。

胡不载之归，用此顽且丑。

求诗纪其异，本末得细剖。

吾言岂妄云，得之亡是叟¹³。

注释：

1. 楚：指楚州，今江苏淮安市。醉道士石出自楚州所属的山里。

2. 黠（xiá）：

3. 腾踩：奔驰践踏。

4. 华阳洞：即今江苏省镇江市句容市句曲山（即茅山）华阳洞。又名金坛华阳之天。

5. 茅君：葛洪《神仙传》记载：茅君者，名盈字叔申，咸阳人也。十八岁入恒山学道，积二十年，道成而归。后遂径之江南，治于句曲山。山有洞室，神仙所居，君治之焉。山下之人，为立庙而奉事之。太上老君命五帝使者持节，以白玉版黄金刻书，加九锡之命，拜君为太元真人东岳上卿司命真君，主吴越生死之籍，方却升天，或治下于潜山。

6. 械杻（xiè chǒu）：亦作杻械。脚镣手铐。泛指刑具。

7. 苍苔：青色苔藓。

8. 敌：相当。琼玖：琼和玖。泛指美玉。

9. 无复号云声，空余舞杯手：王十朋集注引次公曰："'号云'以言猿，'舞杯'以言醉道士。"干宝《搜神记》卷七：太康中，天下为"晋世宁"之舞。其舞，抑手以执杯盘，而反复之。歌曰："晋世宁舞，杯盘反复。"至危也。杯盘，酒器也，而名曰"晋世宁"者，言时人苟且饮食之间，而其智不可及远，如器在手也。

10. 升斗：言少许之物。借指少量的米粮、口粮。

11. 杨公海中仙：杨康功曾出使高丽，故云。

12. 姑射（yè）：指姑射神人。后泛指美貌女子。

13. 亡（wú）是叟：即亡是公。指不存在的人或物。亡：即无。这里是指诗中所言石由猿化，又化为道士，又化为石，乃设虚辞以言也。

苏轼以醉道士石形貌特征为前提，以极赋天资的超然想象力，赋予顽石以生命，赋予怪石以文化，使其产地、生成过程、发现经过等活灵活现地展现在人们面前。苏轼赋予醉道士石的神奇色彩，不得不令人折服。

对于醉道士石，苏轼有着引人入胜且故事般的叙述。在楚州的山上，生活着许多猿猴，其中一只青色猿猴聪明狡黠而命长。最终，他成精灵化为一狂道士，在山谷丛林中穿梭跳跃，快乐生活。因不小心进入华阳洞，偷偷喝了毛君仙酒，被毛君以岩石为囚具禁锢于岩缝间。由于大自然水土浸蚀，风吹日晒，狂道士全身逐渐被松根缠绕，藤蔓裹缚，青苔蔓延，荆棘丛生，他经受着诸多自然力量塑造、雕琢，三年之后化为石头。这时，他已被陶冶为体质坚瘦，质如玉石的醉道士。此时此刻，他尽管不能像以前那样吼叫嬉闹，却仍然保持着论杯换盏似的朦胧可掬的醉态。樵夫见到此石，知其价值很高，高兴之极，运到市场出售。杨康功见到此石，见其"顽且丑"态，完全符合苏轼所推崇的赏石标准，当为难得一见的稀世之宝。杨康功欣喜若狂，如获至宝，购得为友，并请苏轼为之赋诗。

醉道士石的石质当为灰白色石灰岩，属于太湖石类。该石历经千百年来自然营力的天斧神功般地琢磨锤炼，隐约成为梦幻中既活灵活现，又憨态可掬的醉道士形体，实属天地凝练之精华。醉道士石除所铭刻的苏轼醉道士石诗外，没有一丝一毫的人工痕迹，的确是大自然的杰作。

苏轼赋醉道士石诗后，此石名气大振，身价倍增，不少嗜石者和文人雅客前来观赏。苏轼好友诗僧参寥的《杨康功待制所藏醉道士石》（《参寥子诗集》卷二）和秦观《题杨康功醉道士石》（《淮海集》卷五）诗得以传世。从诗文看来，他们都从杨康功那里见到了醉道士石。

对于声名显赫的醉道士石，宋代杜绾《云林石谱》不见著录，明万历年间林有麟所著的《素园石谱》则收录其中。该石谱仅罗列苏轼、秦观二诗咏，没作任何分析研究，所提供的醉道士石图画可能是凭空想象而绘就的。由此说来，林氏根本没有见到过醉道士石。

雪浪石

在民国二十二年出版的《山东古迹名胜大观》第一集中的益都古迹之二，刊有"苏东坡醉道士石"图片。图片两侧有"石在法庆寺，无年月，东坡题醉道士石诗诗文。"山东青州市旧称益都，关于醉道士石，清光绪《益都县志》有载，清代郡人段松苓的《益都金石记》有著录。该石现存青州博物馆。但是，此石何时、何缘自扬州运达青州，真实情况尚不得而知。现有资料显示，醉道士石自清代至民国时期存于法庆寺，解放后移植于青州博物馆前院。

《中国赏石大典》刊录了民国苏东坡醉道士石图片，但法庆寺被误写为法华寺，同篇还刊有1988年移于青州博物馆内的醉道士石照片。两张照片恰巧一正一侧，基本可以看清其原貌及其特征。的确，其远看好像是一顽皮可爱的猿猴，近看酷似醉态龙钟的道士。宋代名石能留存至今，可谓中国赏石文化之奇迹，古石名石之瑰宝。

参寥子《杨康功待制所藏醉道士石》：

> 天官夜燕琼楼[1]春，一官大醉颓穹旻[2]。
>
> 飞光贯地若素练[3]，百里鸡犬声纷纷。
>
> 吹风洗雨岁月古，化此顽石良悲辛[4]。
>
> 楚山之老[5]颇知异，濯以涧底清漪沦[6]。
>
> 霓裳仿佛认羽客[7]，楮冠[8]数寸横秋云。
>
> 空斋昼间戏一击，琅然哀韵还清真[9]。
>
> 我闻天官天所陈，虽复暂屈终当伸。
>
> 烈风迅雷[10]一朝作，却上苍苍朝紫宸[11]。

注释：

1. 天官：泛指天上仙神居官者。夜燕：亦作"夜讌"。夜间宴饮。琼楼：亦作"璚楼"。形容华美的建筑物。诗文中有时指仙宫中的楼台。

2. 颓：崩坏，倒塌。穹旻：犹穹苍。

3. 飞光：犹耀光。素练：白色绢帛。常用以喻云、水、瀑布等。

4. 良：很。悲辛：悲伤辛酸。

5. 楚山之老：指杨康功。

6. 漪沦（yī lún）：微波。

7. 霓裳（ní cháng）：神仙的衣裳。相传神仙以云为裳。羽客：指神仙或方士。

8. 楮冠（chǔ guān）：以楮树皮所制之冠。多为贫士、隐士所用。

9. 琅（láng）然：象声词。声音清朗的样子。哀韵：诗歌或音乐中表现哀伤情感的语调或旋律。清真：真实自然。

10. 烈风迅雷：即"迅雷烈风"，急猛的雷和狂烈的风。形容突如其来的巨大变动。

11. 苍苍：指天。朝：朝见，朝拜。紫宸：宫殿名，天子所居。这里借指天官、天庭。

秦观《题杨康功醉道士石》：

> 黄冠¹初饮何人酒，径醉颓然²不知久。
>
> 风吹化石楚山阿³，藤蔓缠身藓⁴封口。
>
> 常随白鹤亦飞去，但有衣冠同不朽。
>
> 异物终为贤俊⁵得，野老⁶田夫岂宜有。
>
> 华阴杨公香桉吏⁷，一见遂作忘年友。
>
> 日暮西垣视草⁸归，往往对之倾数斗⁹。
>
> 大梦¹⁰之间无定论，启母望夫¹¹天所诱。
>
> 谷城或与子房期¹²，西域更为陈那吼¹³。
>
> 我疑黄冠反见玩，若此坚顽定醒否。
>
> 何当一笑凌苍霞¹⁴，顾谢¹⁵主人聊举手。

注释：

1. 黄冠：道士之冠。亦借指道士。

2. 径：就。颓然：倒下貌。

3. 山阿（ē）：山的曲折处。

4. 藓：苔藓。

5. 贤俊：亦作"贤隽"、"贤儁"。才德出众的人。

6. 野老：村野老人。

7. 华阴杨公：指杨康功，因其为华阴人，故称。香桉（ān）吏：指宫廷中随侍帝王的官员。香桉：放置香炉烛台的条桌。

8. 日暮：指太阳快落山的时候，傍晚。西垣：唐宋时中书省的别称。因设于宫中西掖，故称。视草：古代词臣奉旨修正诏谕一类公文，后亦称词臣起草诏谕为"视草"。

9. 斗：盛酒器。

10. 大梦：古人用以喻人生。

11. 启母望夫：指启母石，又名望夫石，传为启母所化之石。位于今安徽省蚌埠市怀远县涂山之阳，启母涧之西，如慈祥的妇人端坐于山崖之上。相传，禹娶涂山氏女，婚后四日便离家治水，一别十三年不回家；涂山氏女每日引领南眺，盼望丈夫归来，终于化而为石，端坐于昔日与禹幽会之所。

12. 谷城或与子房期：指黄石公授书张良的故事。《史记·留侯世家》记载：黄石公避秦世之乱，隐居东海下邳。时张良因谋刺秦始皇不果，亡匿下邳。于下邳桥上遇黄石公。黄石公三试张良，授与《太公兵法》，临别时有言："十三年后，在济北谷城山下，黄石公即我矣。"张良以黄石公所授兵书助汉高祖刘邦夺得天下，并于十三年后，在济北谷城山下找到了黄石，取而葆祠之。

13. 西域更为陈那吼：指陈那裂石的故事。佛教术语，陈那为新因明之祖。与迦毗罗仙之化石者问答，石为之裂。辅行十之一曰："迦毗罗仙，恐身死，往自在天问。天令往频陀山取余甘子食，可延寿。食已于林中化为石，如床大。有不逮者，书偈问石。后为陈那菩萨斥之。书偈，石裂。"

14. 何当：犹何妨；何如。苍霞：青云。

15. 顾谢：回首道歉、认错。

七　登州石

苏轼于元丰八年（1085年）九月初，为扬州知州杨康功赋醉道士石诗后，于本月十八日又以朝奉郎除礼部郎中，这时的苏轼还在赶往登州的路途中。苏轼自密州海行数日，于十月十五日抵达登州任上。二十日即以礼部郎中召还，为登州守仅仅五天，如苏轼所言"予到官五日而去"。

在十月的最后一天，苏轼登蓬莱阁，作《蓬莱阁记所见》：

> 登州蓬莱阁上，望海如镜面，与天相际。忽有如黑豆数点者，郡人云：'海舶至矣。'不一炊久，已至阁下。元丰八年十月晦日，眉山苏轼书。

苏轼的记述中，并没有提到登州石，他诗集中的两首有关登州石的诗文，是事隔几年后所为。从诗中所见，其不仅到过怪石产出地弹子涡，而且还采集到了大量怪石。看来，苏轼也许不止一次去弹子涡采石。

苏轼是十一月初离别登州的，十二月上旬抵达京师，就任礼部郎中。自此，苏轼不断升迁，直至元祐四年三月，他以龙图阁学士除知杭州，四月离别京师，七月三日到杭州任。在京期间，没有苏轼为登州石赋诗的记载。

孔凡礼先生的《苏轼年谱》记载，元祐四年十月，苏轼曾赠千顷广化院僧了性海石，并有诗文往来，所赠海石即是从登州携带回来的登州石。王水照先生在他所注的《苏轼选集》中，将其中一首诗的成文时间定于元祐四年。根据以上论述，可认为此诗系苏轼元祐四年下半年在杭州任上所为，而第二首诗的成文年代不详。

苏轼第一首《登州石诗》于元祐四年作于杭州，诗曰：

文登[1]蓬莱阁下，石壁千丈，为海浪所战，时有碎裂，淘洒岁久，皆圆熟可爱，土人谓此弹子涡也。取数百枚以养石菖蒲，且作诗遗垂慈堂老人。

蓬莱海上峰[2]，玉立[3]色不改。

孤阳侯杀廉角[4]，阴火[5]发光彩。

累累弹丸间，琐细或珠琲[6]。

阎浮一沤耳[7]，真妄果安在。

我持此石归，袖中有东海。

垂慈老人眼，俯仰了大块[8]。

置之盆盎[9]中，日与山海对。

明年菖蒲根，连络不可解。

倘有蟠桃[10]生，旦暮犹可待。

注释：

1. 文登：宋登州。治所在今山东蓬莱市。蓬莱阁：在今山东省蓬莱市区西北的丹崖山上，下临海。中国古代四大名楼之一，主体建筑建于宋嘉祐六年（1061 年），素以"人间仙境"著称于世，其"八仙过海"传说和"海市蜃楼"奇观享誉海内外。土人：指土著。世代居住本地的人。弹子涡（dàn zǐ wō）：即弹子窝。指卵石产地。石菖蒲：多年生草本植物，生水边。有香气，可入药。

2. 蓬莱海上峰：指蓬莱阁所在之丹崖山。

3. 玉立：傲然挺立。

4. 阳侯：古代传说中的波涛之神。借指波涛。廉角：棱角。

5. 阴火：海中生物所发之光。

6. 珠琲（bèi）：珠串。

7. 阎浮（yán fú）：亦称"阎浮提"、"南阎浮提"，为须弥山四大洲之南洲。即位于南方的南赡部洲，上面生长许多南赡部树。"阎浮"即"赡部"，一种树名。后泛指人间世界。一沤（ōu）：一个水泡。佛教用以喻无常生灭。佛教认为自然和人生皆空虚短促，虚无空寂。

8. 大块：大自然；大地；世界。

9. 盆盎（àng）：盆和盎。亦泛指较大的盛器。

10. 蟠桃：神话中的仙桃。

该诗以题代序，诗文前半部分主要说明了产石地和怪石的形成，后半部分则抒发了苏轼赏石意境、胸怀及其怪石的用途。登州石属海滩卵石，在赏石中属纹石系列。蓬莱阁坐落于丹崖山上，下临大海，石壁巉绝，岩石碎裂落入海中，遭受海浪冲蚀、淘洗、磨圆，年深岁久，成圆或椭圆状，为大小不等的滨海卵石，其成因与河卵石无异。登州石的大小，苏轼以"累累弹丸间"来概括。登州石因卵圆玉润，纹脉清晰，光洁璀璨，美丽可爱，为嗜石者所青睐。登州石多为白色，母岩为燧石，与上述提及的赤壁石、雨花石等相比，纹理、质地、色泽都存有较大差别。登州石又称文登石、蓬莱石或弹子涡石，史籍多有著录，以宋杜绾《云林石谱》、清沈心《怪石录》和当代贾祥云《中国赏石大典》最为详尽。

该诗最大程度地反映出苏轼赏石的情怀和意境。话说苏轼仅仅五天知州，但实际在登州活动当在二十天左右。尽管接来送往事物繁杂，他还是不止一次到弹子涡收集怪石，这充分说明了他对怪石的挚爱、真诚之情怀。诗中"我持此石归，袖中有东海"之句，展示出他那广阔而豪迈的胸襟和怪石本身生命和文化品质，而"置之盆盎中，日与山海对"则凸显出苏轼赏石的至上意境。通过小小怪石，袖中竟能盛如此大的天地，把玩欣赏小小怪石，竟能将自身融入无边无际的高山大海相互映衬的大自然怀抱中。这些，就是苏轼赏石文化与人相别的高深之处，也是其文化品位的体现。

对于登州石的用途，苏轼言放于盆盎中养殖石菖蒲，以此并诗赠垂慈堂老人。苏轼借此告诉了性大师，明年石菖蒲会长的非常茂盛，并借用典故申明，只要耐心等待，早晚会长出蟠桃来，即说，玩赏怪石是益寿延年的。

苏轼另一首《登州石诗》为次韵诗，曰：

始于文登海上，得白石数升，如芡实[1]，可作枕。闻梅丈[1]嗜石，故以遗其子子明学士，子明有诗，次韵。

海隅荒怪[2]有谁珍，零落珊瑚泣季伦[3]。

法供坐令微物[4]重，色难归致孝心纯[5]。

只疑薏苡来交趾[6]，未信玭珠出泗滨[7]。

愿子聚为江夏枕[8]，不劳挥扇自宁亲[9]。

注释：

1. 梅丈：指梅灏（子明）的父亲。梅灏：字子明，吴郡人。

2. 海隅：亦作"海嵎"。海角；海边。常指僻远的地方。荒怪：荒诞离奇。苏轼《次韵孙职方苍梧山》："苍梧奇事岂虚传，荒怪还须问子年。"

3. 零落：凋谢。季伦：晋石崇，字季伦，以生活豪奢著称。后世诗文中每用以喻指富豪。

4. 法供：佛教语。谓对佛、法、僧三宝的供养。坐令：致使；空使。微物：菲薄的礼物。用作谦词。这里指苏轼《怪石供》所言怪石。

5. 色难：难在孝子时常容色愉快。对父母总是和颜悦色，是最难的。指对待父母要真心实意。不能只做表面文章。归致：指梅子明以白石归献其父。致，送给，给予。孝心纯：纯孝心之倒文。此句盖言梅丈嗜石，而其子子明得此石归以为馈。

6. 薏苡（yì yǐ）：禾本科植物，果实椭圆，果仁曰薏米。色白，可食。此处比喻白石。交趾：汉郡名。治所在今越南河内。境域包括越南北部。

7. 玭（pín）珠：即蚌珠。珍珠。泗（sì）滨：泗水之滨。泗，古水名。源于山东泗水县陪尾山，为淮河重要支流。淮为古产珠之所，因及于泗。

8. 江夏枕：典出"二十四孝"之"扇枕温衾"。《东观汉记·黄香传》："黄香，字文强，江夏安陆人。父况为郡五官掾。刘设教令署香门下孝子，数占见。况举孝廉，贫无奴仆，香躬亲勤苦，尽心供养，冬无绦被，而亲极滋味。暑即扇床枕，寒即以身温席。"后即以"黄香扇枕"为克尽孝道之典。

9. 宁亲：使父母安宁。

苏轼以此表达了登州怪石极其珍奇，虽然生自荒滩野岭，一定要有眼力辨识出来。它们如同珊瑚一样宝贵，又同赤壁石一样稀珍。赤壁石曾作怪石供，而登州石可做枕孝敬老人，为父纳凉，以显纯孝宁亲的优秀传统文化品质。苏轼以细小纹石作怪石供、养石菖蒲、做枕等等，尽是对赏石文化的发扬拓展，突出了怪石的天然灵性，文化趣向和价值。

八　仇池石

元祐七年（1092年），苏轼五十七岁。本年二月，苏轼以龙图阁学士、左朝奉郎知扬州，

雪浪石

二十六日到扬州任。是年六月，苏轼的表弟程德孺罢广南东路任，路过扬州，送给他两枚怪石。苏轼见而宝之，喜不自胜，赋《双石》[1]并序：

至扬州获二石，其一绿色，冈峦逶迤[2]，有穴达于背；其一白可鉴。渍以盆水，置几案间。忽忆在颍州[3]日，梦人请住一官府，榜[4]曰"仇池"，觉而诵杜子美诗曰："万古仇池穴，潜通小有天。"[5]乃戏作小诗，为僚友一笑。

梦时良是觉时非[6]，汲水埋盆故自痴[7]。
但见玉峰横太白，便从鸟道绝峨眉[8]。
秋风与作烟云意，晓日令涵草木姿[9]。
一点空明[10]是何处？老人真欲住仇池。

注释：

1. 双石：即仇池石。广东省韶关市曲江县所产的英石。宋杜绾《云林石谱》记载仇池石："韶州之东南七八十里，地名仇池，土中产小石，峰峦岩窦甚奇巧，石色清润，扣之有声，颇与清溪品目相类。"

2. 冈峦：起伏不断的山峦。逶迤（yǐ lǐ）：曲折连绵。

3. 颍州：今安徽省阜阳市。

4. 榜：匾额。

5. 万古仇池穴，潜通小有天：出自杜甫《秦州杂诗二十首》之十四。仇池：山名。在今甘肃省成县西。山有东西两门，盘道可登，上有水池，故名。潜通：暗通。小有天：道家所传洞府名。在河南省济源县西王屋山。

6. 梦时良是觉时非：《大宝积经》卷十："其在梦中有所见者，从梦觉已则无所见也。"《圆觉经》："如梦中人，梦时非无，及至于醒，了无所得。"

7. 汲水埋盆故自痴：唐韩愈《盆池五首》之一："老翁真个似童儿，汲水埋盆作小池。"

8. 但见玉峰横太白，便从鸟道绝峨眉：唐李白《蜀道难》："西当太白有鸟道，可以横绝峨眉巅。"玉峰：积雪的山峰。横：横亘。太白：山名，即太白山。位于秦岭北麓，在陕西宝鸡市眉县、太白县、周至县三县境内。是秦岭山脉的主峰。冬夏积雪，望之皓然，故名。鸟道：只有鸟才能飞越的路，比喻狭窄陡峻的山间小道。

9. 秋风与作烟云意，晓日令涵草木姿：谓白石上之冈峦似有景色变化，时而如秋天之烟云，时而如早上之草木。烟云：烟霭云雾。晓日：朝阳。引申为清晨。

10. 空明：指洞澈而灵明的心性。

这是苏轼有关仇池石的第一首诗。仇池石即双石，色一绿一白，二者巧妙组合，浑然一体，放在盆中，注入清水，搁置几案，别有洞天。仇池石名气很大，史籍记述颇多。宋杜绾《云林石谱》记载两则，即仇池石和英石。仇池石条曰："韶州之东南七八十里，地名仇池，土中产小石，峰峦岩窦，甚奇妙，石色清润，扣之亦有声，颇与清溪品目相类。"此条似与苏轼的仇池石没有多大关系，只是有仇池石品类而已。杜绾将苏轼的仇池石放入英石之列："英州含光、真阳县之间，石产溪水中。有数种，一微青色，间有白脉笼络。一微黑灰，一浅绿，各有峰峦，嵌空穿眼，婉转相通，其质稍润，扣之微有声。又一种色白，四面峰峦耸拔，多棱角，稍莹彻，面面有光，可鉴物，扣无有声。采人就水中度奇巧处錾取之。此石处海外辽，贾人罕知之，然山谷以谓象江太守，费万金载归，古亦能耳。顷年，东坡获'双石'，一绿一白，目为《仇池》。又乡人王廓夫亦尝携数块归，高尺余，或大或小，各有可观，方知有数种，不独白绿耳。"《素园石谱》既记载了英石，也提供了仇池石的图案，都与苏轼相关，不知所绘之图是否真实。

苏轼诗序中既说明了仇池石的色泽、形态等基本特征，也介绍了怪石陈设、玩赏方式，并联想到其在颖州梦中曾住进仇池，梦醒后想到杜甫"万古仇池穴，潜通小有天"精美诗句而作此诗的背景。苏轼进一步描绘了几案之上小小仇池石所蕴含的名山大川，广阔世界的寓意，可见到太白山顶峰雪山横于眼前，峨眉山陡直的曲径穿越山间，山间烟云缭绕，草木升辉，好一派宁静安然之景色。苏轼怎么不想到仇池居住呢？

末句"一点空明是何处？老人真欲住仇池"的意思，虽然表示怪石通透有孔洞，可通往仇池，苏轼真想攀登而上，在仇池消遣度日。本句似乎还含有另一层政治深意。元祐以来，新法废止，旧臣得势，苏轼也得到重用，官职不断迁升，进入政治决策的中心。苏轼既反对新法之弊端，又对全面否定新法有不同见解，结果，受到新党和旧党的双重夹击，陷入党争的政治漩涡，有时不得不离京任职。带罪五年黄州谪居之后，苏轼曾有非常强烈的隐居想法，时至今日，又遇到前所未有的政治斗争的烦扰，更大的灾难大有风雨欲来之势。此时此刻，他旧情复燃，隐于世外桃源，赋诗泼墨，融入山水间，何不美哉。

元祐七年九月，苏轼离别扬州，返京城并就兵部尚书兼侍读任。十一月二十三日，苏轼乞越州，不允，除端明殿学士、礼部尚书兼翰林侍读学士。本月，围绕仇池石，苏轼与王诜（晋卿）、钱勰（穆父）、蒋之奇（颖叔）、王钦臣（仲至）展开一场别开生面的诗文唱和游戏，塑造了苏轼赏石历史上又一文化盛事。王诜等四人所赋诗文皆无存，而后三者与苏轼一起被称为元祐四友。

苏轼第二首仇池石诗曰：

《仆所藏仇池石，希代之宝也，王晋卿[1]以小诗借观，意在于夺，仆不敢不借，然以此诗先之》：

> 海石来珠浦[2]，秀色如蛾绿[3]。
>
> 坡陀[4]尺寸间，宛转陵峦[5]足。
>
> 连娟二华[6]顶，空洞三茅[7]腹。
>
> 初疑仇池化，又恐瀛州蹙[8]。
>
> 殷勤峤南使[9]，馈饷扬州牧[10]。
>
> 得之喜无寐[11]，与汝交不渎[12]。
>
> 盛以高丽盆，藉以文登玉。
>
> 幽光先五夜[13]，冷气压三伏。
>
> 老人生如寄[14]，茅舍久未卜[15]。
>
> 一夫幸可致，千里常相逐[16]。
>
> 风流贵公子，窜谪武当谷[17]。
>
> 见山应已厌，何事夺所欲。
>
> 欲留嗟赵弱，宁许负秦曲。
>
> 传观慎勿许，间道归应速[18]。

注释：

1. 王晋卿：即王诜（1036~？），字晋卿，太原（今属山西）人，后徙开封（今属河南）。北宋画家。熙宁二年（1069年），娶宋英宗女蜀国大长公主，拜左卫将军、驸马都尉。元丰二年，因受苏轼牵连贬官。元祐元年（1086年）复登州刺史、驸马都尉。擅画山水，亦能书，善属文。广交苏轼、黄庭坚、米芾、秦观、李公麟等众多文人雅士，析奇赏异，酬诗唱和。

2. 珠浦（pǔ）：珠江岸边。

3. 秀色：秀美的容色。蛾绿：古代妇女画眉用的青黑颜料。即螺子黛，亦省作"螺黛"。出产于波斯国，是一种经过加工制造，已经成为各种规定形状的黛块，使用时只用蘸水即可。

4. 坡陀（pō tuó）：亦作"坡陁"。山势起伏貌。

5. 宛转：回旋；盘曲；蜿蜒曲折。陵峦：丘陵峰峦。意思是各种形状的山都有。

6. 连娟：弯曲而纤细。二华：指太华、少华二山。

7. 三茅：指三茅真君所掌茅山。今江苏省镇江市句容市句曲山（即茅山）。三茅真君又称三茅君。道教茅山派创教祖师。即茅盈、茅固、茅衷三兄弟。

8. 瀛州：传说中的海上仙山。与蓬莱、方丈并称东海三神山。蹙（cù）：聚拢；皱缩。该句意思是仇池石恐由瀛洲蹙缩而成。

9. 殷勤：情意深厚。峤（qiáo）南使：指程之元。曾持节岭南。峤南，指岭南。

10. 馈饷：馈赠。扬州牧：指苏轼。因其曾守扬州，故称。

11. 喜无寐：高兴得睡不着觉。

12. 交不渎：结交而不亵渎。

13. 幽光：微弱的光。五夜：即五更，古代民间把夜晚分成五个时段，用鼓打更报时，所以叫作五更、五鼓或五夜。

14. 生如寄：谓人生短促，犹如暂时寄寓世间。寄，寓居，暂住。

15. 茅舍久未卜：谓久未能退隐卜居。

16. 一夫幸可致，千里常相逐：意思是说仇池石小而轻，一人即可带走，故自扬州还朝千里途中，该石常伴随我身边。

17. 贵公子：指王晋卿。窜谪（cuàn zhé）：贬官放逐。武当：指均州，因武当山宋时在均州武当郡境内。王晋卿于宋元丰三年贬谪均州。

18. 后四句诗借用"完璧归赵"之典故。曲：理屈，理亏。间道：偏僻的或抄近的小路。

王诜见到仇池石后，赋诗要搬走欣赏。苏轼怕王诜不还，而赋此诗。苏轼再次深度描写了怪石的蜿蜒雄姿和得到后的喜悦心情，表示用高丽铜盆盛之，以细小的登州石填稳衬托，更显其妖娆华贵，其整夜幽光闪闪，凉气森森，真乃怪石之秀杰。苏轼言道，他一生寄宿漂泊，无庄田宅第，只有仇池石千里相伴。并玩笑说，王诜身为贵胄，风流涤荡，无所不有，仍然贪多无厌，想把仇池石归为己有。无奈，以强压弱，不敢不借，只好速借速还吧。真乃儿戏之语。

苏轼第三首仇池石诗曰：

《轼欲以石易画，晋卿难之，穆父欲兼取二物，颖叔欲焚画碎石，乃复次前韵，并解二诗之意》：

春冰无真坚，霜叶失故绿[1]。

鹢疑鹏万里[2]，蚿笑夔一足[3]。

二豪争攘袂[4]，先生[5]一捧腹。

明镜既无台[6]，净瓶何用蹙[7]。

盆山不可隐[8]，画马无由牧[9]。

聊将置庭宇，何必弃沟渎[10]。

焚宝真爱宝，碎玉未忘玉。

久知公子[11]贤，出语耆年[12]伏。

欲观转物[13]妙，故以求马[14]卜。

维摩[15]既复舍，天女还相逐。

授之无尽灯[16]，照此久幽谷。

定心无一物，法乐胜五欲[17]。

三峨[18]吾乡里，万马君部曲[19]。

卧云行归休[20]，破贼见神速。

注释：

1. 春冰无真坚，霜叶失故绿：谓冰至春必融化，叶经霜必变色。意思是说有形之物终将散亡。春冰：春天的冰。因其薄而易裂，多喻指危险的境地或容易消失的事物。

2. 鷃（yàn）疑鹏万里：《庄子·逍遥游》：有鸟焉，其名为鹏，背若泰山，翼若垂天之云；抟扶摇羊角而上者九万里，绝云气，负青天，然后图南，且适南冥也。斥鷃笑之曰："彼且奚适也？我腾跃而上，不过数仞而下，翱翔蓬蒿之间，此亦飞之至也。而彼且奚适也？"此小大之辩也。鷃：即斥鷃，亦作"斥鴳"。即鷃雀。小鸟名。鹑的一种。也称斥鴳、尺鴳。弱小不能远飞，为麦收时候鸟。亦喻小人。

3. 蚿（xián）笑夔（kuí）一足：《庄子·秋水》：夔怜蚿，蚿怜蛇，蛇怜风，风怜目，目怜心。夔谓蚿曰："吾以一足趻踔而行，予无如矣。今子之使万足，独奈何？"蚿曰："不然。子不见夫唾者乎？喷则大者如珠，小者如雾，杂而下者不可胜数也。今予动吾天机，而不知其所以然。"

4. 二豪争攘袂（rǎng mèi）：《晋书·刘伶传》："有贵介公子、缙绅处士，闻吾风声，议其所以，乃奋袂攘襟，怒目切齿，陈说礼法，是非蜂起。先生于是方捧瓮承槽，衔杯漱醪，奋髯箕踞，枕曲藉糟，无思无虑，其乐陶陶。兀然而醉，恍尔而醒。静听不闻雷霆之声，熟视不睹泰山之形。不觉寒暑之切肌，利欲之感情。俯观万物，扰扰焉若江海之载浮萍。二豪侍侧焉，如蜾蠃之与螟蛉。"二豪：指钱勰（穆父）、蒋之奇（颖叔）。攘袂：捋上衣袖。常形容奋起貌。

5. 先生：指苏轼。

6. 明镜既无台：《六祖坛经·行由品第一》：（神秀）书偈于南廊壁间，呈心所见。偈曰："身是菩提树，心如明镜台，时时勤拂拭，勿使惹尘埃。"台：指安置明镜的地方，可以借代为客观存在。

7. 净瓶何用蹴（cù）：净瓶：指以陶或金属等制造，用以容水的器具，为比丘十八物之一，盛水供饮用或洗濯，又称水瓶或澡瓶。《敕修百丈清规氏要览》："净瓶，梵语军迟，此云瓶，常贮水随身，用以净手。"《祖庭事苑》："净瓶，《四分律》云：'有此丘遇无水处，水或有虫，渴杀。佛知制戒，令持触净二瓶，以护命故。'"蹴：通"蹴"。踢；踏。

8. 盆山：指四围连成盆形的山峦。此指置于盆中之仇池石上所现之山形。隐：隐居。

9. 画马：指王晋卿所藏韩幹所画之马。无由：没有门径；没有办法。

10. 沟渎：田间水道。犹沟洫。

11. 公子：指王诜（晋卿）。

12. 耆（qí）年：老年人。古时称六十岁为"耆"。六十岁（耳顺之年）以上，都可以称作耆年。这里指苏轼。

13. 转物：买卖货物。

14. 求马：比喻求非所求，必无所获。

15. 维摩：维摩诘的省称。早期佛教著名居士、在家菩萨，根据《维摩诘经》记载，维摩居士自妙喜国土化生于娑婆世界，示家居士相，辅翼佛陀教化，为法身大士。

16. 无尽灯：佛教语。谓以一灯点燃千百盏灯。比喻以佛法度化无数众生。

17. 五欲：佛教谓色、声、香、味、触五境生起的情欲。亦谓财欲、色欲、饮食欲、名欲、睡眠欲。

18. 三峨：四川峨眉山有大峨、中峨、小峨三峰，故称三峨。"

19. 部曲：古代军队编制单位。大将军营五部，校尉一人；部有曲，曲有军候一人。借指军队。

20. 卧云：喻指隐居。行：将要。归休：辞官退休；归隐。

苏轼第四首仇池石诗曰：

《王晋卿示诗，欲夺海石，钱穆父、王仲至、蒋颖叔皆次韵。穆、至二公以为不可许，独颖叔不然。今日颖叔见访，亲睹此石之妙，遂悔前语。仆以为晋卿岂可终闭不予者，若能以韩幹二散马易之者，盖可许也。复次前韵》[1]：

相如有家山，缥缈在眉绿[2]。

谁云千里远，寄此一颦[3]足。

平生锦绣肠[4]，早岁藜苋[5]腹。

从教四壁空[6]，未遣两峰蹙[7]。

吾今况衰病，义不忘樵牧[8]。

逝[9]将仇池石，归泝岷山渎[10]。

守子不贪宝[11]，完我无瑕玉[12]。

故人诗相戒，妙语予所伏[13]。

一篇独异论，三占从两卜[14]。

君家画可数，天骥[15]纷相逐。

风鬃[16]掠原野，电尾[17]捎涧谷。

君如许相易，是亦我所欲。

今朝安西守[18]，来听《阳关曲》[19]。

劝我留此峰，他日来不速[20]。

注释：

1. 钱勰（1034～1097年），字穆父，杭州人。积官至朝议大夫，熏上柱国，爵会稽郡开国侯。文章雄深雅健。作诗清新遒丽。王钦臣（约1034～1101年），北宋藏书家，字仲至，应天宋城（今河南商丘）人。蒋之奇（1031～1104年），字颖叔，一作颖叔。北宋常州宜兴（今属江苏）人。苏轼、钱穆父、蒋之奇、王钦臣号称"元祐四友"。韩幹：（约706～783年），唐代画家。京兆蓝田（治今陕西西安）人，一作大梁（今河南开封）人。以画马著称。

2. 相如有家山，缥缈在眉绿：典出司马相如与卓文君的故事。相如：即司马相如（约公元前179～前118年），字长卿，汉族，蜀郡成都人，西汉辞赋家，中国文化史文学史上杰出的代表。家山：谓故乡。缥缈：亦作"缥眇"、"缥渺"。高远隐约貌。眉绿：指女性以黛画眉，把眉毛画成青黑色。这里指卓文君。

3. 颦（pín）：皱眉。

4. 锦绣肠：指满腹诗文，善出佳句。

5. 藜苋：藜和苋。泛指贫者所食之粗劣菜蔬。

6. 从教：听任；任凭。四壁空：即"家徒四壁"，形容家境贫寒，一无所有。

7. 两峰：指双眉。蹙（cù）：聚拢；皱缩。愁苦貌。苏轼诗意为司马相如以卓文君之双眉为山，而苏轼则以双石为山。

8. 樵牧：打柴放牧。

9. 逝：通"誓"。表决心之词。

10. 泝：同"溯"，逆着水流的方向走、逆水而行。岷山渎（dú）：指岷江。因苏轼故乡眉山在岷江之畔，故有此语。长江、黄河、淮河、济水合称"四渎"。

11. 不贪宝：指不贪为宝。表示以不贪为可贵、崇高。该句谓王晋卿当以不贪为宝。

12. 完我无瑕玉：苏轼翻用蔺相如"完璧归赵"的典故。

13. 伏：通"服"。佩服，信服。

14. 三占从两卜：《尚书·洪范》："三人占，则从二人之言。"

15. 天骥：天马，神马。骏马的美称。

16. 风鬃：指马鬃。马疾驰，鬃毛为风吹动。

17. 电尾：闪电的光。其形如尾，故称。

18. 安西守：指蒋之奇。宋代熙州（治今甘肃临洮县）人，唐时属安西都护府。时蒋之奇出知熙州，故称。

19. 《阳关曲》：词牌名。本名《渭城曲》。因唐王维《送元二使安西》"西出阳关无故人"诗句而得名。

20. 劝我留此峰，他日来不速：指蒋之奇遂悔前语，劝苏轼不要将石给王晋卿。来不速：即"不速之客"，指没有邀请而自己来的客人，指意想不到的客人。速：邀请。

秦观有和诗一首，其《和子瞻双石》曰：

天镜[1]海滨石，郁若龟毛绿[2]。

信为小仇池，气象宛然足。

连岩[3]下空洞，鼎张彭亨腹[4]。

双峰照清涟，春眉镜中蹙[5]。

疑经女娲炼[6]，或入金华牧[7]。

炉熏[8]充云气，研滴当川渎[9]。

尤物足移人[10]，不必珠与玉。

道傍初无异，汉将疑虎伏¹¹。

支机亦何据，但出君平卜¹²。

奇礓入华林，倾都自追逐¹³。

我愿作陈那，令吼震山谷。

一拳既在梦，二驹¹⁴空所欲。

大士捨宝陀¹⁵，仙人遗句曲¹⁶。

惟诗落人间，如传置邮¹⁷速。

注释：

1. 镵（chán）：凿。

2. 郁若龟毛绿：谓石色如绿毛龟。

3. 连岩：连延的山岩。

4. 张：通"胀"，膨胀，涨满。彭亨：膨胀；胀大貌。此处谓双石中空如大腹。

5. 双峰照清涟，春眉镜中蹙：此二句诗写双石"渍以盆水"之状。双峰即双石。春眉：此处借卓文君之美眉反喻水中石影如眉。

6. 女娲炼：谓女娲炼石补天。

7. 金华牧：即金华牧羊儿，指传说中的仙人黄初平。亦称赤松子。因其牧羊遇仙而出世修炼，故称。

8. 炉熏：香炉中的烟。

9. 研滴：即砚滴，滴水入砚的文具。也称"水注"。川渎：泛指河流。

10. 尤物：珍奇之物。移人：使人的精神情态等改变。

11. 汉将疑虎伏：《汉书·李广传》："于是上乃召拜广为右北平太守。……广出猎，见草中石，以为虎而射之，中石没矢，视之，石也，他日射之，终不能入矣。广所居郡闻有虎，常自射之。及居右北平射虎，虎腾伤广，广亦射杀之。"

12. 支机：支机石的简称。汉传说为天上织女用以支撑织布机的石头。亦省作"支机"、"支石"。君平：严君平（公元前86～公元10年），名遵，蜀郡成都市人。西汉道家学者，思想家。

13. 奇礓（jiāng）入华林，倾都自追逐：奇礓，指奇礓石，又称到公石。南朝梁到溉宅前之奇石。华林指华林园，宫苑名。故址在今南京市鸡鸣山南古台城内。

14. 二驹：比喻石如马驹。

15. 大士：佛教对菩萨的通称。特指观世音菩萨。宝陀：指宝陀岩，即补陀落迦山。

16. 仙人：指三茅真君。又称三茅君。道教茅山派创教祖师。即茅盈、茅固、茅衷三兄弟。

句曲：今江苏省镇江市句容市句曲山（即茅山）。

17. 置邮：用车马传递文书信息。亦谓传递文书信息的驿站。古制，置为马递，邮为步递，原有区别，后即混用。该句诗谓苏轼之诗流传迅速。

九　海中柏石

元祐七年（1092 年），苏轼五十七岁。这年十一月前后，苏轼官于京师，任兵部尚书兼侍读。表弟程德孺也回京任职，官为主客郎中。德孺知苏轼喜欢收藏奇石，又赠以海中柏石。此前，德孺罢广南东路提刑过扬州时，曾赠其双石，苏轼命名为《仇池石》。德孺这次赠以海中柏石时，正值苏轼与元祐四友等借《仇池石》以诗文唱和的热潮中。苏轼受石后，作《程德孺惠海中柏石·兼辱佳篇·辄复和谢》[1]，以诗相谢：

岚熏瘴染却敷腴[2]，笑饮贪泉[3]独继吴。

未欲连车收薏苡，肯教沉网取珊瑚[4]。

不知庾岭[5]三年别，收得曹溪一滴[6]无。

但指庭前双柏石，要予临老识方壶[7]。

注释：

1. 海中柏石：指珊瑚。辱：谦辞，承蒙。

2. 岚：山林中的雾气。瘴：指南方山林间湿热蒸郁致人疾病的气。敷腴（fū yú）：喜悦貌。

3. 贪泉：古泉名。在今广东省广州市石井镇。

4. 沉网取珊瑚：《新唐书·西域传下·拂菻》："拂菻，古大秦也，居西海上，一曰海西国。……海中有珊瑚洲，海人乘大舶，堕铁网水底。珊瑚初生磐石上，白如菌，一岁而黄，三岁赤，枝格交错，高三四尺。铁发其根，系网舶上，绞而出之，失时不取即腐。"

5. 庾岭：山名。即大庾岭。为五岭之一。在江西省赣州市大余县南。岭上多植梅树，故又名梅岭。

6. 曹溪一滴：曹溪，禅宗南宗别号。以六祖惠能在曹溪宝林寺演法而得名。曹溪被看做"禅宗祖庭"。曹溪水常用以喻指佛法。

7.方壶：古传说中海中神山名。一名方丈。

海中柏石是对现代树枝或鹿角状珊瑚的形象称谓。珊瑚是海生腔肠动物之一种，其软体能吸收海水中的钙质分泌为骨骼，骨质坚硬如石。这类珊瑚喜欢生长在温暖的浅海岩礁之上，捞取出水后需将表面活体去除，所留下的枝状骨骼呈雪白或微红、微绿色，其纹理细腻，造型奇特，极具观赏性，是人们分外喜欢的摆饰品。程德孺所赠海中柏石即为产自南海的珊瑚肢体。

苏轼与程正辅（之才）、程德孺（之元）、程懿叔（之邵）三兄弟系姑舅表兄弟。苏轼三姐嫁表兄程正辅，因受其家人虐待而亡。因此，苏、程两家结怨。这一年，苏轼年仅十七岁。元祐以降，苏轼与德孺、懿叔来往甚密，而与程正辅释怨则在四十二年之后。在程氏三兄弟中，以德孺与苏轼来往最多，交情最厚，甚至在离世之前，苏轼还邀程德孺来金山相会。此时，德孺任浙江转运使。

一〇　北海十二石

元祐八年（1093年），苏轼五十八岁。是年三月始，朝廷党争白热化，苏轼为主要被攻击对象，他一生最强劲的政治暴风骤雨扑面而来。六月八日，苏轼再乞越州，未被批准，反而除知定州的命令下达。本月二十四日，苏轼力辞定州改越州，还是没有通过。苏轼正是在如此激烈的政治斗争漩涡中拼死挣扎，日受煎熬，前途渺茫。

本年五月，好友吴子野来到京师，欲求度牒出家为僧，苏轼屡劝不从，便助子野求之，并赠扇山枕屏。绍圣二年，苏轼记其事曰："子野出家之议。前年在都下，始闻其言，私心亦疑之，屡劝不须如此，在家出家足矣，而子野意坚决不回。仆犹恐其难遂，再三要审，而子野确然自誓，欲仆与发言，求一度牒。难违其意，故为求之。"八月十五日，苏轼为吴子野作《北海十二石记》[1]：

> 登州下临大海。目力所及，沙门[2]、鼍矶[3]、车牛、大竹、小竹凡五岛。惟沙门最近，兀然[4]焦枯[5]。其余皆紫翠巉绝[6]，出没涛中，真神仙所宅也。上生石芝，草木皆奇玮[7]，多不识名者。又多美石，五采斑斓，或作金文[8]。熙宁己酉岁，李天章[9]为登守，吴子野[10]往从之游。时解贰卿[11]致政[12]，退居于登，使人入诸岛取石，得十二株，皆秀色粲然。适有舶在岸下，将转海至潮[13]。子野请于解公，尽得十二石以归，置所居岁寒堂[14]下。近世好事能致[15]石者多矣，未有取北海而置南海[16]者也。元祐八年八月十五日，东坡居士苏轼记。

注释：

1. 北海：即北海郡，古代行政区划名，郡治今山东省潍坊市昌乐县东南。

2. 沙门：沙门岛，即今长岛，又称庙岛群岛，沙门岛为古称。

3. 鼍矶（tuó jī）：鼍矶岛，地处蓬莱海中。

4. 兀然：突兀的样子。

5. 焦枯：干燥枯萎。

6. 巉绝（chán jué）：险峻陡峭。

7. 奇玮：珍奇，美好。

8. 文：事物错综所成的纹理或形象。

9. 李天章：即李师中（1013～1078年），字诚之，楚丘（今山东曹县）人，徙居郓（今
   山东郓城）。天章，即天章阁，宋朝阁名。李师中曾任天章阁学士，故称李天章。

10. 吴子野：名复古，字子野，号远游、麻田居士（山人），广东揭阳人。与苏轼交往甚密，
    是苏轼在患难之中给予极大慰藉的仰慕者。

11. 解贰卿：即解宾王（998～1073），字伯京，蓬莱县人。曾任工部侍郎。贰卿
    即侍郎。

12. 致政：指官吏将执政的权柄归还给君主。盖指官员辞职归家。

13. 潮：广东潮州。吴复古即潮州揭阳人。

14. 岁寒堂：在广东省汕头市潮阳区西北麻田山中。吴复古隐居于此。宋郑侠（字介夫）
    《西塘集》卷三《岁寒堂记》云："岁寒堂，子野先生所居也。堂之前古柏数株，
    两序皆以本朝诸公与子野友者奇文新诗，与夫古之有其言于世切有补者，勒坚珉，
    寘诸壁。群书阁其上，先生休其中，故以岁寒为名。堂南为小沼，小沼之南为二石山，
    山之南为远游庵，庵之南为知非轩。堂东为日益斋。凡此皆出于岁寒。若夫远游之意，
    则子瞻之铭备之矣。"

15. 致：求取，获得。

16. 南海：即南海郡，古代行政区划名，郡治广东番禺。

苏轼《北海十二石记》所述，是发生在二十多年前熙宁二年间的故事。是年，天章阁
学士李师中任登州知州，吴子野自南方来，随其郊游。当时，谢宾王退休还乡，瘾居登州。
谢宾王好石，遣人到东海诸岛上选取怪石，得到十二块，每块都秀色灿烂。吴子野对十二
石非常喜爱，恳求谢宾王，欲将这些珍宝运回自己宅第，谢欣然应允。当时，恰巧有一艘

大船停泊在岸边，准备由海路驶往潮州。吴子野将十二石全部装船，带回潮州，放置在所居住的岁寒堂内。作为爱石、赏石大家，苏轼对吴子野这一行为由衷地赞赏、敬佩，为唐宋以来赏石文化之奇迹，故深有感触地评论说，"近世好事能致石者多矣，未有取北海而置南海者也。"

在《云林石谱》中，杜绾著录了两品登州石，都与苏轼有关。一品是蓬莱弹子涡的海卵石，苏轼采之养菖蒲者。另一品即北海十二石，两者都被其称为登州石。杜绾的记述与苏轼所述几乎无异，最后称"熙宁间，士大夫就诸岛上取石十二枚，皆灿然奇怪，载归南海，为东坡称赏。"《素园石谱》抄录了苏轼的《北海十二石记》，每石配有一图，石多给予名称。观其图案，形态各异，与出没海涛中的球形石差距较大。清沈心的《怪石录》对北海十二石多有记述，将其称为蓬莱石。《中国赏石大典》将北海十二石归入长岛球石类中，为观赏石之一种。该典对长岛球石的评价择要如下：长岛球石"光洁圆润，质地坚硬，结构细腻，彩色精美，可与雨花石媲美，素有球石之王的美称。""形状多椭圆和扁圆，大者如碗壶，小者如桃李。""球石七彩索饶，吞吐人间万般意象，或山水胜景，或人形兽貌，或花鸟鱼虫，或烟雨星斗，或笔迹文字，无不让人如见其动，如感其静，如闻其声，如观其势。"

苏轼之记文对怪石描述较少，而就产石的海中五个岛屿记述较为详细。其中沙门岛最近，突兀隆起，干燥枯萎。其余四个岛都是紫云环绕，树木苍翠，险峻陡峭，在波涛中时隐时没，真是神仙境界。岛上长着石芝，草木皆珍奇美妙，多数不知名称。由此看来，苏轼在登州期间，曾经亲身到岛上游玩。否则，难以对海岛景物做出如此细腻的刻画。

一一　壶中九华

绍圣元年（1094年），五十九岁的苏轼因"坐前掌制命语涉讥讪"的罪名，责知英州。本年闰四月，苏轼离别定州，一路颠簸，赶往贬谪地。七月至湖口，见到李正臣和他所珍藏的怪石。该石非常奇特，苏轼视若珍宝，本想以重金购为己有，与他心爱的仇池石相为伴侣，但因南迁不便，只得赋诗纪之。他还让陪伴他的儿子苏过也作诗一首。苏轼《壶中九华诗并引》曰：

> 湖口人李正臣[1]蓄异石九峰，玲珑宛转，若窗棂[2]然。予欲以百金买之，与仇池石为偶，方南迁未暇也。名之曰"壶中九华"[3]，且以诗纪之。
>
> 清溪电转失云峰[4]，梦里犹惊翠扫空[5]。

　　五岭莫愁千嶂[6]外，九华今在一壶中。

　　天池水落层层见，玉女窗虚处处通[7]。

　　念我仇池太孤绝，百金归买碧玲珑[8]。

注释：

1. 李正臣：字端彦，湖口（今江西湖口县）人。北宋画家。宦官，官至文思院使。写花竹禽鸟，颇有生意，翔集群啄，各尽其态。作业棘疏梅，有水边篱落之趣。

2. 窗棂：雕有花纹的窗格。

3. 壶中九华：石名。壶中暗用壶公之事。壶公为传说中的仙人，所指各异。晋葛洪《神仙传·壶公》：壶公者，不知其姓名。今世所有《召军符》、《召鬼神治病王府符》凡二十余卷，皆出于壶公，故或名为《壶公符》。汝南费长房为市掾时，忽见公从远方来，入市卖药，人莫识之。其卖药口不二价，治百病皆愈，语卖药者曰："服此药必吐出某物，某日当愈。"皆如其言。得钱日收数万，而随施与市道贫乏饥冻者，所留者甚少。常悬一空壶于座上，日入之后，公辄转足跳入壶中，人莫知所在。唯长房于楼上见之，知其非常人也。长房乃日日自扫除公座前地，及供馔物，公受而不谢，如此积久。长房不懈亦不敢有所求，公知长房笃信，语长房曰："至暮无人时更来。"长房如其言而往，公语长房曰："卿见我跳入壶中时，卿便随我跳，自当得入。"长房承公言为试，展足不觉已入。既入之后，不复见壶，但见楼观五色，重门阁道，见公左右侍者数十人。公语长房曰："我仙人也，忝天曹职，所统供事不勤，以此见谪，暨还人间耳，卿可教，故得见我。"九华：即九华山。在今安徽省青阳县。旧称九子山。因有九峰如莲花，故改为今名。

4. 清溪：清澈的溪水。电转：喻转动之快。云峰：高耸入云的山峰。

5. 梦里犹惊翠扫空：意思是在梦中仍时时看见那苍翠横空的山色，为之惊叹。翠扫空即翠横空之意。

6. 五岭：亦作"五领"。大庾、越城、骑田、萌渚、都庞的总称，是长江与珠江流域的分水岭。千嶂：绵延而峻峭如屏障的山峰。

7. 天池水落层层见，玉女窗虚处处通：形容壶中九华的灵异，谓九华石上之水乃从天池落下，石上诸孔如玉女之窗户。"层层见"言山石的层叠多姿，随着水落，一层层地显现出来。"处处通"写山石"玲珑宛转，若窗棂然"的特点。玉女窗：嵩山古迹之一。宋时已不存，传说汉武帝于此窗中见到玉女。玉女：神女，仙女。

8. 碧玲珑：碧绿空明的假山石。亦指苍翠的山峰。这里指李正臣的壶中九华石。

苏轼面对玲珑剔透，"广袤尺余"的怪石，诗兴大作。他想到自己现实南迁途中凄凉的处境，回忆一路所见到秀美的山水，将自己寂寞悲切的心情和好山爱水，崇尚大自然的情趣，全部凝结在拳石之上。路途之中，泛舟于蜿蜒曲折的江河之上，迅转如电，两岸崇山峻岭瞬间消逝，犹如梦寐之中所见苍翠山河画卷一般。今日，迁客凄苦的情感及消逝的五岭千嶂，如同化为美丽峻峭的九华山，一并放入到仙界的一壶之中。这些，足能慰聊苏轼的孤苦寂寞的心情。仇池石果然上乘，其九峰凸起，天池涵水，玲珑宛转，层叠多姿，通透如窗棂，真是露中有含，透中有皱，真乃人间仙境，令人向往。

苏轼在扬州任知州期间，曾得到玲珑婉转的仇池石，具有"玉峰横太白，鸟道绝峨眉"之势。苏轼非常珍爱，回朝任职期间，其还与元祐四友及王诜展开了一场以画易石的诗文游戏，传为艺林佳话。今天，见到"天池水落层层见，玉女窗虚处处通"的壶中九华石，苏轼心扉敞开，不仅觉得自己，连他的仇池石也是寂寞孤绝的，干脆重金购买与仇池石做个伴侣吧。苏轼的诗句简洁明快，从目睹宽广的大自然山水美景入手，将其浓缩于拳拳怪石之身，又将怪石形容的幻梦幻境，如人间仙境，世外桃源，抒发出自己被贬凄苦寂寥心情及对未来的向往。

苏轼还嘱咐三子苏过为《壶中九华》赋诗一首。这年，苏过二十三岁，正是经历坎坷，学业有成，风华正茂的年龄。苏过陪父亲一路颠簸，来到湖口，一起观赏了壶中九华石，看到父亲诗句，深受启发，自有感悟。苏过遵父嘱所作壶中九华诗，突出主题，思韵深远，引经据典，歌颂父诗"传无穷"，显示出苏过过人的才气。这首诗，成为苏过留存于世的最早诗句：

> 湖口人李正臣蓄异石，广袤尺余，而九峰玲珑。老人名之曰《壶中九华》，且以诗纪之，命过继作。

> 至人[1]寓迹尘凡中，杖头挂壶[2]来何从？
> 长房[3]俗眼偶澄澈，一笑市井得此翁。
> 试窥 壶中了无物，何处著此千柱宫[4]？
> 毗耶华藏[5]皆已有，不独海上栖瀛蓬[6]。
> 我闻须弥纳芥子[7]，况此空洞孰不容？
> 何人误持一嶂出，恍是九华巉绝峰。
> 令人却信刘郎[8]语，当年霹雳化九龙。

谁将真形写此石，太华女几分清雄[9]。

终当作亭号秋浦[10]，刻公妙句传无穷。

注释：

1. 至人：古时具有很高的道德修养，超脱世俗，顺应自然而长寿的人。寓迹：亦作"寓
   跡"。犹寄足。暂时寄住。

2. 杖头挂壶：指壶公。

3. 长房：指费长房。

4. 千柱宫：极言宫殿富丽堂皇。

5. 毗耶（pí yē）：佛教语。梵语的译音。又译作"毗耶离"、"毘舍离"、"吠舍离"。
   古印度城名。《华藏：亦作"华藏"。佛教语。莲华藏世界（或华藏世界）的略称。

6. 瀛蓬：指瀛洲、蓬莱二神山。

7. 须弥纳芥子：佛教语。指微小的芥子中能容纳巨大的须弥山。喻诸相皆非真，巨细
   可以相容。芥子即芥菜籽，佛家以"芥子"比喻极为微小。须弥山原为印度神话中
   的山名，后为佛教所用，指帝释天、四大天王等居所，其高八万四千由旬，周围有
   咸海环绕，海上有四大部洲和八小部洲。佛家以"须弥山"比喻极为巨大。

8. 刘郎：指刘禹锡（772～842年），字梦得。唐朝文学家、哲学家，有"诗豪"之称。

9. 太华女几分清雄：刘禹锡《九华山歌·小引》："昔予仰太华，以为此外无奇；爱
   女几、荆山，以为此外无秀。及今见九华，始悼前言之容易也。"太华：山名。即
   西岳华山，在陕西省华阴县南，因其西有少华山，故称太华。女几：山名，在河南
   省洛阳市宜阳县西南部。又名花果山。古地理书中将它与江西庐山、湖北武当山、
   河南嵩山并称为七十二福地。清雄：清峻雄浑。

10. 秋浦：地名、水名。唐时属池州郡。故址在今安徽省贵池市西。李白爱其胜，滞
    留于此三年，作《秋浦歌十七首》以咏之。

中国现存石谱中，相关《壶中九华石》的记述很多。最早的宋《云林石谱》将其放在
江州石类，并有详尽评论："江州湖口石有数种，或在水中，或产水际。一种青色浑然，
成峰峦岩壑，或类诸物状。一种扁薄嵌空，穿眼通透，几若木板似利刀剜刻之状。石理如
刷丝，色亦微润，叩之有声。土人李正臣蓄此石，大为东坡称赏，目之为'壶中九华'，
有'百金归买小玲珑'之语。然石之诸峰，间有外来奇巧，相粘缀以增险怪。此种在李氏
家颇多，适偶为大贤一顾彰名，今归尚方久矣。又有一种，挺然成一两峰，或三四峰，高

下峻峭，无拽脚，有向背，首尾相顾，或大或小。土人多缀以石座，及以细碎诸石胶漆粘缀取巧为盆山出售，正如僧人排设贡具，两两相对，殊无意味。"从赏石名家杜绾对苏轼及《壶中九华》的高度评价和对江州石细腻入微的描述判断，他亲自到湖口进行了调查，并亲眼目睹了李正臣所藏怪石。同时，杜绾还指出了对怪石粘缀取巧之弊病，对怪石人工干预过多会"殊无意味"。明《素园石谱》著录了《壶中九华》，并提供了怪石之图案，不知可靠与否。据载，壶中九华石已流失美国。

元符二年（1099 年）至元符三年（1100 年），苏门四学士之一晁补之因被贬谪上饶，往返两次在湖口停留。作为苏门弟子，晁补之非常关注壶中九华石，第一次停泊时因李正臣不在，未能见面，第二次想见时石已被郭祥正以八十千买走。就此，晁补之的《书李正臣怪石诗后》说的明明白白：

> 湖口李正臣世收怪石，至数十百仞。初正臣蓄一石高五尺，而状异甚，东坡先生谪惠，过而题之云"壶中九华"，谓其一山九峰也。元符己卯[1]（元符二年）九月贬上饶[2]，舣[3]钟山寺下，寺僧言"壶中九华"奇怪，而正臣不来，余不暇往。庚辰[4]（元符三年）七月遇赦北归至寺下，首问之，则为当涂[5]郭祥正[6]以八十千取去累月矣。然东坡先生将复过此，李氏室中（似上山下酉字，不识）崒森耸[7]、殊影诡观[8]者尚多，公一题之，皆重于九华矣。

注释：

1. 元符己卯：元符二年（1099 年）。

2. 上饶：今江西上饶。

3. 舣（yǐ）：使船靠岸。

4. 庚辰：元符三年（1100 年）。

5. 当涂：安徽省马鞍山市当涂县。

6. 郭祥正，字功父（甫），字号醉吟居士，当涂人。幼年以诗出名，出仕不显。与苏轼友好。

7. 森耸：高耸。

8. 诡观：奇观。

晁补之的记文为我们提供了不少关于《壶中九华石》的资料。晁补之这次过湖口，李正臣在家并呈以怪石诗，他的记文题写于诗文之后。晁补之一定到过李正臣的宅第，并观看了所藏怪石。郭祥正买走壶中九华的时间当在元符二年末或元符三年初，此时，祥正还不知苏轼何时北归。关于壶中九华的大小，苏过说"广袤尺余"，晁补之则说"石高五尺"，相差较大，综合考虑，苏过的说法可能更为正确，其当为摆放于几案的小型供石，如此，才能与仇池石相匹配。晁补之还预言，苏轼肯定将再次路过，虽然壶中九华石不在了，但李正臣家怪石甚多，品味上乘，一经先生题之，其身价自然升华。

绍圣元年六月，苏轼再贬为宁远军节度副使，惠州安置。八月，苏轼到达英州，十月二日，又达惠州贬所。绍圣四年闰二月十九日，在惠州生活三年的苏轼再遭重责，贬为琼州别驾，移昌化军安置。四月告下，十九日，与家人痛苦诀别，只和小儿子苏过离开惠州，七月二日到达海南儋州贬所，开始了更加饥寒交迫生活。元符三年正月十二日，哲宗卒，徽宗即位，给苏轼的政治生命带来转机。果然，二月便以徽宗登极恩移廉州安置，五月诰命达，二十日渡海北还。八月诰命再下，授舒州团练副使，永州安置。十一月一日，又授朝奉郎，提举成都府玉局观，外州军任便居住。苏轼终于获得了自由。

正中晁补之所言，八年之后的建中靖国元年四月十六日，苏轼北归途中再次经过湖口，特意探访了壶中九华石。遗憾的是，怪石已被好友郭祥正买走，无奈之下，苏轼复和绍圣元年所作诗以宽慰自己：

予昔作《壶中九华》诗，其后八年，复过湖口，则石已为好事者取去，乃和前韵以自解云：

江边阵马[1]走千峰，询问方知冀北[2]空。

尤物已随清梦[3]断，真形犹在画图中。

归来晚岁同元亮[4]，却扫何人伴敬通[5]。

赖有铜盆修石供，仇池玉色自璁珑[6]。

注释：

1. 阵马：战马。此处喻山。

2. 冀北：谓良马产地。该句诗谓壶中九华石已经被人取走。

3. 尤物：珍奇之物。此指壶中九华石。清梦：犹美梦。宋陆游《枕上述梦》："江湖送老一渔舟，清梦犹成塞上游。"刘梦得：即刘禹锡。唐刘禹锡《九华山歌》："九华山，自是造化一尤物，焉能籍甚乎人间。"

4. 元亮：指陶潜（渊明）。《宋书·陶潜传》："陶潜，字渊明，或云渊明，字元亮，寻阳柴桑人也。

5. 却扫：亦作"却埽"、"却扫"。不再扫径迎客。谓闭门谢客。敬通：冯衍，字敬通，京兆杜陵（今陕西省西安市东南）人。东汉辞赋家。

6. 璁珑（cōng lóng）：明洁貌。

苏轼想得到壶中九华石虽然化为南柯之梦，但其真形犹在，好在苏轼曾作过极富影响力的怪石供，而自己还有挚爱的璁珑仇池石能伴老人一生。

壶中九华石是在苏轼到达湖口之前数月，被郭祥正买走的。郭祥正，字功父（甫），字号醉吟居士，当涂人。幼年以诗出名，出仕早而急流勇退。祥正与苏轼年一年二，系交往较多的好朋友。元丰七年七月，苏轼自黄州贬所还，过当涂，到郭祥正家做客数日。这些天除与祥正郊游外，还为祥正题《醉吟先生画赞》，和他讨论所呈李白《姑孰十咏》的真伪。苏轼醉酒后还在祥正家画壁作竹石。祥正作诗并送古铜剑二把以示谢意，苏轼也赋平生最美的诗句予以回赠。

元符三年八月，北归途中，苏轼收到郭祥正寄诗，劝戒谨言慎行。诗云："君恩浩荡似阳春，海外移来住海滨。莫向沙边弄明月，夜深无数采珠人。"八个月之后，苏轼便到达湖口，再访《壶中九华》，石已被祥正买去。又不几日，苏轼便盘桓至当涂。这次，他未到祥正宅第，祥正则携礼品来访苏轼舟中，两人品茶畅谈，祥正并呈诗作于苏轼。次日，郭祥正致馈，苏轼因父忌日不赴，和祥正诗以谢。仅从这几次交往，便知苏轼与其感情深厚，可见一斑。

作为苏门四学士之一的黄庭坚，于崇宁元年（1102年）自荆南贬所放还。是年五月二十日，黄庭坚系舟湖口，李正臣持苏轼诗来见，庭坚感慨万分。此时此刻，苏轼离世不足一年，恩师手迹展于面前，而壶中九华石已在异乡，黄庭坚思念恩师，悲感之情蓬发，次韵苏轼诗一首并记其事。

黄庭坚《追和东坡壶中九华》诗：

湖口人李正臣，蓄异石九峰，东坡先生名曰"壶中九华"，并为作诗。后八年，自海外归，过湖口，石已为好事者所取。乃和前篇以为笑。实建中靖国元年（1101年）四月十六日。明年当崇宁之元，五月二十日，庭坚系舟湖口，李正臣持此诗来。石既不可复见，东坡已下世矣。感叹不足，因次前韵。

有人夜半持山去，顿觉浮岚暖翠[1]空。

试问安排华屋处，何如零落乱云中[2]。

能回赵璧人安在[3]，已入南柯梦[4]不通。

赖有霜钟难席卷[5]，袖椎来听响玲珑[6]。

注释:

1. 浮岚:飘动的山林雾气。暖翠:天气晴和时青翠的山色。形容山林美好的景色。

2. 华屋:华美的屋宇,指朝会、议事的地方。零落:凋零,比喻死亡。

3. 能回赵璧人安在:该句诗借用"完璧归赵"之典故。

4. 南柯梦:即"南柯一梦",形容一场大梦,或比喻一场空欢喜。

5. 赖:依赖,依靠。霜钟:指钟或钟声。这里指石钟山。席卷:如卷席一般。形容全部占有。

6. 袖椎:亦作"袖锤"。袖中暗藏铁椎。玲珑:玉声;清越的声音。

第八章　苏轼赏石地位

一　古今文献中对苏轼赏石的记载和评价

中国赏石文化是中华民族优秀传统文化的重要组成部分。中国赏石文化源远流长，但专业石谱著述则见于宋代，明、清、民国时期大有发展，近年出现有史以来最为繁荣的赏石热潮，也大大促进了赏石文化的研究。我国现存最早的石谱是宋代杜绾的《云林石谱》，之后较著名的石谱和著作有宋范成大的《太湖石志》，明林有麟的《素园石谱》，清代宋荦的《怪石赞》，高兆的《观石录》和近现代张轮远的《万石斋灵岩石谱》，章鸿钊的《石雅》，贾祥云主编的《中国赏石大典》等。翻阅这些资料可见，涉及苏轼的材料很多，现择要抄录以显示苏轼在中国赏石史上的影响和地位。

杜绾《云林石谱》

《云林石谱》成书于南宋绍兴三年（1133年），是我国保存最早、影响最为广泛的石谱。作者杜绾，字季扬，号云林居士，宋山阴人，为杜甫之后裔，宋苏轼、米芾之后的赏石名家。杜绾石谱共载录石品一百一十六种，各具出产之地和采取之法。谱中有八品石种与苏轼关系密切。现依次摘录如下：

1. 英石

英州含光、真阳县之间，石产溪水中。有数种，一微青色，间有白脉笼络。一微黑灰，一浅绿，各有峰峦，嵌空穿眼，婉转相通，其质稍润，扣之微有声。又一种色白，四面峰峦耸拔，多棱角，稍莹彻，面面有光，可鉴物，叩无有声。采人就水中度奇巧处凿取之。此石处海外辽，贾人罕知之，然山谷以谓象江太守，费万金载归，古亦能耳。顷年，东坡获"双石"，一绿一白，目为《仇池》。又乡人王廓夫亦尝携数块归，高尺余，或大或小，各有可观，方知有数种，不独白绿耳。

2. 江州石

江州湖口石有数种，或在水中，或产水际。一种青色浑然，成峰峦岩壑，或类诸物状。一种扁薄嵌空，穿眼通透，几若木板似利刀剜刻之状。石理如刷丝，色泽微润，叩之有声。土人李正臣蓄此石，大为东坡称赏，目为《壶中九华》，有"百金归买小玲珑"之语。然石之诸峰，间有外来奇巧，相粘缀以增玲珑。此种在李氏家颇多，适偶为大贤一顾彰名，今归尚方久矣。又有一种，挺然成一两峰，或三四峰，高下峻峭，无拽脚，有向背，首尾相顾，或大或小。土人多缀以石座，及以细碎诸石胶漆粘缀取巧，为盆山求售，正如僧人排设供佛者，两两相对，殊无意味。

3. 仇池石

韶州之东南七八十里，地名仇池，土中产小石，峰峦岩窦甚奇巧，石色清润，叩之有声，颇与清溪品目相类。

4. 登州石

登州海岸沙土中，出石洁白，或莹彻者，质如芡实，粒粒圆熟，间有大者，或如樱桃，土人谓之弹子窝，久因风涛刷激而生。

5. 黄州石

黄州江岸与武昌赤壁相对，江水中有石，五色斑斓，光润莹彻，纹如刷丝，其质或成诸物像，率皆细碎。项因东坡先生以饼饵易于小儿，得大小百余枚，作《怪石供》，以遗佛印，后遂为士大夫所采玩。

6. 六合石

真州六合县水中或沙土中出玛瑙石，颇细碎，有绝大而纯白者，五色纹如刷丝，甚温润莹彻。土人择纹采斑斓点处就巧碾成佛像。

7. 登州石

登州下临大海，有沙门岛、砣矶岛，土中多产黑白石，磨垄为棋子。又有车牛、大竹、小竹凡五岛。惟沙门甚近，石有挺然而出者，颇焦枯。他处者紫翠，岩巘出波涛中，多秀美，五色斑斓，或如金纹者。熙宁间，士大夫就诸岛上取石十二枚，皆粲然奇怪，载归南海，为东坡称赏。

8. 雪浪石

中山府土中出石，色灰黑，燥而无声，混然成质，其纹多白脉笼络，如披麻旋绕委曲之势。东坡顷帅中山，置一石于燕处，目之为雪浪石。

林有麟《素园石谱》

《素园石谱》刊印于明万历四十一年（1613 年）前后，看似文图并茂的赏石图谱，在赏石界颇具影响。石谱收录名石、石种计百余例，石图二百余幅。纵观其内容，文字多辑录于前人石谱，名人诗赋、杂记等，但多不完整或略作修改。而部分石图为揣摩而成，与实物或文字描述不符，如雪浪石、醉道士石等。绘制图石如不见实物，乃为大忌。作者林有麟，字仁甫，号衷斋，松江府华亭县人，三十余岁时成书。

1. 壶中九华

苏东坡于湖口李正臣家见一异石九峰，玲珑婉转若窗棂，名曰壶中九华，以诗纪之。录苏轼壶中九华二诗（略），录黄庭坚诗序（略）。潘象安题：片石苍山色，复如山势奇。虽然在屋里，自有白云知。

附壶中九华图一幅，真伪不可辨。

2. 雪浪石

雪浪斋有一石，如孙位、孙知微所画石间奔流，尽水之变，又得白石曲阳，为大盆以盛之，铭曰：（略）。东坡复作歌曰：（略）。

附雪浪石图两幅，一有方盆，石作枝状，玲珑剔透。另一无盆，形若卧形，多峰凸起。林氏所附两图与雪浪石真实形态相悖甚远，纯属臆测编造（图一、图二）。

3. 湖口石

抄录《云林石谱》湖口石之前段，提供绘图一幅。

4. 醉道士石

杨康功有石状道士，苏子瞻为之作赋：（略）。秦淮海咏：（略）。

提供石图一幅，横卧状，与现存醉道士石极不贴切，为妄自揣摩而作。

5. 小有洞天

东坡小有洞天石，石下作一座子，座中藏香炉，引数窍正对岩岫间，每焚香则云烟满岫。后在豫章郡山谷家，其家珍重，常与谷身同置一箧。今余过武林得之，僧寮携归，置之梅花馆，恍然与苏眉山相对矣。

林氏提供石图一幅，石有座，峰峦起伏，通透玲珑。此图当为实物写照，因是林氏自己藏石。

6. 怪石供

玻璃国产五色石，以玻璃盆贮之，灿然可爱。又青州有铅松怪石似玉，今齐安江

图一　《素园石谱》提供的雪浪石图一　　　　图二　《素园石谱》提供的雪浪石图二

上往往有之，多红黄白色，其文如人指上螺，精明莹洁，虽巧者以意绘画有不能及者。苏子瞻常以之供佛印禅师，名曰"怪石供"，凡二百五十枚并石盘二个。

全文引述有误，怪石数据搞混，供参寥者二百五十枚并二石盘，供佛印者二百九十八枚，盛以高丽铜盆。附图一幅，系石子放置浅盆内，注水而观瞻。

7. 仇池石

仇池绝壁，峭峥孤险，云高望之，形若覆壶。其高二十余里，羊肠盘道三十六回，开山图谓之仇夷，所谓积石嵯峨，岭岑隐阿者也。苏子瞻至扬州获二石，录苏轼诗序（略），录苏轼与王晋卿诗（略），录秦淮海诗（略）。

附图一幅，似为两石拼成，又疑二者质同形似，不知真假否。推测其与仇池石存有差距，因为二石不同质，形当也有差异。

8. 北海十二石

全文录苏轼《北海十二石记》，略作修改，但存谬误，金文指纹饰，金色为色泽。登州下临大海。目力所及，沙门、鼍矶、车牛、大竹、小竹凡五岛。惟沙门最近，兀然焦枯。其余皆紫翠巉绝，出没涛中，真神仙所宅也。上生石芝，草木皆奇玮，多不识名者。又多五色美石，斑斓或作金色。熙宁己酉岁，李天章为登守，吴子野往从之游。时解贰卿政退，居于登，使人入诸岛取石，得十二株，皆秀色粲然。适有舶在岸下，将转海入潮。子野请于解公，尽得十二石以归，置所居岁寒堂下。东坡谓，世之好石者多矣，未有取北海而置南海者也。林氏提供绘图十二幅，仅从形态分析，多不像海洋波涛中所出没者的造型。

宋荦《怪石赞》

《怪石赞》成书于康熙四年（1665年），所赞美之十六石产自黄州赤壁。作者宋荦，河南商丘人，字牧仲，号漫堂，康熙三年任黄州通判。宋荦《怪石赞》一卷，系黄州任上所作。其开篇曰：

> 齐安怪石名天下，自苏子瞻始。余寓黄年余，遍求不可得。所谓聚宝山者，断岭颓冈，累累皆粗石，几令子瞻之言不信。今岁秋，友人以石饷者屡矣，较文辨色，得十有六枚，甚可宝玩，始信子瞻怪石供非虚语也。爰置晶盘，注以泉水，各即其形象名之，而系以赞。时康熙四年九月一日也。

黄安张希良跋云：

> 昔苏公于赤壁有前、后赋，而怪石亦有前、后供……自有宇宙，即有此山，有此山，即有此石，何以淹晦数千年。至苏公而始，蒙一盼亦过望矣。……

沈心《怪石录》

《怪石录》成书于清乾隆十四年（1749年），作者沈心为清浙江仁和县人，字房仲，为当时名士，赏石名家。所著《怪石录》中石品涉苏轼石二种，跋一文，现录如下：

1. 弹子涡石

> 弹子涡石产蓬莱县丹崖山旁，大如芡实，色具五色，温润可爱，经东坡赏后乃有名。

后录苏轼《登州石》诗（略），杜绾石谱登州石文（略），还录王世贞诗。

> 序云：余游蓬莱阁，观弹子涡石，因记苏长公一章歌之，与参政姜公公共拾取数十枚为玩，遂戏效其体作数语，书付道士并呈姜。公公前身为白玉蟾，高弟解服食法，其有以教我。

诗云：

> 昔闻蓬莱顶，神仙好围棋。
>
> 争道不相娱，散掷东海湄。
>
> 海若鼓风涛，必汝为玉师。
>
> 历落涵天星，皎镜支汉机。
>
> 数惊骊龙顾，或起陵阳悲。

我无菖蒲根，杯水浴置之。

岂必真壶峤，方圆亦参差。

宇宙在一搊，芥子为须弥。

姜侯蟾翁裔，服食凤所宜。

他日访三神，煮以疗吾饥。

2. 北海石

北海石产蓬莱县海中诸岛，波涛淘涌，人迹罕到，读东坡一记，恍如灵秀接目。

后录：《苏轼杂记》即《苏轼北海十二石记》和《云林石谱》登州石文内容（略）。

杨复吉的《怪石录》跋云：

怪石之名昉于《禹贡》及《山海经》，迨苏文忠公作怪石供，遂成艺林佳话。钱塘沈房仲先生对床青社，遍摭彼士所产，胪成此录，援古证今，陆离五色，未知米南宫见之，其亦按谱而索否也？壬申（乾隆十七年（1752 年））季夏震泽杨复吉识。

杨复吉生平无考，其跋于壬申，即乾隆十七年（1752 年）。

王猩酋《雨花石子记》

《雨花石子记》成书于 1943 年。撰者王猩酋，字文桂，号迟道人，天津武清人。此书由东莞张江裁刊印，其后记署中华民国三十二年三月十日谨识。开篇部分涉苏轼赏石内容颇多，节录如下：

尚书禹贡：青州铅松怪石，怪石二字斯为最早，不知其怪若何。三国吴志诸葛恪传：建业南有长陵，名曰石子岗，葬者依焉。按金陵石子此时有无玩好者，琐事已无可考。但"石子"二字已为人所称道。苏东坡怪石供（略）。后怪石供（略）。按东坡怪石供在黄州，即雨花石玩好之先进也。东坡诚好事者哉，饼饵易之既久，得二百九十有八枚，非一朝一夕之故也。既又供参廖二百五十则。凡与江上小儿交际者，可知其热矣。惜东坡未曾一至金陵耳。杜绾云林石谱，引六合石全文（略）。按《云林石谱》作于杜衍之孙杜绾，后东坡无几时，所云六合县，今犹以为极佳之产地，采者售于金陵，冒雨花台名。在宋时，雨花石尚未名雨花也。于此可见，惟工人就巧碾成佛像，未免无知妄作，煮鹤烧琴。今之雨花石至北京者，多遭此惨，磨光穿孔，大失天然。石友曹笪孙觅石于北京者，数年所得者，强半为人工穿凿，叹人工于此为恶道也。噫，自宋以来已如此。《云林石谱》，引松滋石全文（略）。《云林石谱》，引黄州石全文（略）。按《云林石谱》谓，东坡先生作怪石供以遗佛印，后甚为士大夫所采玩，于此见石子之玩好，发起于宋时，谓东坡先生为雨花石子赏鉴家鼻祖可也。清宋牧仲《怪石赞》：齐安怪石名天下，自苏子瞻始（略）。

张轮远《万石斋灵岩大理石谱》

《万石斋灵岩大理石谱》成书于民国末年（1948年），自行印刷出版。作者张日辂，字轮远，以字行，天津武清人，奇石收藏大家。张氏藏品主要为大理石和灵岩石（雨花石），其数量多，品相佳，在奇石研究收藏界颇有影响。

李国瑜《万石斋灵岩大理石谱》序云：

> 昔之癖石者，多为石赋名，东坡仇池、雪浪、壶中九华，及海岳之砚山尚巳……。

癖灵岩石者历史考略云：

> 古之癖于石者多矣。但癖玲珑石子者，源于何代？而癖灵岩石子者，又始于何人？其癖之深且痴者，又以谁为首？此不可不追溯往古，一究其历史。……按历代记载，癖石子者，似以春秋时代宋之愚人为……。

> 其次则为宋之苏东坡，东坡怪石供略载：（略）。按：齐安属今之湖北黄州，生于斯莅于斯者不知凡几，均不知此间有神奇之石。而苏公一履斯土，竟能独具双眼，识拔石子于庸夫俗子之手，岂非癖石子者之先进乎。推苏公虽癖石子，而所得则非灵岩石。

刘云孙《万石斋灵岩大理石谱》跋曰：

> （张轮）远曰：余之嗜石谱石，盖有慕于东坡、襄阳（米芾）及素园云林之所为。

等诸一庵（李国瑜号）之唯有饮者留其名，云孙之诗卷长留天地间之意，自乐其乐，人言所不计也。远之为人，介而通，韫而明，质而文，涅不缁而磨不磷，性与石近，此谱非独自乐其乐，盖所以适性也。

贾祥云主编的《中国赏石大典》是一部文图并茂的巨著，由山东科学技术出版社1999年出版。相关苏轼赏石的论述摘录如下：

苏雪痕、赵光华《中国赏石大典》序二：

> 宋代文人的代表人物当推米芾与苏轼。米芾赏石甚至狂颠。他与道家思想相关联，"强调的是人与外界、对象的超功利的无为关系，亦即审美关系，是内在的，精神的，实质的美"。苏轼赏石，不在乎石本身如何，而是借尸还魂，以明志、比德、言情、状物，借之寄托情思，把人的自然性与社会性融糅在一起，处处表现着他在人生观、宇宙观与生死观上，借赏石发挥之。苏轼（米芾）说："子瞻作枯木，枝干虬曲无端，石皴硬亦怪怪奇奇无端，如其胸中盘郁也。"这说明了苏轼为什么喜欢画怪、丑、奇

之石。苏轼以仁者的胸怀，对石亦以托物寄情为主。且现实生活中，穷困者的生命形象往往寒苦，而不是肥润高贵的形象。仁者不以此而遗弃之。朱熹则认为其所以画怪石，一是反映"英秀后凋之操，坚确不移之姿"。二是如"其傲风霆阅古今之气"。苏轼一生所到之处，皆悉心收集当地奇石、佳石。如他从扬州获得双石名为"仇池石"。在这"仇池石"上，苏东坡看到了家乡的景色。他的这种思乡之感，说明他对游宦生活的淡泊，一种对整个"人生的空漠之感。对整个存在、宇宙、人生、社会的怀疑厌倦，无所寄托的深沉喟叹"。他有《秋咏石屏》诗一首。这石屏是用浅色粒石列植成为清淡的寒林雪景，一种淡泊的志趣油然而生。苏东坡还作过《石菖蒲赞》诗一首，寓意忍寒苦，安淡泊，与清泉为伍，不待泥土而先。

赏石理论的形成

北宋文学家苏东坡（1037～1101年）是唐宋八大家之一，也是一位奇石收藏家。他一生屡遭贬谪，但依旧超然旷达宦游四方，状山摹水，借景抒怀，热情歌颂祖国的名山大川。"入峡喜巉岩，出峡爱平旷。吾心淡无累，遇境即安畅"。不仅静观山水之美，而且动观山水之妙。他广泛收藏奇石，曾收集红、黄、白色彩石298枚，置于水盆中观赏其优美的图案。在《取弹子石养石》中咏道："置于盆盘中，日与山海对。"在《双石》中曰："至扬州获二石，其一绿石，冈峦迤逦，有穴达于背；其一玉白可鉴，渍以盆水置几案间。"苏东坡还在诗中咏道："我持此石归，袖中有东海。""试观烟雨三峰外，都还灵仙一掌中。"相传苏东坡曾一度信佛，号东坡居士，并"以净水注石为供"，开以石供佛的先例。他十分钟爱"雪浪石""仇池石""小洞天""醉道士石"等。他作《壶中九华》诗，寓神于形，形神兼备，写得惟妙惟肖，诗云：（诗略）。益都法华寺有一观赏石，名曰醉道士石，苏东坡为此写下了《题醉道士石》。1933年出版的《山东名胜古迹大观》中留下了珍贵的照片。诗人绘声绘色地描绘了醉道士石的形态，使这块观赏石名声大振，不仅是山石艺术品，也是一件历史文物。

苏东坡根据醉道士石的形态，写成一首叙事诗，以丰富的想象，描述了猿猴变成醉道士，偷饮茅君酒，被囚于山崖间，最终变成石头的故事。写得生动形象，栩栩如生。醉道士石诗（略）。

苏东坡因迷石其住所题名为"雪浪斋"，皆因"雪浪石"而得名。雪浪石纹理流畅，画面清雅，似浪非浪，似雪非雪，得造化之灵秀，含天然之玄机，实为石之珍品，历近千载依然风韵依旧。他还创造了以竹、石为主题的画体，并以竹石作为绘画和诗文吟咏的对象。竹石相互依托，一重一轻，一动一静，形成了优雅的山石艺术品。他咏道："宁可食无肉，不可居无竹，无肉令人瘦，无竹令人俗。"以拟人的手法，以竹、石象征人品的高尚情操。

苏东坡对于绘画理论具有很深的造诣和独特见解，在《石氏画苑记》中指出："画之所贵者，贵其似也，其似尚贵，况其真乎。"主张以真为美，真主要指意真，而似指形似，即形神兼备。他又写道："论画以形似，见与儿童邻。"进一步强调对神的追求，即"古画画意不画形"。苏东坡将这些绘画理论和藏石实践应用于赏石文化中，为促进赏石文化的发展作出了重大贡献。

赏石文化与书画文学艺术的相互渗透

郑板桥在赏石理论方面继承了苏东坡的观点，并又进一步发扬完善，使之系统化、完整化。在《板桥题画兰竹》中曰："东坡曰，石文而丑，一丑字则石之千态万状，皆从此出，彼元章但知好之为好，而不知陋劣之中有至妙也，东坡胸次，其造化之炉冶乎，燮画此石，丑石也，丑而雄，丑而秀。"因此，他在米芾赏石四字诀中又增加一个"丑"字，为"瘦、漏、透、皱、丑"。赏石以奇取胜，最忌平淡无奇，郑板桥以其奇才，怪才，提出"丑而雄，丑而秀"，对于赏石理论的深化作出了重要贡献，拓宽了赏石的视野，提高了赏石的品位。

园林用石

苏东坡所收藏的大小雪浪石，为一代名石，虽历经沧桑，现依然珍藏在世，实为供石之珍品。据有关资料记述，东坡居士先获大雪浪石，为黑色白脉，纹理自然流畅，如江水奔流，似一幅天然风景画，东坡居士将雪浪石以盆盛之，当水漫石上，山石会显现飞雨状，好似雪浪翻卷，为世人称奇。苏东坡为石题名雪浪石，并把存放之室名为"雪浪斋"。大雪浪石呈灰黑色，外观很似一块绿石，自然状态下脉络不太明显，石为立式，石之背面、侧面多有题词。小雪浪石为一图纹石，石面上分布自然白色波浪纹，有的似波涛汹涌，有的似漩涡飞转，巧夺天工，妙在天然，极富诗情画意。

赏石名人

苏轼（1037～1101年），号东坡，宋代眉州眉山人。喜欢玩石，官杭州（扬州）时，得奇石两块，自作几架清供，并取杜甫"万古仇池穴，潜通小有天"的诗句，命名为"仇池"。苏东坡为宋代著名书法家，特别推崇歙砚，曾作诗"罗细无纹角浪平，半丸犀璧浦云泓"，揭示了歙砚名品"细暗罗纹""角浪纹"和"古犀纹"的特征。

同时，他在徐州任太守时，还对"泗水磬石"的玩赏、收藏起到重要作用。他常亲自采石，以石会友，为灵璧县张氏皋园中的"小蓬莱"怪石题了"东坡居士醉中观此（酒）然酒醒"的字，又作《丑石风竹图》，写下《张氏园亭记》。苏东坡的贡献，还在于他提出"石文而丑"的赏石观，对后世影响颇深。

二　苏轼对赏石文化的贡献和历史地位

石头是人类认识和利用最早的自然资源。早在距今约二三百万年以前的洪荒时代，我们的祖先为生产生活所迫，即选择石料制作石器，用于采集挖掘植物及其块根，用于狩猎及剥皮割肉，敲骨吸髓。在漫长的生产实践中，他们渐渐懂得了周围不同石料的性质，能够选择较好的石质制作各种工具。直到旧石器时代晚期之末，人们不仅能够寻找质地坚硬，耐用的石料，而且以色泽优美者优先。他们还能够选择上好的石材做装饰品。可以肯定，这时的人们有了原始的审美观念，而是否属于赏石意义上的审美意识，尚值得研究。

人类社会进入新石器时代以后，原始的赏石思想和艺术开始出现，这时的个别墓葬中，可见成堆的天然美石随葬，说明其为墓主人所赏爱，这无疑为中国赏石文化的开端。新石器时代中晚期，诸如良渚、红山等古文化中极为发达的玉器，从另一侧面表明，赏石文化的雏形当以形成。目前，学者们大多认为，现实意义的中国赏石文化之雏形形成于商周时期，这当然无可争议，因为有了明确的文字记载。同时，中国的园林也萌芽于这一时期，并促进了赏石文化的发展。历经春秋战国至秦汉时期的积淀与发展，到魏晋南北朝时期，中国的赏石文化发生了巨大的转变，赏石文化开始走下神坛，从皇家离宫别馆走向社会庭院，从皇家贵胄走向文人大众，寄情山水，崇尚隐逸，淡泊明志，返璞归真成为士大夫的狂妄追求。

唐宋时期，伴随社会经济、文化、艺术、园林的繁荣与发展，促使赏石文化进入了一个崭新的阶段，成为中国赏石文化的鼎盛时期。恰恰，苏轼赶上了这一如火如荼的赏石文化的洪流，自然会如鱼得水般地投身于赏石热潮之中。

苏轼的赏石情怀，既受到了前代文人名士的感染，也受到了家庭的熏陶。陶渊明曾经有一块大石，常常醉卧其上，进入梦乡，因而名之"醒石"。他的"采菊东篱下，悠然见南山"也为品石嗜园的千古名句。作为赏石名家的白居易，在实践体验中总结出他的爱石十德："养性延容颜，助眠除睡眼。澄心无秽恶，草木知春秋。不远有眺望，不行入岩窟。不寻见海浦，迎夏有纳凉。延年无朽损，升之无恶业。"白居易不仅写下了著名的"太湖石记"，还首次提出怪石"怪且丑"的赏石观。牛僧儒与石为伍，李德裕营平泉山庄，二人同朝为官，政见不一，党争不休，但同为石痴，对中国赏石文化都做出了很大贡献。这些，都对苏轼终生赏石起到激励作用。

苏轼赏石，自幼就受到其父苏洵的熏陶。十二岁时，苏轼在自家宅隙中挖到一块美石，色正声圆，苏洵谓之"天砚也"，遂做成砚而赐予苏轼。此砚在苏轼的幼小心灵中留下了不可磨灭的痕迹，他一直珍爱此砚，随身多年，并以传家之宝赠以儿孙。苏洵生活简朴，但酷爱收藏，家存不少字画、古琴和怪石等。苏洵有一座木假山，是他在民间脱掉身穿貂皮袄换取回来的。苏洵所作的《木假山记》对苏轼影响甚大，而苏轼第一篇赏石诗《咏怪石》歌咏对象就是家藏怪石。

苏轼一生赏石，自幼年（庆历七年，十二岁）的天石砚始，终结于逝世前三个多月（建中靖国元年，六六岁）的北归途中。这年四月十六日，苏轼过湖口，再访壶中九华，石被郭祥正买走，作和前韵诗，为其赏石诗文绝笔。六月，重病缠身的苏轼到达常州，获准请老，以朝奉郎致仕。七月二十八日便病逝常州。苏轼一生赏石的案例很多，形式各异，我们只选择其中十二例作为榜样，以突出他对赏石文化的贡献。从选择的十二例统计，其幼年一例，二十至二十九岁一例，四十至四十九岁三例，五十至五十九岁七例，五十至六十岁是苏轼赏石的最盛时期。在十二例中，一宗半发生在京师朝廷任职期间，其余均发生在外任、流放地或调任迁移途中。苏轼一生被贬谪两次，第一次黄州所作甚丰，而第二次英州、惠州、儋州无所建树。分析研究苏轼鲜活的赏石经历和辉煌成就，便知他在中国赏石文化发展进程中产生的重大影响和显耀的历史地位。

1. 苏轼创造了全新赏石方式怪石供

元丰五至六年，苏轼居黄州贬所。在赤壁江边小儿手中换取到很多细美的河卵石，回到雪堂把玩，他发现将这些怪石放在盆盘之中，再注入清水，其纹理更加清晰，美观，灵性骤现，认定这是此类怪石玩赏的最好的方式方法。于是，他选择了二百九十八枚怪石，放在铜盆中，注水以供佛印，并作《怪石供》一文。之后，又收集二百五十枚并二石盘，供参廖，作《后怪石供》。苏轼还曾将这些怪石盛在石斛中，寄给朋友鲁元翰，并赋诗一首，有"清池上几案，碎月落杯盘""坚姿聊自儆，秀色亦堪餐"之名句。

元丰八年，苏轼在登州，仅任五日州守。在繁忙的公务之余，还挤时间到蓬莱阁下，东海之岸，收集到很多白色海成卵石，放入盆斛中养菖蒲。他诗作中"我持此石归，袖中有东海""置于盆盘中，日与山海对"的佳句，充分展现了赏石大师的坚韧的品质和广阔的胸怀。这种用怪石养植物花卉的赏石行为，也被后人所青睐。

　　自从苏轼将细小河卵石用作怪石供，及前后《怪石供》和诗赋传出后，这类怪石遂成为爱石者追捧和觅寻的目标，相继有黄州石、齐安石、赤壁石、六合石、五色石、纹石、绮石、灵岩石、雨花石等新的怪石名称出现。实际上，这些繁杂的名称同属一类，只是质地有别，纹饰有变，产地有异而已。同时，也涌现出一批热衷于此类怪石赏玩的名家。

　　对于苏轼的发明创造，社会给予了充分的认可，自古至今的石谱、著作、论文大都给予了很高的评价。宋代杜绾的《云林石谱》记之为"黄州石"，言"顷因东坡先生以饼饵易于小儿，得百余枚作怪石供，以遗佛印，后甚为士大夫所采玩。"明代林有麟的《素园石谱》将其称为"怪石供"，并附图一幅。明清以降，雨花石的名字开始出现，成为这类怪石最受青睐的典范。清代收藏黄州石（齐安石）的宋荦曾言："齐安怪石名天下，自苏子瞻始。"杨复吉为沈心《怪石录》所作跋云："怪石之名昉于《禹贡》及《山海经》，迨苏文忠公作怪石供，遂成艺林佳话。"王猩酉在《雨花石子记》开篇有云："《云林石谱》谓，东坡先生作怪石供以遗佛印，后甚为士大夫所采玩，于此见石子之玩好，发起于宋时，谓东坡先生为雨花石子赏鉴家鼻祖可也。"张轮远也曾评论说："齐安属今之湖北黄州，生于斯莅于斯者不知凡几，均不知此间有神奇之石。而苏公一履斯土，竟能独具双眼，识拔石子于庸夫俗子之手，岂非癖石子者之先进乎。推苏公虽癖石子，而所得则非灵岩石。"

　　中国的赏石对象，大致可分为三大类，一是体量较大，不可移动，天然生长的风景名胜石，如河北承德的"磬锤峰"、"蛤蟆石"、路南石林的"万年灵芝"等。二是广泛用于园林中筑山、叠石，以及点缀于园林景观的孤赏石等园林用石，如上海豫园的"玉玲珑"、苏州留园的冠云峰等。三是供石，是个体小巧，可移动的精美奇石，即通常所称石玩、观赏石、雅石等。供石适于陈设于室内厅堂、几案、几架之上，可贴近观瞻，信手把玩。苏轼首先开启的怪石供，是一种较为特殊的赏石方式，被归于供石类中。因此，苏轼怪石供的创新，不仅在赏石方式，同时在赏石理论上也做出了巨大贡献。

　　2.苏轼完善了赏石标准和赏石理论

　　石虽不能言，而大美在焉，审美学是赏石文化的灵魂。山石之美，在于山石与自然的和谐相处，在于人们心灵对山石及其环境的认知和评品，即天人合一的自然观、世界观和人生观。具有至美和灵性的奇石可喻人，可喻物，可喻诗，可喻画，人们欲在追求其孤傲的情操和坚忍不拔的品质。石之坚韧，风吹浪打，岿然不动；石之孤傲，不攀不附，不媚不俗；石之秀灵，淡泊清雅，诗情画意；石之含蓄，触景生情，托物明志；石之丑怪，怪则稀奇，丑则雄秀。

苏轼所处的时代，是中国赏石文化发展的鼎盛时期，无石不雅已是社会和各个阶层人士的共识和期待。在赏石行为极大普及，赏石品味不断提升的状态下，赏石文化在理论和实践上，都需要认真的总结与提高，首先面对的是赏石的标准问题。米芾有旷世之才，琴棋书画无一不精，还是有宋一代最知名的鉴赏家。米芾堪称石痴，一生癖石如命，酷爱灵璧石、太湖石，其拜石抢砚，传为妇孺皆知的佳话。在前人赏石的基础之上，米芾总结出的皱、瘦、漏、透的赏石标准，为世人普遍认可，这是他为赏石文化理论做出的重大贡献。苏轼大米芾十五岁，可谓生活在同一时代，也是他们一生相互结交的最好朋友。苏轼作《咏怪石》诗时，米芾还不到十岁，由此可知，苏轼涉足赏石的时间早于米芾。

米芾首见苏轼，系元丰四年九月于黄州东坡雪堂，米芾自长沙过黄州来访。据米芾记载，两人未论赏石，多谈书法绘画。而苏轼作《怪石供》，乃是元丰五年五月的事情。之后，米芾在评论苏轼画枯木怪石时曾言，"子瞻作枯木，枝干虬曲无端，石皴硬，亦怪怪奇奇无端，如其胸中盘郁也"。看来，米芾对苏轼赏石画石的感受是非常深刻的。苏轼在青年时期所作《咏怪石》诗，是他赏石诗文的开篇之作，诗中"天地之生我，族类广且蕃""如我之徒亦甚寡，往往挂名经史间。居海岱者充禹贡，雅与铅松相差肩""吾闻石言愧且谢，丑状欻去不可攀"之句，不仅阐释怪石分布广，品类多，往往似禹贡铅松怪石，留名青史，更为重要的是明确提出其丑石之赏石观。在苏轼之后的诗文中，这一观念不时得到充实完善。

苏轼的丑石观并不是他的发明创造，而是借鉴与前人所得。白居易《双石》诗首句便言："苍然两片石，厥状怪且丑。"继而"一可支吾琴，一可贮我酒""五弦依其左，一杯置其右"，末句曰"石虽不能言，许我为三友"。这就是白居易的赏石观念和赏石情趣，诚然，其"怪且丑"的丑石观被苏轼继承并发展了，"丑"字成为赏石的标准之一。米芾对白居易和苏轼的丑石观则不屑一顾，这可能与其孤傲品行，赏石风格，审美观念相关。不过丑石观还是被历代文人和赏石名家传承下来，在皱、瘦、漏、透之后加一丑字，成为赏石标准之共识。清代郑板桥对苏轼的丑石观也极为赞赏，并予以发扬光大。郑板桥赏石"丑而雄，丑而秀"的观念，无疑是对苏轼赏石理论的阐释与发展，拓宽了赏石的视野，提高了赏石的品位。

3. 苏轼继承开拓了文人赏石的新天地

苏轼继承发展了唐以来文人赏石的文化传统，他将诗文和绘画艺术与赏石行为融会贯通，使以文咏石、以画咏石的文风达到巅峰。白居易不仅写出了第一部山石专著《太湖石记》，提出"怪且丑"的赏石观，还是赏石诗作最多的伟大诗人，他的《双石》、《太湖石》、《磐石铭并序》等诗为其代表之作。江油市李太白纪念馆移来一具牛石，李白曾赋生动而形象的《咏牛》诗："怪石巍巍巧似牛，山中高卧数千秋。风吹遍体无毛动，雨打浑身有汗流。芳草齐眉难入口，牧童扳角不回头。自来鼻上无绳索，天地为栏夜不收。"宋徽宗为风流儒雅的皇帝，酷爱书画、园林、怪石。他顷举国之财建造的"寿山艮岳"，怪石林立，玲珑满目，可以说，他是有史以来最大、最豪华的藏家。徽宗在成千上万的怪石中，挑选六十五枚，御题刻铭，依形绘图，定名为《宣和六十五石》。徽宗的所作所为，影响极大，对中国赏石文化起到了非常积极的推动作用。但是，徽宗收集天下奇石，被认为是劳民伤财之举，使得人民怨声载道而误国。元郝经留有"中原自古多亡国，亡宋谁知是石头"的诗句。

有宋一代，苏轼是以诗文咏石的集大成者，至今，似还没有他人能够超越，其影响力也是无人可及的。苏轼依托《怪石供》、《仇池石》和《雪浪石》而营造的三次赏石文化之盛事，在中国赏石文化史上影响深远，无可比拟。苏雪痕先生曾对苏轼赏石的特质做出过较为恰如其分的评价，他说："苏轼的赏石，不在乎石本身如何，而是借尸还魂，以明志、比德、言情、状物，借之寄托情思，把人的自然性与社会性融糅在一起，处处表现着他在人生观、宇宙观与生死观上，借赏石发挥之。"但是，他没有注意到，苏轼的赏石诗文，对赏石文化更深层次的影响和魅力。试想，如果没有诸如陶渊明、白居易、李白、苏轼等文人诗情画意的表白和颂扬，赏石的文化内涵及品质绝不会有如此的高尚。在苏轼赏石诗文中，确实能够找到许多明志、比德、言情、状物、情思的事典。例如，苏轼经常以怪石寄托思乡之情，在《仇池石》诗中，"但见玉峰横太白，便从鸟道绝峨眉"、"三峨吾乡里，万马君部曲"，《雪浪石》诗中"离堆四面绕江水，坐无蜀士谁与论"之句，都抒发了他对故乡留恋和思念。同时，苏轼借石抒发其坚忍不拔，淡泊明志，归隐山林的思想也无处不在。

苏轼更大的贡献是，将赏石、诗文、绘画融为一体，开创了以绘画艺术为赏石文化服务的先河，这一崭新途径的开辟，对赏石文化的发展起到了及其重要的推动作用。在绘画史上，苏轼是第一个提出"士人画"即"文人画"的绘画大师，他极力赞赏王维的诗中有画，画中有诗的绘画风格，提倡诗画相通，本为一律的文风。"文者，无形之画；画者，有形之文。二者异迹而同趋，以其皆能传生写似，为世之所贵珍。"

苏轼绘画，多以竹、石、枯木为题材，作为文人画的引领者，坚持了写意而不求神似风格。史载，苏轼竹石枯木题材的画作最为丰多，还有多次画壁的例证。单国强先生对苏轼唯一存世的《枯木怪石图》进行了分析研究，认为"主体形象之一就是一块颇为独特的怪石，石状尖峻硬实，石皴却盘旋如涡，方圆相兼，既怪又丑。他并非如实的因物象形，但也不是凭空臆造，而是画家借熟悉的奇石之姿抒写'胸中盘郁'，并将怪石与同样盘折奇倔的枯木画在一起，更鲜明地表露了作者耿耿不平的内心。"苏轼写枯木怪石多，人们对他的画作评论也很多。米癫拜石妇孺皆知，他曾自画《拜石图》，画虽无存，但元倪瓒曾题《米南宫拜石图》诗，"元章爱砚复爱石，探瑰抉奇久为癖。石兄足拜自写图，乃知颠名不虚得。"其实，苏轼是米芾的良师益友，对米芾书画多有切磋指导。苏轼在黄州东坡雪堂第一次接待米芾，便作枯木竹石画以赠。米芾在他的《画史》中记载："吾自湖南从事过黄州，初见公，酒酣，曰：'君贴此纸壁上。'观音纸也。即起作两只竹，一枯木，一怪石，见与。后晋卿借去不还。"宋孔武仲《东坡居士画怪石赋》云：东坡居士"观于万物，无所不适，而尤得意于怪石之嶙峋。或凌烟而孤起，或绝渚而罗陈，端庄丑怪，不可以悉状也"。苏轼对自己画作也非常得意，他在郭祥正家作客，酒醉画壁题诗曰："枯肠得酒芒角出，肺肝槎牙生竹石。森然欲作不可留，写向君家雪色壁。"宋徽宗的《祥龙石图》是留存至今的宣和六十五石之一的墨迹，他以写实的技法，将竹石描绘的惟妙惟肖，御题之中"其势腾涌若虬龙出，为瑞应之状"。

此后的元、明、清各朝，文人山水画一直占据主流，画法日趋多样化。尤其明、清时期，既是赏石的普及时代，也是文人画提高创新时期，著名画家层出不穷，不同技法相互辉映。其中，郑板桥的赏石观和竹石画作最具代表性。郑板桥不仅以墨竹著称，也喜爱藏石，善画怪石，还是苏轼文人画继承光大者。他说："米元章论石，曰瘦，曰皱，曰漏，曰透，可谓尽石之妙也。东坡曰：'石文而丑'，一'丑'字，则石之千态万状，皆从此出。彼元章但知好之为好，而不知陋劣之中有至好也。东坡胸次，其造化之炉冶乎！燮画此石，丑石也，丑而雄，丑而秀。"张传伦先生还讲了郑板桥在石砚上题"难得糊涂"的故事。"据说那一年板桥去莱州文峰山观郑文公碑，日暮借宿山间茅屋。主人是一儒雅老翁，出语不俗，自云糊涂老人。其室中一方桌面大的砚台，质、刻俱佳，板桥大喜。老人请板桥题名，板桥便题了'难得糊涂'四字，钤'康熙秀才雍正举人乾隆进士'印。因砚石大，留白过多，板桥便请老人写一段跋文。老人挥毫立就，写下了'得美石难，得顽石尤难，由美石而转入顽石更难。美于中，顽于外，藏野人之庐，不入富贵之门也。'也用一印，印文是'院试第一乡试第二殿试第三'。板桥大惊，方知老人是一位退隐官员。有感于糊涂老人的雅号和跋文，板桥又补写了一段'聪明难，糊涂尤难，由聪明转入糊涂更难。放一着，退一步，当下心安，非图后来福报也。'"郑板桥"难得糊涂"无人不晓，但知其为砚铭者却不多见，知其题铭过程与赏石相关者更少。

第九章 雪浪石文化价值

　　雪浪石是由苏轼发现、命名、赏玩、赋诗、刻铭的奇石，也是文人赏石的典范，具有深厚的文化内涵和珍贵的文化价值。雪浪石堪称华夏名石，自有宋以来，多被历代石谱、赏石著作所著录，被历代文化名人甚至帝王所歌咏。雪浪石经宋、金、元、明、清、民国至今，阅历千年风霜血雨，仍然傲骨铮铮，岿然屹立，完美体现了奇石所具有的自然特质和文化品格。雪浪石的文化价值主要体现在两个方面，即文物价值和文化价值，而文化价值又涵盖了名人、名石、名诗、名园、名刻等品牌价值及产业价值。

一　文物价值

　　文物是祖先创造并留下的，属于中华民族的物质文化遗产，有着独特的历史、科学、艺术价值，是承载中华民族优秀传统文化的脊梁。雪浪石就是一类及其特殊，颇具文化品位的历史文物。鉴于其丰厚的文化内涵和独特的历史、艺术价值，河北省人民政府于1993年将其公布为第三批河北省重点文物保护单位，名称为《定州碑刻群》。

　　据2003年科学出版社出版的《河北省文物保护单位通览》载："定州历史悠久，遗留了丰富的文化遗产，石碑刻即是其一"。"这些石碑刻涵盖了自北齐以来直至明、清、民国各个历史时期，有碑记、墓志、经幢、石造像等共二百余通，其中较著名的有彭城寺碑、苏东坡雪浪石、乾隆御碑、关羽诗竹碑等"。"乾隆御碑的行楷刚柔相济、草书潇洒飘逸，赏心悦目；雪浪石系苏轼任定州时所得，此石置于白质石盆之上，石高76、宽80厘米，石盆高70厘米，石盆直径130厘米，盆唇刻有雪浪石铭，盆外刻芙蓉两层，盆下有六角形石座，上刻有波浪纹。因此石，苏轼将其于文庙的居室名曰：'雪浪斋'"。

　　文物保护单位与馆藏文物（可移动文物）不同，特指为不可移动文物。据查证，《定州碑刻群》所包含的内容，只有前、后雪浪石及附属建筑雪浪亭符合这一属性，而其余碑石则多被移动过，其位置还可以按需要变动。定州雪浪石原来在文庙雪浪斋，清康熙四十一年州牧韩逢庥在众春园新建雪浪斋，并将雪浪石、盆移入。乾隆三十一年，乾隆皇帝亲自主持，将临城发现的雪浪石运至定州众春园，做芙蓉盆，立于东坡雪浪石之后，御题为前雪浪石和后雪浪石，奠定了雪浪石的摆设格局。雪浪石的可贵之处在于，自乾隆帝钦定之后，其位置和格局再没有移动过，实属不可移动之文物。

既然如此，就说明含有雪浪石的《定州碑刻群》这一名称不够科学，应更名为《定州雪浪石》。鉴于雪浪石的文化、艺术价值不断地被发掘、研究，认同，以及对雪浪石保存环境研究揭示，其以超越了省级文物保护单位界限，达到了国家级别的文物保护单位的水平。文物保护的职责和义务属当地人民政府，因此，建议定州市人民政府进一步重视雪浪石的保护工作，逐步改正雪浪石文物保护单位的名称，使其科学、突出；进而提升其文物保护单位的级别，成为全国重点文物保护单位。

雪浪石是中国文坛巨匠苏轼为我们留下的重要的文化遗产，它不但应该受到妥善的保护，更应该让它活起来，让它告诉我们岁月留给它的斑斑伤痕、它所承载的深厚文化涵养韵味和它所经历的历史的、文化的、生活的鲜活故事。

二 文化价值

雪浪石的文化价值涵盖了名人、名石、名诗、名画、名园、名刻等林林总总，方方面面的内容。换句话说，雪浪石本身蕴含着名人、名诗、名画、名园、名刻等文化信息，这些，均待细细品味，深入发掘。最为重要的是，雪浪石是苏轼唯一留存于世的藏石珍品。在乾隆皇帝的诗中，对雪浪石有"玉局能点金，顿使声价大"的评价。

名石是指雪浪石的名气，它不仅是中国传统文化的载体，也是雪浪石本身文化内涵的载体，从而构成了名冠华夏而独特的物质文化遗产。中华民族赏石文化源远流长，有宋一代，是赏石文化的鼎盛时期，名石层出不穷，比比皆是。但是，历经千年数代风雨飘摇，能幸存至今者寥寥无几，多数名石或被淹没于水土，或被毁于兵患战火而销声匿迹。雪浪石作为宋代遗石，时至今日还完好无损，堪称稀世之宝。今天，举国大地赏石之风盛行，奇石市场遍布，奇石馆舍林立，奇石爱好者之众，赏石文化之普及，是任何一个时代都无法比拟的。在如此宏大的赏石热潮中，雪浪石文化价值的发掘与传播，具有非凡的意义。

名人是雪浪石久有盛名之根本，雪浪石之所以名震华夏，是因为在它身边吸引聚集了一大批文化名人或权贵所贡献的文化属性。雪浪石是苏轼遗物，苏轼是与平民百姓和谐相处的文坛巨匠，正是因为苏轼的影响，这些文人雅客才慕名而诗，而访，而保护。从雪浪石诗文作者可知，宋代以苏轼为代表的文人权贵一批，清代以乾隆皇帝为代表的文人权贵一批，定州历代名人官宦一批，这些文人雅客和权贵的身份、地位和名人效应的影响是不言而喻的。正是历朝历代的他们，共同营造了两次青史留名的雪浪石之赏石文化盛事，使得雪浪石的物质和文化生命能够延续、弘扬至今。

名诗是雪浪石文化价值的精髓。苏轼寻得雪浪石后，即兴赋雪浪石诗，作雪浪斋铭，并向好友们求诗索文。朋友们纷纷送诗呈文，围绕歌咏雪浪石，一时形成了赏石史上并不多见的文人赏石文化盛事。此后，历朝历代文人墨客探访，赋诗，记事，使得雪浪石的文化蕴含不断加深。在清代乾隆年间几十年内，由于乾隆皇帝对苏轼的崇敬和对雪浪石的喜爱，在他身边又汇聚了一批文人、宫廷画师和官宦，第二次为雪浪石营造了以考证、鉴赏、歌咏为中心的文化盛事。这次，以乾隆皇帝为领袖和中坚，他亲自考证了后雪浪石的来龙去脉，前后雪浪石的不同，认定前雪浪石为东坡雪浪石，并确立了前、后雪浪石摆放格局。乾隆帝还在太子时，曾为雪浪石赋诗一首，在皇位之上，他亲自设计的文化盛事中，八叠雪浪石诗，四叠雪浪斋铭，御制《雪浪石记》一章，御制《雪浪石后记》一章，四图雪浪石，还有不少其他相关诗文。

名画是指乾隆皇帝指派宫廷画师张若霭等为雪浪石所作的四幅画作，其中三幅保存于北京故宫博物院，一幅藏承德山庄博物馆。依据诗文记载，宋元时期应有雪浪石画和图刻，因实物不存不可评述。现实，有一通碑刻立于定州石刻馆院内，系旧碑被打磨后重新雕刻。从该碑碑阳隐约可见，刻绘有雪浪石、盆形象，图画及文字漫漶，雪浪石完整形态难辨，镌刻年月不存。山庄博物馆存画系张若霭受皇命现场绘制，也是雪浪石的第一幅绘画，写其意境不拟其形，深得乾隆皇帝喜欢，大有"雪从天上降，浪从海面生"的韵味。

名刻系指相关雪浪石的刻石繁多，文化价值甚高。雪浪石最早的铭刻当为苏轼亲笔雪浪斋铭，刻于芙蓉盆唇部。据载，原盆原刻已失，现有铭刻系后人所为。现存石刻多为清代乾嘉及之后的遗存，以乾隆帝御笔诗文为其大宗，还存嘉庆帝作品一件。此另外，在雪浪石上的前雪浪石和后雪浪石也为乾隆御题。其余的石刻或为雪浪石歌咏、图画，或为与雪浪石和众春园等相关的文记。雪浪石石刻的数量之众，御题之多，题材之广，品味之高尚，是及其罕见的。

名园系指众春园，现存雪浪石即坐落于众春园旧址之上。众春园是宋代北方最著名的园林，顾名思义，具有人民公园的意义。复建众春园的州守韩琦在《众春园记》中说："庶乎良辰佳节，太守得与吏民同一日之适，游览期间，以通乎圣世无事之乐。"同时，他告诫继任者们"后之人视园之废兴，其知为政者之用心焉！"因为，"前人勤而兴之，后辄费焉者，盖私于其心，惟己之利者之所为也"。众春园之名的政治含义更为深刻，是国家、民众期盼和平的象征。定州地处北宋边塞，和大辽对峙，战事频发，澶渊之盟虽使得边关承平百年，但摩擦始终不断。以此，众春园之名还具有官民希望太平盛世，与民同乐，和平安宁的政治意义。大清康乾嘉时期，众春园被开辟为皇家行宫，颇有点皇家园林的韵味。雪浪斋、雪浪石和后雪浪石相继迁入，增加了园林的景观，提高了文化品位，也为雪浪石提供了舒适优雅的环境。自此，苏石韩园融为一体，成为文人雅客得以观瞻抒怀的园地。

三 品牌价值

文化品牌是当代城市发展的生命。综上可见，雪浪石本身所蕴含的文化元素，已经构成了定州悠久的历史，深厚的文化之中最具影响力、最有现实意义的文化品牌。定州的确是河北省文化、文物大市，历史源远根深，地上文物古迹、地下文物遗存和文物藏品极其丰富，在同级市县名列前茅。仅馆藏文物而言，其数量和质量都远远超过了河北各设区市。盘点定州传统历史文化，不乏历史文化品牌，其中，以中山名气最大，中山国、中山府影响深远。定州塔是全国体形最大、最高的砖塔，有中华第一塔之称，是定州历史文化品牌之一。定州人杰地灵，名人辈出，唐代的刘禹锡，宋代的二程，近现代的张寒辉等等，在中国历史和文坛上都产生过很大的影响，也都是定州的文化品牌。

在定州众多的文化品牌之中，中山名气最为响亮，最根深蒂固。相比而言，雪浪石这一文化品牌最有抓手，最具现实意义，最具文化品位。雪浪石的卖点是名人、名石，即苏轼和雪浪石。因苏轼和雪浪石才将上述名人、名诗、名画、名刻、名园等等联系起来，形成这一特色鲜明的文化品牌的综合体，该文化品牌的引领者无疑是苏轼。

苏轼虽为眉山人，但祖籍河北栾城，自然对河北感情深厚。苏轼在定州任职短暂，但贡献极大，遗存颇多。苏轼之子苏过，子承父业，曾于宣和五年夏至十二月通判中山府，位置相当于中山府副统帅，并死于定州任上。不过，这是苏轼被贬离定三十年以后的事情。苏过在定州任职也只半年左右，宣和五年十二月，苏过因事入镇阳（正定），暴卒于行道上。苏过是苏轼最小的儿子，为苏轼三子中佼佼者，其文采出众，书画过人，人称小坡，有《斜川集》存世。苏过也为定州留下了诗文和题记等文化遗产。在定州，与苏轼相关的其他物质和非物质遗产很多，可以与苏轼和雪浪石相互呼应，结为文化链条。

定瓷：定窑为北宋官窑，定瓷系北方白瓷之精华，宫庭之贡品，宋仁宗曾为妃后收受定瓷礼品大发雷霆。苏轼喜爱定瓷，诗文之中有所显示，"定州花瓷琢红玉"之名句即出自他的《试院煎茶》诗。在定州任上，苏轼曾寄定瓷于弟苏辙，有诗为凭。苏轼对定瓷的珍爱和评价，为定瓷的宣传推广发挥了很大作用。

定州塔：又名料敌塔，被誉为中华第一塔。苏轼是定州军政最高统帅，作为守边大吏，作为大文豪，无论从军事需要还是诗人情怀，没有理由不登料敌塔。今天，料敌塔内还存有宋人宣和年间的题记，这一题记明示，苏轼在十一层留有墨迹，从而确认苏轼曾登临料敌塔。

东坡双槐：在定州文庙有两棵槐树，古老沧桑，称为龙凤双槐。据载，双槐为苏轼亲手栽植，历经千年风雨，主干多腐朽，但新枝叉生机盎然，郁郁葱葱。双槐形体独特，树冠巨大而舒展，暗含精神特质，为定州古树之冠。

济渎岩：济渎岩不在定州，而在曲阳县，但与苏轼关系密切。济渎岩又称水窦岩或坡仙峡，是清代曲阳八景之一，因苏轼亲临并题写"浮休"二大字而名扬天下。浮休题刻保存尚佳，挺拔清秀，长宽分别为：43 x 43 厘米、40 x 45 厘米，笔力浑厚苍劲，娇娜豪放，为苏轼现存墨迹之上品。金代在济渎岩建有漱玉亭，元代以后建有济渎庙，后又称为浮休寺。金章宗、清乾隆二帝曾光临并留有诗句，还有不少文人墨客的题记和诗文。据载，在济渎岩原有苏轼行香子、临江仙、满庭芳词碑刻三通，传说系苏轼定州作品。

松醪酒：苏轼不仅仅酷爱酒，不胜酒，善造酒，而且对酒的酿造研究颇深，有关酒的著述颇多，在中国酒文化研究历史上占有重要位置。苏轼创酿的松醪酒，是将北岳松的精华松脂入酒，使其味甘苦，提神明目。酒成后，苏轼作赋，命名为中山松醪。在苏轼平生所作赋中，中山松醪赋品味最重，读后如同畅饮松醪酒，胸中诗文涌，叱咤人生梦，摇摇欲成仙的感觉。在苏轼离定南贬途中，他还与其子赌笑，默书中山松醪赋和洞庭春色赋，如错一字，北归不成，如一字不差，顺利北还。果然，一字无误，墨宝留给后世。此后，中山松醪名气巨增，历世不衰。民国期间，在定州小酒馆还不时听到松醪酒的叫卖声，1915 年，中山松醪酒参加巴拿马国际酒大赛时，和茅台酒一并获得金奖。今天，中山松醪酒还在小量生产、惨淡经营。但是，作为古今名酒，依东坡品牌，打造成知名酒文化产业的潜力巨大。

定州秧歌：系苏轼帅定期间深入民间，整理、教化、鼓励百姓种稻插秧劳作中所创传，经历代传承改良，现在已演变为秧歌戏。2006 年，定州秧歌被列入第一批国家级非物质文化遗产名录。2012年被中国民间文艺家协会命名为中国秧歌文化之乡,同时,挂牌中国秧歌文化研究中心。

四　产业价值

文化产业的培育与定州文化强市和旅游强市是城市发展的需要,没有文化产业的兴起,没有旅游业作为支撑,定州的发展无从谈起。近几年,定州市委市政府十分重视文物保护利用,文化产业培育和旅游资源发掘工作,并取得了很大的成绩。其中,定州投巨资进行的古城恢复改造项目十分引人注目,已经产生了良好的效果。该项目的实施,大大提升了以定州塔、贡院、晏阳初故居等为核心区域的古建筑生态环境和文化景观的水平,提高了定州古城历史文化街区的品位。在该区域内,定州博物馆的建设和开放,不仅使得大批珍贵文物得到保护和展示,增加文化景观,更为重要的是增加了展示定州文化底蕴的窗口。通过多年的努力,定州的农业休闲、体验、观光等旅游资源得到适度开发、开放,并取得了初步效果。上述扎实的工作和所取得的成就,为定州文化旅游业的发展奠定了较坚实的基础。

现实,定州文化旅游业发展,最最需要的是文化产业的培育和壮大。定州文化产业资源并不贫乏,且极具特色,不少物质和非物质文化遗产是独一无二的。其中,培育打造以东坡文化和赏石文化为核心的文化产业势在必行,前景可观,有据可依,有例可行。

东坡雪浪石在定州,定州没有用其所长,则让曲阳县拔了头筹。曲阳县高高举起东坡雪浪石这一文化品牌,寻找资源,结合本地特色,塑造出曲阳雪浪石大市场,宣传、研究、销售雪浪石,取得了巨大的社会和经济效益,形成了规模较大的强势文化产业。曲阳成功打造雪浪石文化产业的实践经验,至少有四点值得借鉴。一是旗帜打的好,品牌选的高。旗帜是苏轼,品牌是雪浪石,体现的是赏石文化。二是自己有资源,有准确定位。雪浪石出自太行,质地优良,雪浪纹饰绚丽。经营定位于园林用石,多作景观石。三是与地方传统优势产业相依托。自汉代以来,曲阳石雕一直享誉于世,其技术娴熟精湛,尤其汉白玉建筑构件和佛像精品比比皆是,这一传统产业成为雪浪石产业的支撑。四是很抓机遇,掌握住了中国赏石文化极度繁荣的商机。由于社会经济和文化的发展,人民的富裕,近年赏石文化大为发展,赏石、觅石、售石之风风靡大江南北,奇石新品种层出不穷,雪浪石即为其中之一。仅河北而言,近年新兴的石种就有宣化的战国红、阳原的泥河石、唐县的唐河彩玉和曲阳的雪浪石等等。现实每县美石、奇石市场无处不在,有的还举行全国性的奇石展销活动。曲阳雪浪石的销路很广，销路很大，就石家庄市而言，政府部门、行政机关、企事业单位、医院大学、公园和公共活动场所，大小雪浪石立石无处不见。作为景观石，雪浪石产业的开发和运营，为曲阳县经济文化的发展注入新的血液。

即便如此，定州并没有丢失东坡文化，没有遗弃雪浪石。定州培育营造东坡文化、赏石文化产业，仍然具有无人可比的、深厚的潜力和明显的优势，容易营造成以东坡文化和赏石艺术为引领的文化产业氛围。其根本在于，东坡是在定州为官，其留下的有形、无形文化遗产丰厚，故事鲜活而可塑。雪浪石在定州，在古众春园旧址，一经雪浪石诗文、碑刻、图画等烘托，非常容易形成品味很高的赏石文化气氛。定州应该进一步坚定信心，确立以东坡文化和赏石文化为定州文化产业主题，奋力打造以东坡文化、赏石文化、酒文化、缂丝文化、秧歌文化等为主要题材的文化产业园区。形成以东坡文化为品牌，赏石文化为龙头，以历史文化街区、文物建筑、博物馆和农业观光旅游为辅助的文化产业，为定州文化生态旅游业发展增加活力。

其中，成功打造国家层面的东坡奇石商贸中心是关键的关键。建设该商贸中心有两大优势，一是有东坡赏石文化和雪浪石为基础，二是有曲阳雪浪石市场可利用。曲阳主打园林用石或景观石，定州则主打观赏石或供石，两者可互补短长，共同发展。经济发展需要人气，旅游发展更需要人气，文化产业的打造可聚集人气。如果，定州的东坡奇石商贸中心建设成功并经营妥善，或定期举办东坡赏石文化节、交易会等，那时候，定州会成为河北乃至全国的爱石、觅石、藏石者研究、交流、买卖的中心。将来，这一文化产业会成为定州旅游业发展的引爆点。

第十章　建设《东坡文化园区》设想

依据对东坡雪浪石文物、文化、品牌和产业价值的综合分析，并结合定州城市发展、文化、旅游强市的社会需要，对以东坡文化和赏石文化为核心的文化产业建设提出以下设想：定州文化产业园区冠名为《东坡文化产业园区》，园区之下设《东坡赏石文化园》、《东坡奇石商贸交流中心》、《中山松醪酒文化体验园》、《定州缂丝文化体验园》和《定州民俗文化园》等等。

1.《东坡赏石文化园》：依清道光年间众春园修缮资料恢复众春园，保护现有雪浪石格局，复建韩苏祠、雪浪斋、御碑廊、熙然台、屈曲轩廊、清韵轩、驻春寿石之亭及大门等。复建后的众春园需挂两个牌子，即《众春园》和《东坡赏石文化园》，众春园就是东坡赏石文化园。重点打造雪浪石文化景观和生态环境，以突出雪浪石、雪浪石附属物和附属建筑的显耀地位。在园内可再作分区，可分设《东坡赏石文化区》、《东坡赏石诗文鉴赏区》、《东坡定州诗赋鉴赏区》和《定州历代碑刻文化区》等等。

2.《东坡奇石商贸交流中心》：在众春园即《东坡赏石文化园》对面，建设《东坡奇石商贸交流中心》。该建设项目最为重要，它是拉动文化产业的主角，因此，其场地要广阔，建筑要精美，服务设施要齐全。中心建设的目标是吸引省内、国内奇石商客来此经营，奇石爱好者来此买石，交流奇石。为营造赏石文化气氛，可聘请中国及各省市奇石收藏协会、科研机构及赏石名家来此办公、讲座、交流，最终形成中国北方最大的奇石贸易交流市场，拉动人流，形成庞大而活跃的赏石文化产业。还可以举办《中国定州东坡赏石文化节》，以扩大宣传力和影响力，推动赏石文化和定州文化旅游产业的发展。

3.《中山松醪酒文化体验园》：在《东坡奇石商贸交流中心》附近，建设《中山松醪酒文化体验园》。中山松醪酒为东坡所创，打的也是东坡品牌。在这里，需要发掘研究东坡松醪酒的原始工艺技术，开发东坡松醪酒新的产品，以健身养生为卖点，恢复松醪酒作坊，用传统工艺现场酿造。所谓体验园，就是让游客亲身参与松醪酒的酿造、亲眼目睹工艺流程，亲口品尝名酒美味，以激发游客购物心情。

4.《定州缂丝文化体验园》：在《东坡奇石商贸交流中心》附近，建设《定州缂丝文化体验园》。定州缂丝工艺，初创于唐，宋代得到了极大的发展，在中国丝织工业发展中占有十分显耀的位置，也是唐宋时期皇家重要贡品。现今，定州缂丝工艺已被列入国家级非物质文化遗产。如同《中山松醪酒文化体验园》一样，需深入挖掘定州缂丝传统工艺流程，恢复传统手工作坊，打造生产、参与、买卖的时尚文化产业链。

5.《定州民俗文化园》：在《东坡奇石商贸交流中心》附近，建设《定州民俗文化园》。该园当以国家级非物质文化遗产《定州秧歌》排头，选取能体现定州特色民俗文化项目，集表演、展示于一体，彰显地方民俗文化特色。

如此，弘扬东坡文化，弘扬赏石文化，立足于定州文化产业培育、打造、升级的《东坡文化产业园区》建设的架构有了初步设想，而实施这一庞大的项目，应该进入深入调查、研究、评估、规划、设计程序。

参考书目

《苏轼诗集》，苏轼著，【清】王文诰辑注，孔凡礼点校，中华书局出版，1982 年 2 月第 1 版第 1 次印刷。

《苏轼文集》，苏轼著，孔凡礼点校，中华书局出版，1986 年 3 月第 1 版第 1 次印刷。

《苏轼年谱》，孔凡礼撰，中华书局出版，1998 年 2 月第 1 版第 1 次印刷。

《苏轼资料汇编》，四川大学中文系唐宋文学研究室编，中华书局出版，1994 年 4 月第 1 版第 1 次印刷，2004 年 1 月第 2 次印刷。

《苏轼全集校注》，苏轼著，张志烈、马德富、周裕锴主编，河北人民出版社出版，2010 年 6 月第 1 版第 1 次印刷。

《苏东坡传》，林语堂著，百花文艺出版社，2000 年 6 月第 1 版第 1 次印刷。

《东游寻梦——苏轼传》，郑熙亭著，东方出版社出版，1999 年 8 月第 1 版第 1 次印刷。

《苏轼撰·智者在苦难中的超越》，王水照、崔铭著，天津人民出版社出版，2000 年 1 月第 1 版第 1 次印刷。

《苏轼定州诗文评注》，周新华、刘艳云、李增寿、李新编著，河北大学出版社出版，2015 年 7 月第 1 版第 1 次印刷。

《苏洵集》，苏洵著，邱少华点校，中国书店，2000 年 1 月第 1 版第 1 次印刷。

《栾城集》，苏辙著，曾枣庄、马德富校点，上海古籍出版社出版，1987 年 3 月第 1 版第 1 次印刷。

《定州志》，清·宝琳等纂修，清·道光二十九年刊本影印，成文出版社有限公司印行，中华民国五十八年初版。

《定州续志》，清·王榕吉、汪鸣和等纂修，清·咸丰十年刊本影印，成文出版社有限公司印行，中华民国五十八年初版。

《钦定四库全书·子部·云林石谱》，宋·杜绾撰。

《乾隆御制诗文全集》，爱新觉罗·弘历撰，中国人民大学出版社出版，2013 年 10 月第 1 版第 1 次印刷。

《复初斋文集》，清·翁方纲撰，清刻本。

《复初斋诗集》，清·翁方纲撰，清刻本。

《说石》，桑行之等编，上海科技教育出版社出版，1993年7月第1版第1次印刷。

《中国赏石大典》，贾祥云主编，山东科学技术出版社出版，1999年9月第1版第1次印刷。

《黄州赤壁文化》，史智鹏著，鄂黄冈图内字（2008）第12号，2008年1月第1版第1次印刷。

《雪浪石图和雪浪石》，冯春江，《故宫博物院院刊》，1986年3期。

《赏石与中国绘画》，单国强，《故宫博物院院刊》，1999年第2期。

《雪浪石考》，王金乐，《雪浪石创刊号》，定州市苏轼文化研究会主办，2011年1期，总第1期。

《定州众春园考》，翔之，《文物春秋》，2002年第1期。

《苏东坡与济渎岩》，翔之，《文物春秋》，2004年第5期。

《定州雪浪淘千古》，谢飞，《河北日报》，2015年10月30日09版。

后　记

　　《雪浪石》一书终于付梓了，我顿感轻松，毕竟了却了我一桩累积 20 年的心愿。雪浪石是十分珍贵的历史文化遗产，承载着厚重的中华民族优秀传统文化。本书着重在以下三个方面进行了研究考证：首先，科学完整地介绍了雪浪石，重点揭示了雪浪石深厚的文化内涵，突出了它在中国赏石文化中的历史地位和文化价值。其次，深刻挖掘并构筑起苏轼一生的赏石历程，突出了他在中国赏石文化的历史过程中不可撼摇的位置，总结了他本人在中国赏石文化上的历史功绩和辉煌成就，确立了他在中国历史上为当之无愧的赏石巨匠。三是全面介绍了乾隆皇帝出于对苏轼和雪浪石的敬仰和钟爱，利用诗文、书画、碑刻在清代所营造的赏石文化盛事，并为我们留下了丰富的碑刻、书画等物质文化遗产，也为今天定州培育以东坡文化为品牌，以赏石文化为引领，以东坡文化产业园区建设为核心的文化旅游引爆点奠定了基础。

　　书稿由我和夏文峰合作完成，夏文峰承担了雪浪石诗文章节，并完成了全书诗文的注释工作。我特别感谢为本书提供支持和帮助的领导和同仁们。定州市文物旅游局张立亚局长、王梦阳局长、曹祖旺副局长，定州博物馆郝进庄馆长一直关心支持本书的写作与出版工作，没有他们的鼓励和支持，本书将难以面世。本书所使用的拓片由戴改茹、冀艳坤、王双喜、赵龙先生拓制，拓片照片由李莉、卫海涛、李俊卿、刘晓伟先生协助完成；《雪浪石图》照片由承德离宫博物馆提供；雪浪石线图由郝建文、张玉橙先生绘制；雪浪石三维图片由赵海龙、全广先生测制生成。李俊卿先生提供了部分参考资料，并帮助完成了部分雪浪石盆铭的题跋释文；蒋艳君先生协助翻译了日文资料；赵志良先生帮助查阅了大量资料。

　　本书的出版，得到河北师范大学历史文化学院的慷慨资助，文物出版社的大力支持。在此，笔者致以诚挚的谢意！

谢　飞

2017 年 12 月 21 日